ASCENSION!
Eine Analyse der Kunst des ascendens wie sie von den Ishayas gelehrt wird

VON
MAHARISHI SADASIVA ISHAM
MSI

THE Ishaya FOUNDATION
Publishing Company

Tel: 001-888-474-2921
www.theishayafoundationpublishing.org

ISBN # 978-1-93219202-5

Zu meinem Lehrer,
meinen Schülern
und allen, die ihr Leben der Wahrheit gewidmet haben,
ist diese Sammlung von Aufsätzen gewidmet
In Liebe

INHALT:

Überblick: *Kosmische Perspektive*

Wie soll man beginnen, die Ishaya-Tradition zu beschreiben? Die Ishayas sind ein alter Mönchsorden, einer, der beansprucht, direkt vom Apostel Johannes zu kommen, der direkten Befehlen Jesu folgte, diese Lehren bis ins dritte Jahrtausend zu bewahren. Sie sagen, daß die ursprünglichen Lehren Jesu überhaupt kein Glaubenssystem waren, sondern eher eine Reihe von mechanischen Techniken, um menschliches Leben in ein ständiges Empfinden und Wissen um die Perfektion des Göttlichen in jedem menschlichen Herzen zu verwandeln.

Was ist die Quelle oder das Ziel menschlichen Lebens? Im Alltagsbewußtsein ist der Verstand mit gegensätzlichen Gedanken erfüllt. Wird die Perfektion des Lebens nach dem Tode gefunden werden? Ist der Himmel ein weit entfernter Zustand, den man für ein "gutes" Leben erwirbt, oder ist er etwas Gegenwärtiges -- eine Realität, die hier und jetzt erreicht werden kann, eine Ascendente (erhobene) Realität, die vielleicht in der Gegenwart erlangt werden kann?

Ist es möglich, ein ideales, himmlisches Leben in dieser Welt zu leben? Ist es möglich, jeden Augenblick in einer aufwärts gerichteten, Ascendenten Weise zu leben, in der alle Gedanken, Worte und Taten mit Wonne und Liebe und Leben erfüllt sind? Kann individuelles Leben ideal werden? Kann es vollkommen geheilt werden von den Schmerzen vergangener Verluste und falscher Überzeugungen?

Logischerweise ist es unmöglich, individuelles Leben zu heilen, solange die Welt nicht geheilt ist. Niemand ist isoliert vom Rest der Menschheit; alle sind miteinander verwoben im Teppich der Energie und Synergie, in denen das Leben und die Handlungen des einzelnen in allen anderen reflektiert werden. Wenn eine Person leidet, leiden alle -- wenigstens bis zu einem gewissen Grade. Da sie dies erkannten, formulierten die Alten ein hehres Ideal, vielleicht am besten ausgedrückt im Gelübde, das die Boddhisattvas im Buddhismus ablegen -- "Ich werde diese Welt nicht verlassen, bis alle erleuchtet sind." Solch eine große Verpflichtung ist in diesen Worten eingeschlossen, solch eine Liebe. Aber sind sie praktisch?

Ist es überhaupt möglich, die Erde zu heilen? Wenn jeder in der ganzen Welt geheilt werden muß, damit unser individuelles Leben ideal werden kann, wie könnte das jemals geschehen? Ist es nicht ganz klar unmöglich, diese Aufgabe als einzelnes Wesen zu erfüllen? Und doch, wenn wir das Unmögliche ersehnen, haben wir allein dieses Verlangen? Viele unserer größten Geister in der gesamten Geschichte haben von einer neuen Welt gesprochen, einer anbrechenden Zeit, wenn alle Probleme des Lebens gelöst worden oder Ascendet sein werden, in der die gesamte Menschheit sich darin vereinigt, das Höchste und Beste für jeden zu suchen. Erhabene Visionen? Sicherlich, aber sind sie auch praktisch? Können sie erreicht werden? Oder sprachen unsere geistigen Führer und Visionäre nur so, um uns alle zu inspirieren, besser zu werden?

Haben wir eigentlich überhaupt noch eine Wahl? Vielleicht schien es so vor unseren modernen Zeiten. Vielleicht hätten wir in früheren Zeiten einige von uns delegieren können, damit sie sich, durch Religion oder Mystik oder Wissenschaft, auf die Heilung aller konzentrierten, nun nicht mehr. Sogar ein nur oberflächlicher Blick auf den Zustand der Welt führt zu der unausweichlichen Schlußfolgerung, daß wir nicht länger eine Wahl haben. Die Welt heilen müssen wir, andernfalls werden weder sie noch wir überleben. Als Spezies haben wir ein Ungleichgewicht auf Erden geschaffen, das innerhalb weniger Tage oder Stunden im Ende unserer Rasse oder unserer Welt oder von beiden resultieren könnte. Gibt es noch Hoffnung für uns? Haben wir Verbündete in diesem Heilungsprozeß? Neigen die Kräfte der Natur unserer Heilung oder unserer Auslöschung zu? Laßt uns die Natur der Welt betrachten und sehen, ob da noch Hoffnung ist.

Die Welt verändert sich ständig. Das Universum ist in einem steten Zustand des Wandels. Es mag Perioden größerer oder kleinerer Stabilität geben, oder Gebiete, in denen Veränderung gering oder selten erscheint, aber dies sind nur zeitbedingte Realitäten. Die mächtigsten Berge werden zu Ausläufern abgetragen; die Meere steigen und werden zu trockenem Land; sogar die Kontinente rutschen auf dem geschmolzenen Kern der Erde herum wie Eis auf der heißen Herdplatte. Eines Tages wird die Sonne selbst sterben, diese Galaxie wird aussterben, erfüllt von den hohlen Erinnerungen ausgebrannter Sterne. Die Dinosaurier haben die Erde für eine ganze Menge mehr Millionen Jahre beherrscht, als von der gegenwärtigen menschlichen Rasse angenommen wird, existiert zu haben, aber wo sind sie jetzt? Leben *ist* Wandel.

Unsere Welt verändert sich, und zwar immer schneller. Da gibt es jene, die das zum Beweis nehmen, daß dies keine ideale Welt sei, daß sie nicht von Vollkommenheit geschaffen wurde oder nicht in Vollkommenheit erhalten bleibt. Diese Schlußfolgerung erscheint felsenfest. Aber ist sie es? Bedeutet das nicht zu sagen, daß es einen Teil des Raums oder der Zeit gibt, in der sich die unendliche Vollkommenheit des Ascendant nicht befindet? Wenn das so ist, dann ist das Unendliche nicht gegenwärtig, oder ist einer fast unendlichen, zerstörerischen Kraft gegenübergestellt, die die Absicht des Unendlichen zu unterminieren versucht. Oder vielleicht ist alles wahrhaft Zufall, und es gibt keine zugrundeliegende Ordnung; aller Gedanke von Harmonie des Ascendant ist ein Mythos, erschaffen von hoffnungsvollen Leuten mit wenig gesundem Menschenverstand.

Diese Art des Denkens verleugnet sowohl Logik als auch Erfahrung, wie klar werden wird, wenn wir mit diesem kurzen Text fortfahren. Es gibt einen andern Weg, diese Welt zu betrachten; es gibt einen andern Weg, das gesamte Leben anzusehen.

Wandel *scheint* entweder konstruktiv oder destruktiv zu sein. Es *scheinen* zwei große Naturmächte am Werk zu sein in unserem Universum -- Evolution und Devolution. Aber bei näherer Untersuchung ist keine Bewegung der Devolution ohne Absicht, denn sie macht den Weg frei für mehr und größere Evolution. Nur, wenn die Knospe zerstört wird, kann die Blüte hervorkommen. Erst, wenn das Kind stirbt, wird der Erwachsene geboren. Das vereinte Werken dieser beiden unendlich entgegengesetzten Kräfte ist im relativen Kosmos allmächtig, und es ist zweifellos außerordentlich weise. Manche haben es als sinnlos angesehen, aber schon ein oberflächlicher Blick auf die mannigfache Komplexität eines jeden Aspekts unseres Universums läßt solch eine Schlußfolgerung extrem naiv erscheinen. Tausend Milliarden Galaxien, jede mit einem Durchschnitt von zweihundert Milliarden Sternen? Fünfzig Billionen Zellen in jedem menschlichen Körper, die alle in vollkommener Harmonie miteinander wirken? Solch große Weisheit gibt es in der Natur, solche Brillanz. Naturgesetze erscheinen zweifellos allmächtig und allwissend von unserer menschlichen Perspektive aus, nicht wahr?

Also, wenn es allmächtige und allwissende Mächte in unserem Universum am Werk gibt, warum behandeln sie dann unser Leben so oft in einer so destruktiven Weise? Werden wir nicht oft zerrieben von niederdrückenden Gewichten, über die wir keine Kontrolle haben? Wer von uns hat nicht von Zeit zu Zeit gedacht, unser Leben sei den höheren Mächten der Natur ungefähr so wichtig wie die Mücken auf unserer Windschutzscheibe? Die universalen Kräfte scheinen für unser kleines, menschliches Leben nicht gerade viel Achtung zu besitzen, nicht wahr?

Äußerer Schein ist ein wundervoller Magier, ein außergewöhnlicher Betrüger, der fähig ist, unsere Herzen und Sinne von den merkwürdigsten Lügen zu überzeugen. Wie oft wählen wir unsere Kleidung, Häuser oder Jobs nach den oberflächlichsten Kriterien aus? Und unsere Freunde und Bekannten genau so. Ist das schlecht? Nicht notwendigerweise. Es macht keinen großen Unterschied, die Integrität zu kompromittieren, wenn es keinen absoluten Standard gibt. Wenn wir niemals die Sonne gesehen haben, ist es nicht so wichtig, von welchem Stern wir uns leiten lassen wollen. Das bedeutet nicht, daß wir es nicht für wichtig halten und mit aller Macht kämpfen, um die Vorherrschaft unseres individuell erwählten Sterns zu verteidigen. Wir könnten in den Krieg ziehen , um die Wichtigkeit von Sirius, dem hellsten Stern, zu verteidigen; wir könnten sagen, daß jeder, der sich weigert, dem sicheren Rat von Polaris, dem beständigsten, zu folgen, der Hölle und ewigen Verdammnis anheimfalle; wir könnten gesamte Philosophien erschaffen über den wundersamen Rat der schönsten Konstellation, des Orion -- aber was passiert mit unseren Glaubenssystemen und Philosophien, die auf Sternenlicht gegründet sind, wenn die Sonne aufgeht?

Der Punkt ist, daß, wenn wir versuchen, die Kriterien sinnlicher Empfindung anzulegen, um unsere Position und Rolle im Universum zu verstehen, wir notwendigerweise nichts von Wichtigkeit lernen werden. Wie wir unser Verstehen mit den kosmischen und universalen Kräften in Übereinstimmung bringen statt mit der groben, materiellen Welt, wie sie von unseren Sinnen empfangen wird, ist der ganze Zweck inneren Wachstums.

Kosmische Intelligenz ist ein Name für diese Kraft, die unsere individuellen Leben und unsere Welt auf Perfektion zuschiebt. Sie ist die Quelle der Harmonie zwischen den gegensätzlichen Naturgesetzen, die allen Lebensfortschritt verursacht, trotz des Scheins an der Oberfläche. Gemäß den Ishayas ist unsere einzige Verantwortung hier auf Erden, sicherzugehen, daß wir nicht gegen die kosmische Intelligenz arbeiten, sei es bewußt oder unbewußt.

Evolution auf Erden beschleunigt sich in immer zunehmendem Maße. Die Schwingungsrate unserer Welt steigert sich so schnell, daß jetzt eine wirkliche Gefahr besteht für eine große Anzahl, diesen Übergang nicht zu schaffen. Es ist unsere Verpflichtung zu tun, was wir können, um so viele wie möglich zu befähigen, diesen globalen Sprung in die Bewußtheit erfolgreich zu überwinden. Dies sollte nicht als Last angesehen werden; es ist eine freudige Bewegung ins Licht; jeder Schritt vorwärts auf diesem Pfad ist nicht nur ein großes Glück für jeden einzelnen, sondern auch eine weitreichender Aufschwung im Leben für Milliarden dieser Welt.

Wir haben noch ein wenig Zeit, ein oder zwei Jahrzehnte für die meisten von uns, bevor dieser Übergang vervollständigt ist. Es ist Zeit für all die Mitarbeiter am Frieden, all jene, die erleuchtet werden möchten oder es schon sind, all jene, die guten Willens gegenüber der Menschheit sind, alle Herrscher überall, ihre oberflächlichen und kleinlichen Streitigkeiten fallen zu lassen und sich in einer Stimme des Verstehens und Lobens für den Ursprung von allem, was ist, zu vereinigen. Das einfache Leitprinzip hierbei ist: Wenn wir Trennung säen, Zerstörung predigen, nach dem Bösen in der Welt suchen oder es finden (sogar, wenn wir mit der Absicht suchen, es zu entfernen!), dann sind wir Teil des Problems, nicht die Heilung.

Es mag möglich scheinen, noch für ein Weilchen länger der großen Transformation entgegenzuwirken, die sich schnell in dieser Welt aufbaut. Aber das ist bloß Schein. Und sogar dieser Schein wird sich notwendigerweise ändern. Jene, die sich der kosmischen Intelligenz entgegen stemmen, werden sich bald -- sehr bald -- nicht mehr auf dieser Erde befinden. Jeder wird entweder bewußt oder unbewußt in perfekter Harmonie mit dem Universalen Geist handeln. Jene, die sich dem entgegenstellen, werden sich ändern oder einfach vergehen. Das ist unsere Zukunft. Und die gute Nachricht ist, daß die innere Realisation eines jeden einzelnen dabei hilft, das Schicksal aller anderen zu verändern.

Einige von uns haben sich schon daran erinnert, daß wir multidimensionale Wesen sind. Wir, die wir auf der Erde leben, sind offen für den universalen Geist. Die Stimme des Universums spricht durch uns. Das Verlangen, unseren Mitwanderern zu helfen, ist eine natürliche Nebenwirkung unserer Erleuchtung. Unsere immerwährende Aufgabe ist es, allen zu helfen, den universalen Geist in sich zu entdecken. Aber Worte sind begrenzte, endliche Werkzeuge; unser wahres Thema ist das Unbegrenzte, das Unendliche, ein Thema, das weit jenseits unserer Sprachmöglichkeiten liegt, es zu beschreiben oder zu kommunizieren. Schreiben, lesen oder Vorträgen zuhören erweitert nicht das Bewußtsein; dies geschieht durch direkte, persönliche Erfahrung. Daher ist dieses Buch kurz. Aber die Einladung ist lang.

Sicherheit, Friede, Glück, Gesundheit und Liebe erwarten jene, die die Ascensiontechniken der Ishayas erlernen. Sie mögen in Ihrem Herzen bereits erkannt haben, daß dieses Angebot für Sie ist. Aber es kann länger dauern, oder vielleicht weiteren Austausch von Energie oder Wissen zwischen uns erfordern, bevor Ihr bewußter Verstand die Wahl Ihres Herzens versteht. Dies kleine Buch ist für Sie; es soll Ihrem rationalen Verstand helfen zu lernen, was Ihr Herz bereits sehr gut weiß. Nehmen Sie, was Sie wollen, aus diesem Lagerhaus, trinken Sie so tief Sie mögen aus den Quellen hier, und dann, wenn wir uns nicht wieder treffen sollten, gehen Sie Ihren eigenen Weg mit dem Segen dieses Wissens in Ihrem Herzen.

Die Dringlichkeit, jetzt zu handeln, um unser kollektives Schicksal zu erfüllen, ist das Thema dieses Werks. Die Welt muß in einen Zustand des ewigen Friedens aufsteigen und zwar bald, andernfalls werden viele sinnlos leiden und sterben. In diesem Text sind viele Mysterien des Lebens beantwortet; dies ist wahr für alle, die bereit sind, dieses Buch mit einem offenen Sinn und einem unschuldigen Herzen anzugehen. Wie dieses Erwachen für die innerste Realität ihrer wunderbaren, erhabenen Seelen, wird die Lebensrichtung für alle Wesen auf der Erde unwiderruflich verändert.

Dies ist ein wertvolles Wissen, ein unschätzbares Geschenk, es mit der Welt zu teilen.

Wir versuchen, mit Ihnen aus einem bestimmten Grunde zu kommunizieren. Es gibt viele, die in diese Welt hier eingetreten sind, als wir es taten, um bei uns zu sein; wenn Sie unter ihnen sind, ist jetzt die richtige Zeit, hervorzukommen, und sich mit uns zusammen auf das gemeinsame Ziel zum Wohle aller zu zu bewegen.

Nehmen Sie sich die Zeit, die Ishayas aufzusuchen, und lernen Sie selbst diese mechanischen Techniken, um Leben zu transformieren. Glaube ist nicht erforderlich -- alles, was notwendig ist, ist, daß Sie ein offenes Herz und einen offenen Verstand haben und willens sind, diesen Techniken eine Chance zu geben. Wenn Sie diese einfache Sache befolgen, verspreche ich Ihnen: Ihr Leben wird sich entfalten und blühen in einer Weise, die Sie sich nie zu erträumen gewagt haben. In Ihnen wird kein Kompromiß zurückbleiben, Sie werden kein halbes oder teilweises Leben führen, nur die Freiheit sich ausdehnender Liebe und Freude in der Perfektion des voll erleuchteten Bewußtseins.

--MSI,

gewidmet Guru Purnimah, 1995

I. Die Probleme der Welt lösen

Um Ihre Welt zu ändern, ändern Sie sich selbst

Dabei zu helfen, daß diese Welt ein besserer Ort wird, muß sicherlich das Verlangen jedes denkenden Menschen sein. Unser Planet steht zahllosen Problemen gegenüber, physischen und spirituellen; die Versuche unserer Regierungen, sie zu lösen, scheinen nie ganz kläglich noch vollkommen lobenswert zu sein. Sie tun das Beste, das sie können; sogar die scheinbaren Ausnahmen zu dieser Regel handeln positiv, wenn man die Definition von Realität als gegeben annimmt, nach denen sie sich richten. Aber so mutig die edlen Versuche, die Welt zu retten, auch immer waren, und wie erfolgreich sich auch einige Lösungen in begrenzten, betroffenen Gebieten erwiesen haben, haben dennoch die allgemeine Breite, Tiefe und Intensität der Schwierigkeiten, die die Welt angehen muß, sich in den Jahrhunderten vermehrt, bis die Existenz der Biosphäre und die der Menschheit heute auf dem Spiel stehen.

Es war eine Katastrophe für die Karthagoer, als die Römer Karthago dem Erdboden gleichmachten; es war zweifellos unglücklich für die Israeliten, als die Römer Jerusalem eroberten und das Volk in Gefangenschaft sandten; es war verheerend für die Indianer, als die Europäer westwärts zogen; aber heute scheinen wir darauf aus zu sein, die gesamte Welt zu zerstören.

Es war tragisch, als die Sahara die fruchtbaren Felder Afrikas wegen menschlicher Inkompetenz verschlang, aber heute verlieren wir *in jeder Sekunde* Regenwald von der Größe eines Fußballfeldes; jedes Jahr wird Regenwald von der Größe Pennsylvaniens abgebrannt und zu Weideland umgewandelt, wodurch nicht nur die wunderbaren Heilmittel auf immer verloren gehen, die dort in ihrem natürlichen Zustand wachsen, sondern gleichzeitig die Kehle des größten Sauerstoff produzierenden Organismus' in der Welt durchgeschnitten wird.

Wir haben alle die Vorteile von Spraydosen und Autos und Klimaanlagen genossen, aber das Ozon verschwindet.

Es scheint, daß der Aufenthalt im Freien zu jeder beliebigen Tageszeit überall bald tödlich sein wird.

Es war ein großartiger Fortschritt, als unsere Wunderdrogen den Kindstod dramatisch verringerten, aber heute haben wir weit über dreihundert Millionen Menschen, die ein kümmerliches Leben am Existenzrand fristen, ohne den Bedarf minimaler Ernährung zu decken. Dreihundert Millionen unserer Mitmenschen sind heute unterernährt oder am Verhungern. Was hatten Sie zum Mittagessen?

Alle Pläne, irgendwelche dieser oder der Myriaden anderer Probleme, die der Menschheit ins Gesicht starren, sind sicherlich gut und sollten ermutigt werden. Aber es ist heute nicht genug, noch wird es jemals ausreichend sein, die Probleme der menschlichen Verfassung eins nach dem andern anzugehen, oder auch in Gruppen verwandter Angelegenheiten. Wir können sauren Regen, das Ozonloch, das Umkippen unserer Flüsse, Seen und Meere mit den Auswüchsen unserer Technologie verbinden, aber der zugrunde liegende Punkt wird bei diesem Ansatz immer unberührt bleiben. Der Grund dafür ist einfach. Wir können versuchen, eine riesige Anzahl von Problemen zu lösen, aber die Lösungen werden immer neue Probleme hervorrufen, *solange wir nicht das Ergebnis unserer Handlungen kennen.* Wegen unseres begrenzten Verstandes werden Hindernisse weiterhin mutieren und sich entwickeln, so wie es Bakterien tun als Antwort auf unsere neueste Wunderdroge. Eine Unmenge neuer und schlimmerer Schwierigkeiten wird weiterhin entstehen, bis an den Tag, an dem wir den grundlegenden Irrtum unseres Denkens ablegen.

Es gibt ein Feld neben diesem Haus, in dem ich diese Worte schreibe. Letztes Jahr war es eine Wiese, auf der ein Dutzend Pferde grasten. Heute stehen dreißig Häuser darauf; weitere fünfzehn sollen im nächsten halben Jahr fertig werden. Vom Standpunkt des schweigenden Feldes aus muß sich das genau wie ein Krebsgeschwür anfühlen. Was für einen Nutzen haben Häuser im Verhältnis zum Land? Wo sich einst ein harmonisches Ökosystem befand, ist jetzt Beton, Asphalt, Chaos, Tod. Und doch sind die neuen Bewohner dankbar für die relativ billigen

Behausungen: für viele dieser jungen Familien ist es das erste Entkommen aus Etagenwohnungen in das große Experiment des Eigenheims. Und in weiteren dreißig Jahren wird hier zweifellos eine ruhige, sogar gesetzte Umgebung sein, mit hohen, stattlichen Eichen und Ahornbäumen am Straßenrand.

Ich erinnere mich daran, wie ich einen riesigen Baumstumpf – doppelt so hoch wie ich, viermal breiter als hoch – erkletterte, am Fuße des Hügels in Seattle, wo ich aufwuchs. Er war in der Mitte eines vierzig Morgen umfassenden Gebiets, das wir den „Sumpf" nannten. Der Boden war nicht besonders sumpfig, jedenfalls nicht im Vergleich zum Rest von Seattle, aber der Name „Sumpf" gab ihm ein gewisses, dunkles Geheimnis für kleine Kinder. Fünfzig Jahre, bevor ich den Sumpf mit Staunen und Bewunderung betreten hatte, war hier ein großartiger Schlag von roten Zedern und Douglasföhren. Hundert Jahre davor war der Busch so dicht und groß in Westwashington, daß jeder, der durch Zauberhand von heute dorthin transportiert würde, dächte, er wäre in den wunderbarsten Park auf der Erde gewandert. Was für eine Tragödie aus der Sicht der Indianer! Aber unsere kleine Tragödie, als der Sumpf niedergerissen und in den sterilen Asphalt eines Parkplatzes und den Plastik und Stahl eines Einkaufszentrums verwandelt wurde, war für unsere kindlichen Gefühle nicht weniger greifbar und schmerzhaft. Und doch wurde die enge Nachbarschaft der entstehenden Geschäfte von verschiedenen Senioren in unserm Viertel als ein Gottesgeschenk angesehen.

Ich erinnere mich, wie meine Familie mit mir nach einem Ahnenhaus suchte, als ich neun war. Wir konnten es nicht finden – es war weg, nur noch eine Erinnerung, ersetzt durch eine weitere Autobahnausfahrt. Und das in der Mitte eines Weizenfeldes in Ostwashington! Ein schwerer Verlust, sicher – aber diejenigen, die die Autobahn jeden Tag benutzen, um zu ihrer Familie zu eilen, könnten widersprechen.

Was genau ist ein Problem? Etwas ganz Schreckliches aus einer Perspektive mag ein Segen aus einer anderen sein. Aber sogar, wenn wir Probleme finden, bei denen sich alle einig sein können, daß sie auf jeden Fall Probleme sind, bedeutet das nicht, daß sich alle über die Lösung einig wären. Und sogar, wenn sich alle überall sowohl in bezug auf die Probleme als auch auf die Lösungen einig wären, gibt es keine Garantie, daß diese Lösungen auch funktionieren würden. Auch wenn sich alle über jeden Zweifel hinaus darüber einig wären, daß die Sonne um die Erde kreiste, wäre es unwahrscheinlich, daß unser Planet und sein Nachbarstern von ihrer Umlaufbahn abwichen. Realität ist undemokratisch! Egal, wie sehr wir wollen, daß alle an unsere kostbaren Luftschlösser glauben, es macht sie für niemanden wirklich als uns selbst.

Nehmen Sie nicht an, daß ich andeute, es sei falsch zu versuchen, jedes und alle Probleme zu lösen. Alles, was getan werden kann, sollte auf jeden Fall getan werden. Was ich sage, ist, daß unsere Lösungen niemals besonders gut funktioniert haben, weil wir als Spezies niemals das eine fundamentale Problem angegangen sind, das alle andern verursacht. *Wie verwandeln wir unsere Aktionen, so daß sie nur lebensfördernde Ergebnisse haben?*

Bis dieser Grundsatzpunkt angegangen wird, wird es niemals möglich sein, die Myriaden Schwierigkeiten der menschlichen Umstände zu lösen. Wie kann dies geschehen?

Ein idealer Mensch

Wenn wir in die Vielfalt schauen, sehen wir Vielfalt. Wenn wir mit unseren Augen nach draußen sehen, sehen wir eine extrem komplexe und bunte Welt. Diese äußere Welt zu ändern, dadurch, daß jede Situation einzeln angegangen wird, ist schwierig oder unmöglich. Darum sind Körperschaften erfolgreich – hundert Individuen können eine ganze Menge mehr tun als einer allein. Sogar, wenn der eine weit talentierter und effizienter ist als jeder andere unter den hundert, so ist es doch physisch unmöglich für eine Person, hundert Aufgaben auf einmal zu erfüllen.

Folglich sind Hierarchien strukturiert; folglich werden Zivilisationen geschaffen.

Der einzelne Angestellte mag wenig oder kein Verständnis dafür haben, wie seine Rolle zum Ganzen beiträgt; dem privaten Bürger mag die Erkenntnis völlig abgehen, was die Natur oder Ordnung seiner Gesellschaft angeht, aber das verhindert nicht die Wirksamkeit des Ganzen. Wie kommt es, daß eine Organisation reibungslos funktioniert, sei es eine Kuh, eine Gesellschaft oder ein Staat? Jedes Mitglied der hierarchischen Struktur in der Organisation muß gut funktionieren. Die Gesundheit der Organisation wird durch die Gesundheit ihrer einzelnen Mitglieder bestimmt. Dies ist ein universelles Gesetz, sei unsere Unterhaltung über Organe und ihre Zellen oder über Zivilisationen und ihre Bürger. Wer kann ein Herz retten, wenn seine Zellen sterben? Wer kann einen Staat retten, wenn seine Bürger verkommen?

Dies mag viel zu einfach erscheinen, viel zu offensichtlich, und es ist doch unmöglich zu ändern. „Natürlich", mögen Sie sagen, „Ihr Anliegen ist klar. Wenn wir die Probleme der Welt lösen wollen, müssen wir die Probleme des einzelnen lösen. Daran ist nichts Neues. Konfuzius sagte im alten China ziemlich dasselbe. 'Wenn der Vater ein Vater ist, und der Sohn ein Sohn, wenn der Bruder ein Bruder ist und die Schwester eine Schwester, wenn der Ehemann ein Ehemann ist und die Ehefrau eine Ehefrau, dann ist die Familie in Ordnung. Wenn die Familie in Ordnung ist, ist das Dorf in Ordnung. Wenn das Dorf in Ordnung ist, ist die Nation in Ordnung. Wenn die Nation in Ordnung ist, ist die Welt in Ordnung.' Dies ist alles zu offensichtlich. Wenn ich in meinem Körper, meinem Verstand und meiner Seele gesund bin, dann, so schließen Sie, ist meine Gesellschaft gesund. Wenn ich nicht zu den Problemen der Welt beitrage, dann werden die Probleme der Welt verschwinden. Aber was Sie anbieten, ist halt zu einfach. Sogar, wenn ich perfekt handle, was ist mit meinem Bruder Georg? Oder mit meinem Mann Sam? Was ist mit meinen Kindern? Oder Fred von gegenüber? Oder den großen Firmen? Oder dem militärindustriellen Betriebswesen? Oder den Terroristen? Oder wer auch immer im Moment auf meiner schwarzen Liste steht? Sie werden immer noch die Welt belasten, genau wie zuvor.

Welchen Wert hat Ihre Lösung dann? Es ist unmöglich, dieses Denken global anzuwenden."

Tatsächlich muß ich Ihnen recht geben. Der Gedanke, jeden auf dem Planeten zu verändern, so daß er ideal wird, eine Person, die nichts tut, um sich selbst oder der Welt in irgendeiner Weise Schaden zuzufügen, nicht einmal im geringsten, ist ein Konzept, das zu schwierig klingt, um es in einem übersehbaren Zeitraum zu verwirklichen. Selbst die Entscheidung, welche unserer täglichen Handlungen in der Tat uns selbst oder andern Schaden zufügen, ist eine Angelegenheit endloser Kontroversen. Die einfachste Wahl, die sich uns an der Kasse der meisten Lebensmittelläden stellt, läßt die unlösbaren Rätsel der Antike wie Kinderspiel erscheinen. „Papier oder Plastik?" fragt uns der Angestellte freundlich. Was antworten wir? Einen Baum umbringen oder eine nicht erneuerbare, nicht biologisch abbaubare Quelle benutzen? Was suchen Sie aus? Ist es wichtig für Sie oder Ihre Welt? Ist es überhaupt wert, darüber nachzudenken, oder ist es eine momentane und im Prinzip zwecklose Ablenkung?

Die Grundschwierigkeit mit dem typischen Wachzustand des Bewußtseins ist, daß es unmöglich ist, *irgend etwas* mit Sicherheit zu wissen. Es ist nicht und wird niemals möglich sein, alle Wirkungen einer Handlung zu kennen – jeder Handlung, auch der allereinfachsten. Also warum nicht ein Leben des Kompromisses? Jeder opfert Integrität auf dem Altar der Bequemlichkeit. Warum anders sein?

Dies ist der Punkt, der viele unserer Philosophen schlußfolgern ließ, daß es keinen Absoluten Standard der Moralität oder Handlung gibt. Dieses Dilemma hat viele andere veranlaßt, nichts in Frage zu stellen, sondern andere „Autoritätsfiguren" ihre Handlungen und Glaubenssysteme bestimmen zu lassen. Ohne einen Absoluten Standard mögen solche Führer etwas Wertvolles zu sagen haben oder nicht; aber viele von ihnen haben zumindest ein gewisses Talent darin bewiesen, andere zum Zuhören zu bewegen!

Es mag unmöglich erscheinen, jeden in der Welt zu ändern. *Glücklicherweise ist das nicht unsere Verantwortung!* Es ist nicht

Ihre Verantwortung, Ihre Mitbürger zu ändern, nicht Ihre Nachbarn, nicht Ihre Freunde, nicht einmal Ihre eigene Familie. Sie haben nur die Verantwortung, eine einzige Person im ganzen Universum zu verändern! Wissen Sie, wer diese allerbedeutendste Person ist? Wissen Sie, wer Ihr privates Universum erschaffen hat und noch erhält? Die gute Nachricht und die schreckliche Neuigkeit sind ganz genau dasselbe – Sie sind es selbst. Der einzige Kontrolleur Ihres Lebens und Schicksals sind Sie, niemand anderes als Sie. Sie haben es genau so gemacht, wie Sie es wollten. Vielleicht waren Ihre Entscheidungen bis heute unbewußt, vielleicht wußten Sie es vorher nicht besser. Aber diese Tage sind jetzt vergangen. Da Sie es getan haben, können Sie es in jeder Weise, die Sie wählen, wieder tun.

Es mag andere geben, die daran arbeiten, allen andern zu helfen, sich zu ändern, aber das braucht Sie nichts anzugehen. Sie müssen nicht den ganzen Plan sehen; Sie müssen nicht die gesamte Operation verstehen. Sie brauchen nicht einmal genau zu wissen, wie Ihr Anteil ins Ganze paßt. Es ist nicht notwendig! Alles, was Sie zu tun haben, ist, Ihren Anteil perfekt zu leben, und Ihre Welt wird sich um Sie herum verwandeln. Das ist garantiert, absolut garantiert. Wenn das Licht in Ihnen ist, ist es nicht dunkel, die Schatten fliehen aus Ihrer Welt.

Was für eine unmögliche Aufgabe, die Welt zu retten. Was für eine mögliche Aufgabe, sich selbst zu retten. Reinigen Sie Ihr eigenes Herz, und das Herz der Welt wird gereinigt sein.

Die Wahrnehmung des Universums im Alltagsbewußtsein ist vollkommen verdreht, auf den Kopf gestellt. Im Alltagsbewußtsein denken wir, daß unsere Wirkung größer ist, wenn wir nach außen handeln; wir denken, daß unsere Handlungen stärker sind als unsere Worte, und daß unsere Worte stärker sind als unsere Gedanken. Darum sprechen wir zum Beispiel unseren Unmut nicht aus, sondern behalten ihn für uns, innen, wo er um sich nagt, bis er in Angriffen ausbricht, die weit größer als die ursprüngliche Handlung sind, die wir nicht ausgeführt haben, oder bis er uns umbringt. Diese Lebensweise ist rückwärts gerichtet, sie ist zerstörerisch, sie heilt nichts und kompliziert alles.

Die Gedanken eines einzigen Menschen können eine Welt ändern. Um geheilt zu werden, braucht die Welt einen idealen Menschen. Dieser Mensch ist bereits geboren worden, dieser Mensch hat einen Namen und eine persönliche Geschichte. Der Geburtstag dieses Menschen ist der Ihre, die Geschichte dieses Menschen ist die Ihre. Dieser ideale Mensch sind Sie.

Wir beeinflussen mehr, als wir jemals wissen können. Mit jeder Stimmung, jedem Gedanken, jedem Wort, jeder Geste verändern wir unser Leben und unser Universum.

II. Das Leben ändern

Eine Reise von tausend Meilen beginnt mit einem einzigen Schritt

Unsere Einsicht und unser Verständnis der menschlichen Umstände wird von unserer Erfahrung gebildet. Im alltäglichen Wachzustand unseres Bewußtseins denken wir, wir seien isoliert voneinander in Raum und Zeit; wir glauben, wir seien einzeln und allein. Weil dies unser Empfinden und Glaube ist, schließen wir daraus, daß es schwierig oder unmöglich sei, das Denken oder Verhalten anderer tiefergehend zu beeinflussen. Wir glauben, daß wir nur mit großen Verbindlichkeiten, Energie- und Zeitaufwand andere ändern können.

Dieser Glaube stammt aus der täglichen Erfahrung unserer Sinne. Aber unsere Sinne trügen uns, hier und überall. Die Realität unseres Seins ist, daß wir absolut mühelos nicht nur uns selbst, sondern auch alle andern auf dem Planeten, sei es in Vergangenheit, Gegenwart oder Zukunft, verändern können. Falls dieser Gedanke Ihnen merkwürdig erscheint, liegt das nur daran, daß wir gewohnt sind, von uns selbst als linearen und endlichen Wesen mit streng umfaßten Fähigkeiten und Funktionen zu denken.

Wenn wir an die großen Geister unserer Rasse denken, glauben wir oft, ihre Handlungen seien ihre Errungenschaften. Aber ihre wahren Errungenschaften sind die inneren Realitäten, die sie entwickelt haben; ihre äußeren Handlungen sind nur Kleidung. Das Material mag sehr fein sein, das Muster zauberhaft schön, die Farben klar und leuchtend, aber jeder Stoff ist vollkommen wertlos verglichen mit dem unschätzbaren Körper, der ihn trägt.

Die Rasse entwickelt sich, wie sich das kollektive Bewußtsein der Rasse entwickelt. Die Glaubenssysteme des Menschengeschlechts sind wie die Gauß'sche Glockenfunktion, die in der Mathematik so oft vorkommt: Der Anfang aller Veränderung besteht aus einem einzigen Individuum. Zuerst mag die Tatsache, daß Veränderung stattfindet, praktisch jedem unbekannt sein, aber sie wächst mit der Zeit immer schneller. Von der ersten Person breitet sie sich auf natürliche Weise zu allen aus. Dieser Vorgang ist automatisch; falls das Individuum, das für die Einführung der Veränderung verantwortlich ist, beschließt, sie durch Handlungen zu fördern, so ist das unnötig; das wäre ein üppiger Überfluß.

Unsere Gedanken sind nicht tief in uns versteckt. Normalerweise glauben wir, daß sie es seien; wir glauben (und hoffen!), daß irgendwie einige Gedanken und Überzeugungen privat seien, daß sie irgendwie ein Geheimnis seien vor dem Rest des Universums. Das ist eine Illusion. Jeder Gedanke betrifft alle und alles überall zu allen Zeiten. Deswegen wird es so absurd einfach, die Welt zu verändern: wir brauchen nur eine einzige Person zu ändern. Wenn ich mich selbst ändere, werden alle Vorteil daraus schöpfen. Das größte Geschenk, das Sie denjenigen, die Sie lieben, machen können, ist das Beispiel Ihres eigenen erfolgreichen Lebens.

Sogar, wenn Sie nicht die gesamte Breite der Möglichkeiten, die dieses Konzept bietet, akzeptieren können – daß Ihre Verbesserung alle anderen verbessert – kann es dennoch keine Frage sein, daß Sie zweifellos Verlangen danach tragen müssen, Ihr eigenes Leben um Ihrer selbst willen zu verbessern. Die angenehme Wahrheit ist, daß dies nicht schwer ist. Tatsächlich ist es sogar extrem einfach. Jeder, der es als schwierig hinstellte, sich selbst zu verbessern, sprach zweifellos aus seiner oder ihrer eigenen Erfahrung – aber diese Erfahrung muß als Voraussetzung den Glauben gehabt haben, daß eine Veränderung zum Guten schwierig sei. Die Realität der menschlichen Umstände ist, daß Veränderung zum Guten extrem einfach ist, *so lange es kompetente Anleitung gibt.* Es gibt kein Problem, physisch, emotional, geistig oder spirituell, das nicht mühelos gelöst werden kann. Die Techniken von Ascension sind dazu entworfen, in diesem Heilungsprozeß von innen nach außen mitzuhelfen.

Üblicherweise glauben wir, daß einige Probleme größer sind als andere, daß einige schwieriger oder komplexer sind als andere. Aber vom Standpunkt der unendlichen Intelligenz aus ist jedes Problem dasselbe. Sie erscheinen nur unterschiedlich aus der Perspektive des endlichen Verstandes. Jedes Problem im Leben kann in genau derselben Weise gelöst werden – und diese Lösung ist mühelos zu erreichen. Es ist jetzt nicht, war niemals und wird niemals schwierig sein, mehr der unendlichen Intelligenz zu leben. Besser gesagt, es ist nicht jetzt, war niemals und wird niemals schwierig sein, die unendliche Intelligenz gänzlich und vollkommen zu leben.

Der erste Schritt auf dem Weg zu diesem Ziel liegt darin, die Möglichkeit zu erkennen, das zu tun. Wenn wir nicht glauben, daß etwas möglich sei, dann wird es für uns unmöglich bleiben. Wenn wir erst einmal erkennen, daß es *möglich* ist, mehr zu sein, wird das Verlangen, tatsächlich mehr zu *sein*, von unseren Sinnen Besitz ergreifen.

Der zweite Schritt liegt im Anerkennen des Ortes, wo wir jetzt gerade sind. Die meisten von uns haben die Gewohnheit zu verleugnen, was wir *jetzt* und *hier* erfahren. Das kommt wohl daher, daß wir unsere gegenwärtigen Umstände in irgendeiner Weise als unerwünscht verurteilt haben. Unser Leben oder unsere Umgebung oder die Leute in unserem Universum werden als nicht perfekt angesehen – und wir haben typischerweise eine lange Liste von Fakten, die diese Sammlung an Wahrnehmungen und Meinungen „beweisen". „Maria ist zu dick." „Hans trinkt zuviel." „Stefan ist grausam und schlägt mich." „Ich muß mehr Geld verdienen, um meine Rechnungen bezahlen zu können." „Mein Job ist okay, aber er ist nicht das, was ich wirklich gerne machen würde." „Unser Viertel ist auf dem absteigenden Ast." „Ich bin krank." usw.

Die Liste ist endlos – jedes Empfinden oder Urteil, daß jemand oder etwas an unserer Welt nicht perfekt sei, ist ein Teil der Schlußfolgerung, daß unser Leben nicht ideal sei. Die meisten von uns „machen das Beste" aus unserer mangelhaften und längst nicht perfekten Welt, „tun das Beste, das wir können", um vorwärts zu kommen trotz widriger Umstände, obwohl wir nicht die Person heirateten, die wir wirklich wollten, oder obwohl wir nicht den Job haben, den wir wollten, oder obwohl wir nicht genug Geld verdienen, oder obwohl wir nicht leben, wo und wie wir es uns wünschen, oder obwohl wir nicht besonders gesund oder glücklich sind.

Unsere Antwort auf unsere empfundenen Unzulänglichkeiten ist es, unsere Unzufriedenheit zu unterdrücken. Oft tun wir dies, um unser Leben (oder das eines anderen) leichter zu machen. Wir fühlen, daß es besser sei, der Meinung eines anderen zuzustimmen, als unsere eigene zu pflegen.

Es war einmal eine schöne junge Frau namens Leora, die klug, intelligent und hochbegabt in der Kunst war. Sie heiratete Sam, und sie bekamen zwei Kinder. Sam war sehr starrsinnig in bezug auf die meisten Dinge. In seinem Fall kam das von einem tief verwurzelten Minderwertigkeitskomplex, den er gegenüber allen hatte – er hatte das Gefühl, andere würden ihn übervorteilen oder versuchen, ihn zu kontrollieren, falls er nicht zuerst zuschlug. Leoras angeborene Intelligenz begann sich unter dem Einfluß von Sams wiederholten und starren Meinungen zu verringern. Sie begann zu fühlen, daß eine „gute" Ehefrau eine war, die ihren Mann blindlings in allen Dingen unterstützte. Sie wurde seine Untergebene statt seiner Ebenbürtigen; in allen Dingen klein und groß, war Leoras Stimme und Verstand ein Echo von Sams Meinungen.

Mit der Zeit wurde Sam von dem geistlosen Verhalten Leoras gelangweilt und lief mit einer anderen Frau davon, die ihn zum Denken herausforderte. Leora war niedergeschmettert und zutiefst überrascht. Hatte sie nicht alles getan, was sie konnte, um ihm zu gefallen? Da sie sich verzweifelt danach sehnte, in einer Beziehung zu sein – irgendeiner Beziehung! – fand sie bald einen anderen Mann, der sie bis zu diesem Tag genau so behandelt, wie es Sam getan hat. Sie hätte den unglücklichen Verlust ihres ersten Mannes dazu nutzen können zu entdecken, warum ihr Leben so war, wie es war. Statt dessen macht sie mit ihrem grundlegenden Fehler weiter und zahlt immer noch den Preis dafür.

Dies ist ein fürchterlich gewöhnlicher Erfahrungsverlauf in unserer modernen Welt. Die Eltern-Kind-Beziehung ist eine weitere, allgemeine Version: Als Kinder sind wir auf Jahre hinaus dem Willen unserer Eltern untertan. Unsere Eltern sind wie Götter für uns; falls sie selbst unvollkommene Individuen sind, sind unsere Götter verrückt. Das Ergebnis davon ist, daß wir, wenn wir in die Erwachsenenwelt eintreten, ein Leben wählen, das himmelweit von dem entfernt ist, das wir gewählt hätten, wären wir ermutigt worden, unsere natürlichen Neigungen und Talente zu entwickeln. Wir neigen dazu, die Stimmen und Überzeugungen unserer Unterdrücker zu verinnerlichen: Sogar nachdem die äußeren Urheber unserer Abhängigkeit durch räumliche Entfernung oder Tod von uns getrennt sind, kauern wir immer noch hinter ihrer Vorstellung, unwillig oder unfähig, wir selbst zu sein.

Um uns zu ändern, ist es hilfreich, anzuerkennen, wo wir jetzt gerade sind. Das kann ein müheloser Prozeß sein, eine einfache intellektuelle Erkenntnis, aber bei manchen stehen so viele Schichten von Verwirrung und Verblendung darüber, wer wir sind und was wir glauben, zwischen uns und dieser Erkenntnis, daß es einige Zeit – und Geduld – in Anspruch nehmen kann.

Anerkennung heißt nicht einfach, ein Glaubenssystem mit einem anderen zu vertauschen. Ein gemeinsames Element der typischen „religiösen Konversion" ist, daß unser eigener Wille ersetzt wird, nicht mit Gottes Willen, sondern mit der Interpretation von Gottes Willen durch eine Person oder eine Gruppe. Dies ist einfach eine weitere Version des Meister - Sklave - Szenarios, das so oft bei mißhandelnden Ehepartnern oder Eltern vorkommt. Dies ist niemals individueller Freiheit oder Wachstum förderlich. Geistige Abhängigkeit bei Nachfolgern wird nur von unvollkommenen Seelen erstrebt, die versuchen, ihr Universum zu kontrollieren, um ihre fehlerhafte und angstvolle Sichtweise der Realität zu behüten. Ein wahrer Lehrer wird immer wünschen, daß seine/ihre Schüler selbständig werden – das Wissen des Lehrers zu meistern, so daß der Lehrer nicht länger vonnöten ist. Alle Wahren Lehren zeigen also immer mit dem Finger des Verständnisses zurück in das eigene Herz des Schülers. Wahres Wachstum kann nur von innen nach außen entstehen.

Dieser Prozeß des Anerkennens geht weit tiefer in die Persönlichkeit, als die meisten Individuen je bewußt wahrgenommen haben. Einer der effektivsten Wege ist die Ascension der Ishayas. Im Vorgang der Ascensiontechniken wird ein spezifischer und höchst individueller Gedanke vom Lehrer, der mit dem Schüler arbeitet, als ein „Fahrzeug" geschaffen, das nach innen zum Ursprung aller Gedanken „gefahren" wird, dem Ascendant.

Wenn ein Individuum Ascendet, wird es unnötig zu versuchen, die früheren Glaubenssysteme und Urteile aufzulösen; die Kraft dieses innerlichen, vollkommen wohltuenden Vorgangs ist ausreichend, alle früheren, falschen Wahrnehmungen und falsches Verständnis zu entfernen und mit der direkten Erfahrung der transzendentalen Schönheit und Perfektion des Ascendant im Innern zu ersetzen. Wenn die innere Realität auf diese Weise anerkannt wird, verändern sich die äußeren Realitäten automatisch.

In andern Worten, es ist nicht notwendig zu *versuchen*, unsere Gewohnheiten, Überzeugungen oder jeden Aspekt unseres Verstandes wieder aufzubauen. Es ist nicht notwendig, uns selbst jemals wieder für unsere angenommenen Mängel oder unser Versagen auszuschimpfen. Einmal begonnen, ist der Prozeß der inneren Transformation und Reorganisation vollkommen automatisch. Einem Blatt muß nicht beigebracht werden, zu Boden zu fallen. Wenn es erst einmal von seinem gewohnheitsmäßigen Aufenthaltsort entfernt ist, fällt es. Die unbesiegbare Kraft des Naturgesetzes, die Schwerkraft, zieht es mühelos zum Erdboden. Die Erde ist viel größer als das Blatt. Es gibt keine Notwendigkeit für das Blatt, zu *versuchen* zu fallen. In der Tat wäre es sehr mühsam für das Blatt, *nicht* zu fallen! So ähnlich ist es mit dem Verstand. Die unbesiegbare Anziehungskraft des Ascendant zieht ständig an unserem Geist. Es erfordert übermäßigen Kraftaufwand, uns vom Fallen innerwärts, in den Ascendant, abzuhalten. Aus diesem Grunde ermüdet der Geist so schnell; darum braucht der Körper so viel Schlaf in jeder Nacht. Wie schwer ist es, sich ohne ein angemessenes Gefährt zu bewegen! Aber wenn der Wagen läuft und aufgetankt ist, braucht es nur einen einfachen kleinen Druck auf das Gaspedal – und los geht's! Wie schwer ist es, ohne ein angemessenes Fahrzeug die Reise in den Geist anzutreten! Aber wie einfach ist es mit einer geeigneten Ascensiontechnik, das Ascenden zu wählen – und los geht's!

Beobachten Sie sich selbst genau: Was ist Ihre Reaktion bei dem Gedanken, tiefer ins Innere vorzustoßen? Ist es ungeduldige Erwartung, verbunden mit einem intensiven Verlangen, kennenzulernen, was wirklich dort ist? Oder ist es Angst, unerklärliche blinde Panik vor den Drachen, die im Innern lauern? Beides sind normale Reaktionen auf diesen Vorschlag. Die erste ist eine klare Erfahrung dessen, was natürlicherweise vorkommt, wenn wir loslassen, Ascenden und vollkommener ins Leben wachsen. Die zweite ist eine klare Erfahrung dessen, was natürlicherweise vorkommt, wenn wir versuchen, uns selbst daran zu hindern, vollkommener ins Leben zu wachsen.

III. Gefühle!

Unsere Geburt ist nichts als ein Schlaf und ein Vergessen:
Die Seel', die in uns aufgeht, unsres Lebens Stern,
Hatte anderwärts ihre Fassung
Und kommet aus der Fern';
Nicht in vollkommenem Vergessen,
Und nicht in völliger Nacktheit,
Sondern Wolken der Pracht uns nachziehend, kommen wir
Von Gott, der unsre Heimat ist:
Himmel liegt um uns her in unsrer Wiege!
Schatten des Gefängnisses beginnen sich zu schließen
Um den erwachsenden Knaben.
Aber er blickt das Licht, und woher es fließt,
Er sieht's in seiner Freude;
Die Jugend, die täglich weiter vom Osten
Muß weg wandern, ist noch der Natur Priester,
Und von dem Bilde so herrlich
Ist sie begleitet auf ihrem Wege;
Zuletzt der Mann nimmt wahr, wie es verschwindet
Und im Lichte des Alltags vergeht.
Als ob seine gesamte Berufung
Nur sei endlose Nachbildung.
Wordsworth,
Mitteilungen der Unsterblichkeit

DIE WURZEL DES STRESSES

Unsere physischen Körper entstanden aus der Vereinigung einer Samenzelle unseres Vaters und einer Eizelle, die unsere Mutter geschaffen hatte. Dies machte unseren Körper, aber nicht den Bewohner unseres Körpers. Mehrere uralte Denksysteme stimmen mit Wordsworth überein: die Seele tritt ins menschliche Leben ein aus der Allwissenden Weisheit. Wenn dies wirklich so ist, gibt es nichts, was den Hütern der Seele und dem Vorkind nicht bekannt wäre; es gibt nichts Unbekanntes über die Eltern, die Geschwister, die Gesellschaft der Zukunft. Die Seele wählt eine bestimmte Lebenszeit, weil sie weiß, daß diese Existenz am effektivsten mit ihren unerfüllten Wünschen schwingt, und alles, was nötig ist, um der vollkommenen Realisierung näher zu kommen, liefern wird.

Aus dieser Perspektive ist das erste Problem, das die meisten oder alle Babies bekommen, daß hinter der Maske der physischen Mutter und Vater die Erinnerung an die Göttliche Mutter und Vater verborgen ist, die männliche und weibliche Hälfte Gottes. Als gerade zurückgekehrte Säuglinge identifizieren wir unsere biologischen Eltern mit diesen makellosen Wesen: tief drinnen wissen wir ganz genau, was Perfektion ist und was nicht, wir wissen, daß wir nur Liebe und Unterstützung von unsern physischen Eltern und der Welt wollen. Wir werden wieder und wieder frustriert und enttäuscht, wenn unsere Eltern wieder und wieder dabei versagen, unserem Ewigen Ideal gleichzukommen. Als unvermeidliches Ergebnis lernen wir, unsern Eltern und ihrer Welt zu mißtrauen. Da die meisten von uns, wenn nicht sogar alle, eine perfekte Vertretung der Göttlichen Liebe auf Erden ernstlich entbehren müssen, haben wir eine Leere in uns, die danach schreit, gefüllt zu werden.

Diese erste Enttäuschung ist eine der fundamentalen Grundlagen der Unwissenheit, und eine, die so früh beginnt und so subtil ist, daß es extrem schwierig sein kann, sie auszurotten. Viele von uns, die wir nur oberflächliche Unterstützung bei unsern Eltern oder unserer Umgebung für unsere Gefühle finden, haben gelernt, sie zu unterdrücken. Ein typisches kleines Kind hat keine Probleme, seine Gefühle auszudrücken. Diese Offenheit ist oft für die anwesenden Erwachsenen nicht akzeptabel wegen ihrer eigenen Hemmungen; sie reagieren mit Verurteilung auf das Kind, mit Abwehr oder Strafe. Dagegen haben Kinder keine Verteidigung. Wenn freies und offenes Sich-Ausdrücken zu unangenehmen Folgen führt, bleibt nichts anderes übrig, als diese Wünsche und Gefühle zu unterdrücken. Diese Versuche, die Persönlichkeit zu beschützen, haben zur Folge, daß Unschuld und erweitertes Bewußtsein stillgelegt werden; mit der Zeit verirren sich Kinder völlig in den Verteidigungsmechanismen, da sie von der Umwelt unterstützte Rollen erschaffen.

Wenn uns Unterstützung unserer Wünsche versagt wurde, als wir Kinder waren, mögen wir uns verdeckter Manipulation oder offener Feindseligkeit als den einzigen Mitteln zur Erfüllung unserer Wünsche hingegeben haben. Die unerfüllten Bedürfnisse unserer Kindheit manifestieren sich weiterhin in unseren erwachsenen Beziehungen: unfähig, unsere Wünsche klar verständlich zu kommunizieren, tragen wir dennoch einen Haufen unerfüllter Sehnsüchte aus der Vergangenheit mit uns herum. Bitten wir um etwas, als ob wir erwarten, es nicht zu bekommen? Verlegen wir uns auf Zorn oder Manipulation, um unsere Wünsche zu erfüllen? Schmollen wir und bekommen Wutanfälle oder werden wir grob, wenn wir nicht unseren Willen bekommen? Warten wir, bis uns jemand nahe ist, bevor wir unsere versteckte Wunschliste enthüllen? Dies sind offensichtlich nicht die effektivsten Methoden, unseren Willen zu bekommen, und doch sind sie unter den am allgemeinsten versuchten.

Viele Erwachsene sind fest verschlossen gegenüber wahrer Intimität. Der Versuch, dieses emotionale Vakuum zu füllen, kann zu Abhängigkeiten oder Zwangsverhalten führen – Drogen, Alkohol, Tabak, Essen, Krankheiten – zu Beziehungen – negativen oder positiven – oder, idealerweise, zu Bewußtseinswachstum.

Das Selbstwertgefühl vieler Erwachsener ist irgendwie fehlerhaft oder beschädigt. Eine Methode, die wir anwenden, um das Trugbild unserer selbst aufrecht zu erhalten, ist, andere zu kritisieren, bevor sie sehen können, was bei uns verkehrt ist. Oder, da im Alltagsbewußtsein Selbstwert fast vollständig in Begriffen der Reaktion auf unsere Umwelt bestimmt wird, wir verlassen uns auf andere, um unser Leben zu bestimmen. Das ist, als ob man ein Pflaster auf ein eiterndes Geschwür klebte; dies führt niemals zu dauerhaftem Glück oder zu Gesundheit. Wenn wir uns kompromittieren, um liebenswert oder geliebt zu werden, hat das niemals und wird uns das niemals wertvoller machen; wenn wir dieses Verhaltensmuster lange genug fortführen, wird es unweigerlich Ablehnung und Feindschaft hervorrufen. Je mehr wir unsere eigene Individualität verleugnen, desto mehr verlieren wir unsere eigene Kraft.

Ein anderes Beispiel eines unangebrachten Verhaltensmusters ist, was viele für Mitgefühl halten: wenn jemand leidet oder unglücklich ist, denken wir, daß Mitgefühl sagt, wir sollten uns mit ihr oder ihm in ihrem oder seinem Unglück verbinden. Das ist kein Mitgefühl, das ist keine Liebe oder Sorge. Statt daß nur einer weinend auf dem Fußboden liegt, sind es jetzt zwei. Auf jemand anderes Leid zu reagieren, als sei es unser eigenes, ist kein Einfühlungsvermögen! Das drückt nur unsere eigene Geistesbeschränkung aus. Die Gefühle von jemand anders zu übernehmen, ist kein Mitgefühl! Dies ist nicht der Eingang zu Intimität und ist zum Scheitern verurteilt, denn es ist nicht der Pfad des Wachstums. Wahres Mitgefühl bedeutet, das Bewußtsein des Leidenden durch die Erkenntnis zu erheben, daß das Leiden verfehlt ist, daß es ein unmögliches Ereignis in der Erleuchtung ist, und dann diese Sichtweise mitzuteilen. Dies geschieht nicht in einer herablassenden oder überlegenen Haltung! Es wird in vollkommener Liebe getan.

Die Blockade wahrer Gefühle ist bei vielen Erwachsenen ziemlich tief und stark. Der von der linken Hemisphäre kontrollierte Egoverstand des Alltagsbewußtseins hat gelernt, Gefühle als unbequem zu verurteilen, etwas, das verdrängt, kontrolliert und engst kanalisiert werden muß. Natürlich wird, da die menschliche Persönlichkeit so extrem flexibel ist, das, was in einem Bereich unterdrückt wird, in einem anderen manifest. Gefühle können niemals zerstört werden. Sie können nur anerkannt, ausgedrückt, liebevoll umgeleitet oder verdrängt werden. Vollständig in der Gegenwart zu leben, heißt, daß keine Gefühle jemals verdrängt oder Wünsche pervertiert werden; alle werden akzeptiert, ausgedrückt und erfüllt.

Unsere blockierten und vergrabenen Gefühle freizulassen ist einer der wichtigsten Aspekte der Evolution aus dem Alltagsbewußtsein heraus. Solange den destruktiven Verhaltensmustern, die wir von unsern Eltern und unserer Kindheitsumwelt her aufgesogen haben, nicht erlaubt wird, sich aufzulösen, werden sie fortfahren, jeden Bereich unseres erwachsenen Verhaltens zu entstellen.

Das Gefühlsleben ist wie ein mächtiger Strom, der in uns allen fließt. Wenn wir versuchen, einen Fluß zu stauen, kann das Wasser nicht mehr frei fließen; es stagniert oder sucht nach andern Wegen, freizukommen. Gerade so wie ein Dammbruch großen Schaden verursachen kann, wird die Verdrängung unserer Gefühle unsere Emotionen in eine zerstörerische, drohende Kraft verwandeln.

Wir schulden es uns selbst zu entdecken, was unsere Gefühle und Wünsche wirklich sind. Es ist notwendig, uns selbst und andere zu manipulieren, um unsere Bedürfnisse zu erfüllen; ehrlicher und offener Ausdruck allein erlaubt uns, die Kraft unserer Emotionen positiv zu verwenden. Statt zu fordern, müssen wir lernen, unsere wahren Gefühle mitzuteilen; das erlaubt uns, kein Opfer unserer eigenen unkontrollierten Verteidigungsmechanismen und Reaktionen zu sein. Es ist notwendig für uns zu lernen, unsere eigenen kosmischen Eltern zu werden: durch Weisheit und Wohlwollen können wir unsere Gefühle liebevoll erkennen und zart leiten, ohne zu versuchen, sie einzudämmen oder mit ihnen zu kämpfen. Das muß nicht schwer sein!

Wenn wir beginnen, den Stress unserer früheren Beziehungen dem Licht zu öffnen, beginnen wir auf natürliche Weise, den Ursprung unserer Gefühle, Projektionen und Verhaltensweisen zu erkennen. Eins der ersten Ergebnisse ist wahre Vergebung für die Beschränkungen unserer Eltern. Sie dafür zu beschuldigen, daß sie unvollkommene Seelen sind, ist beinahe eine so große Zeitverschwendung, wie weiterhin in reaktiven Verhaltensmustern gefangen zu bleiben. Natürlich waren sie nicht ideal! Wer in ihrer Welt war das schon?

LIEBE UND ANGST

Es gibt nur zwei Wurzeln zu allen unseren Emotionen: Liebe und Angst. Liebe ist der natürliche Zustand des menschlichen Lebens; Angst ist das Mittel des Egos, die Welt zu kontrollieren und zu besitzen. Sie können nicht gleichzeitig nebeneinander bestehen: wenn die Liebe zunimmt, verfliegt die Angst – da sie niemals real war, verschwindet sie in der Sonne der perfekten Liebe. Wenn die Angst zunimmt, versteckt sich die Liebe und wartet ihre Zeit ab, bis das Individuum sich wieder der Wahrheit öffnet. Sie kann niemals zerstört werden, aber da der Mensch mit bestimmten unveräußerlichen Rechten ausgestattet ist (einschließlich eines vollkommen freien Willens), wird Liebe, falls das Ego auf Illusion besteht, scheinbar aus dem Geist verschwinden, bis die Persönlichkeit sich wieder für Realität entscheidet.

Das Ego will alles besitzen; dies verleugnet die Unbesiegbarkeit des Loslassens, des Gehilfen der Liebe. Liebe ist universal und frei gegeben, aber das Ego besteht darauf, daß sie besessen werden soll, daß sie dem strengen Diktat des Egos darüber, wann wie und wo gehorche. Darin wird das Ego auf immer scheitern, denn es schlägt die falsche Schlacht. Liebe kann nie begrenzt werden oder in Trennung oder Isolation existieren. Nur durch den Verzicht auf das Verlangen zu manipulieren und kontrollieren, wird das Ego mit dem Universalen Selbst der Unendlichen, Ewigen Liebe verschmelzen.

Gefühle ändern sich nicht dadurch, daß versucht wird, Zwang auf sie auszuüben. Emotionen entwickeln sich nur, wenn sie genau so akzeptiert werden, wie sie sind. Der Schlüssel dazu ist aufzuhören, sie zu verurteilen. Nur das Ego entscheidet über Gut und Böse. Dies ist sein hauptsächliches Werkzeug der Kontrolle: wenn manche Wünsche gut sind und andere nicht, wird das Leben gespalten bleiben. Wenn wir unsere Gefühle vom Glaubenssystem des Egos trennen, können wir ihre mächtige Energie für unser persönliches Wachstum verwenden.

Es gibt eine Geschichte von den Ishayas, die diesen Punkt illustriert. Die Mönche wurden von Zeit zu Zeit von Dämonenhorden angegriffen, wenn sie sich in tiefer Meditation befanden. Ganz egal, wie sehr sie versuchten, sich von ihnen zu befreien, es gab kein Entkommen. Erst als sie aufhörten, die Dämonen als etwas Böses zu verurteilen, verschwanden sie oder verwandelten sich in himmlische Nymphen oder Engel. Es war die Interpretation der Mönche von Realität, die ihnen Schwierigkeiten bereitete. Diese Erkenntnis ist ein notwendiges Stadium der Evolution.

Wenn das Bewußtsein wächst, lernen wir, daß, was auch immer zu uns kommt, unsere eigene Schöpfung ist, und keines anderen. Wenn uns dieses Verstehen dämmert, hören wir auf, unsere Energie mit dem Bekämpfen, Abwehren oder Verdrängen dessen, was wir geschaffen haben, zu verschwenden. Dies befähigt uns, die Energie unseres Verlangens zum Erreichen wesentlich schnelleren Wachstums zu benutzen.

DER SCHATTEN

In jedem menschlichen Wesen gibt es eine allgemeine Teilung der Funktionen zwischen der linken und der rechten Hemisphäre des Gehirns. Die linke ist eher rational, logisch, mathematisch und wissenschaftlich. Die rechte ist eher instinktiv, intuitiv, emotional, räumlich, künstlerisch und kreativ; diese Hemisphäre ist im allgemeinen mehr in der weiblichen Hälfte der Gattung entwickelt. Die Perspektive der Frau ist daher typischerweise breiter als die des Mannes, denn sie ist mehr der Pflege und Heilung des Lebens zugewandt. Was in der Frau unterdrückt werden kann, ist die linke Hemisphäre, die rationale, logische und spezifische Fähigkeit, Bewußtsein zu konzentrieren; in extremen Fällen kann das zu einer streitbaren Persönlichkeit führen, die in unvernünftigem Denken gegründet ist, das eher aus Meinungen als aus Fakten besteht.

Des Mannes typische Dominanz der linken Hemisphäre treibt ihn dazu an zu versuchen, die Natur zu meistern. Sein erhöhtes Niveau an Dynamik und Aggression macht ihn zum bevorzugten Partner der Beziehung, der mit der Außenwelt umgeht. In einem idealen (erleuchteten) Paar, sitzt die Frau am Steuer, und der Mann rudert das Boot: normalerweise ist es weiser, der Frau die Bestimmung der allgemeinen Lebensrichtung des Paares zu überlassen. Was der Mann unterdrücken kann, ist die rechte Hemisphäre, denn ihm sind die weiblichen Qualitäten von Instinkt und Emotion unangenehm. Wenn sie entwickelt ist, verleiht die rechte Hemisphäre die Fähigkeit zu erschaffen, zu fühlen, zu lieben, Schönheit zu erleben. In der höchsten Form des Gleichgewichts wird die rechte Hemisphäre zur Muse des Mannes – sein innerer Führer zu vollkommenem Bewußtsein.

Unsere unterdrückten Teile werden normalerweise auf unsere Partner in Beziehungen projiziert. Man könnte sagen, daß immer vier Wesen an jeder Beziehung beteiligt sind: die zwei, deren wir bewußt sind, und die zwei, die unbewußt sind und projiziert werden. Im idealen Zustand führen diese unterdrückten Teile, die nach außen projiziert werden, zum Entwickeln der Gesamtheit, die uns innen fehlt. Aber wenn dieser Vorgang durch belastende Gewohnheiten blockiert wird, führt diese Projektion zu einer fortlaufenden Reihe von destruktiven Beziehungen, denn wir erkennen nicht, daß wir einfach unsere eigenen Grenzen und Belastungen nach außen projizieren.

Wann immer wir irgend jemandem draußen die Schuld für irgend etwas geben, kommt das immer daher, daß wir versagt haben zu erkennen, daß unsere Gefühle der Depression und Unvollkommenheit von innen kommen. Der Versuch, jemanden in der Außenwelt zu verdammen, kommt immer von unserem eigenen Mangel an Selbstbewußtsein und Macht; wir fühlen uns innen hilf- und wertlos und projizieren das nach außen. Wenn das unerkannt bleibt, kann keine Beziehung dieser zerstörerischen Kraft standhalten.

Als wir Kinder waren, sahen viele von uns keine Lösung der widerstreitenden Forderungen unserer Umgebung als das Verstecken von Aspekten unserer selbst. Dieser versteckte und verdrängte Schatten in uns konnte niemals reifen, aber enthält zahllose Fragmente unserer Persönlichkeit, die sich nach bewußter Erkenntnis und Zustimmung sehnen. Da wir aber so intensiv vieles verurteilt haben, was unser persönlicher Schatten beinhaltet, würden wir normalerweise lieber einen Besen fressen als anzuschauen, was in uns verschlossen ist. Wie bei einer Mumie in der Krypta hätten wir es lieber, wenn es für immer verborgen und vergraben bliebe. Aber unser Schatten enthält viele schöne und wertvolle Charakteristika, die nie entwickelt wurden, weil es keine Anerkennung in unserer Umgebung für sie gab. Wenn es in unserer Kindheit keine Unterstützung für das verkörperte Beispiel unserer natürlichen Tendenzen und latenten Fähigkeiten gab, verdrängten wir automatisch einen großen und oft den besseren Anteil unserer selbst. Darum gibt es zum Beispiel so selten himmlische Wahrnehmungen bei Erwachsenen. Viele Kinder sehen die Elementargeister, himmlische Wesen, Engel und Devas, aber die Erwachsenen in ihrer Welt lachen sie aus, wenn sie ihre Visionen erwähnen; mit der Zeit wird die Fähigkeit des Sehens verschleiert.

Da der Schatten die Teile von uns repräsentiert, die verdrängt sind, ist seine gewöhnlichste Erscheinung die in der Projektion auf andere. Die Eigenschaften in andern, um die wir sie beneiden oder die wir hassen, sind Teile unserer selbst, die wir in unserem gültigen Universum als unangebracht verurteilt haben.

Der Schatten kann niemals vollständig verdrängt oder mit Zwang beseitigt werden. Der einzige Weg zur Lösung ist, aufzuhören zu urteilen. Die sich entwickelnde Seele muß zuletzt alle versteckten inneren Wünsche, Bedürfnisse und Gefühle umfassen. Bis das geschieht, wird der größere Teil unserer Energie in gegensätzlichen Unterpersönlichkeiten verschlossen bleiben, die unseren verdrängten Schatten verkörpern. Bis dies geschieht, wird das Leben in einem Ungleichgewicht weitergehen, das schwerwiegend sein kann. Sich der persönlichen inneren Dunkelheit zu stellen, erfordert Mut und Demut. Ein bißchen Glaube ist auch ganz nützlich: wenn wir glauben, daß wir die verborgenen Kammern zu öffnen beginnen können, ohne uns selbst Schaden zuzufügen, können wir anfangen, unsere abgesonderten Persönlichkeiten zu reintegrieren, und aufhören, unsere Urteile und Wünsche auf andere zu projizieren.

Ohne die natürliche Mechanik der Evolution durch Ascension kann das schmerzhaft sein: für einige von uns braucht es den Schock, uns selbst so zu sehen, wie wir wirklich sind, anstelle dessen, was wir wünschen oder annehmen, daß wir sind, der dann unsere Reise in Richtung Erleuchtung beginnt. Aber was auch immer es braucht, diese Erkenntnis ist notwendig, um wahre Freiheit zu pflegen. So wird die einzig angemessene Antwort nicht sein, ob ich oder ob ich nicht beginnen muß, sondern wie schnell ich anfangen kann. Eine Reise von tausend Meilen beginnt mit einem einzigen Schritt. Die Reise muß unternommen werden, anderfalls fährt unser Schatten fort, uns zu verzerren und zu töten; die Zeit, loszugehen, ist JETZT.

Glücklicherweise werden durch die Praxis von Ascension alle verdrängten Bereiche der Persönlichkeit mühelos, harmonisch und anmutig (gnadenvoll?) dem Licht des vollkommenen Verstehens ausgesetzt. Dies verwandelt etwas, das andernfalls ein langsamer und schwieriger Prozeß sein könnte, in eine spannende Entdeckungsreise sich vermehrender Freude.

IV. Unwissenheit

Worauf Sie Ihre Aufmerksamkeit richten, wächst

Der Wachzustand des Bewußtseins wird oft Unwissenheit genannt, denn in diesem Zustand wird die Allgegenwärtige Realität des Unendlichen Ascendant nicht erfahren, sie wird ignoriert. Er ist auch als Identifikation bekannt: der Verstand ist in seinen Interpretationen vergangener Erfahrungen gefangen und ist nicht fähig, die Freiheit des Lebens, wie es im gegenwärtigen Moment ist, zu erfahren. Er ist gefangen in der Identifizierung mit Grenzen: nur die gröbste Ebene der Objekte wird empfunden: der grenzenlose Ascendant wird verfehlt. Es gibt keine oder bestenfalls eine sehr schwache Bewußtheit des Ascendant im Alltagsbewußtsein; daher ist das individuelle Leben in der Identifizierung mit Wünschen, Gedanken und Besitztümern gefangen. Das ist, als ob man eine Million Mark verliert, dadurch, daß man einen Groschen findet.

Der Verstand im Alltagsbewußtsein ist chaotisch und widerspruchsvoll: er wird zerstückelt zwischen Gedanken, die von der rationalen, linken Hemisphäre produziert werden, und denen, die von den wahren und unwahren Gefühlen der Liebe und Angst geschaffen werden. Stille und Klarheit sind seltene Vorkommnisse: der Verstand ist immer aktiv, rast von einem Gedankenstrom zum nächsten, von einer Reue, Sorge, Schwierigkeit, einem Wunsch oder verrückten Plan zum andern. Das Alltagsbewußtsein wird wie ein kleines Boot von der tosenden See herumgestoßen, wenn seine 50.000 Gedanken täglich da hindurchlaufen, beinahe völlig außer Kontrolle.

Wie kehren wir zu unserm Erbe der unendlichen Bewußtheit zurück? Wie erreichen wir immerwährende Stille in uns? Wie können wir wahre Freiheit erlangen?

Um der Unwissenheit zu entkommen, brauchen wir: (1) die Demut zu erkennen, daß viele oder sogar alle unserer wertgeschätzten Überzeugungen des Alltagsbewußtseins möglicherweise einfach nicht wahr sind; (2) das Verlangen nach

Wandel; (3) den Mut, der nötig ist, um solchen Glauben, der uns nicht mehr dient, in uns herauszufordern und auszulöschen; (4) Hingabe an den Kosmischen Willen; und (5) Disziplin (die Bereitwilligkeit, relative Grenzen anzunehmen, um ewige Freiheit zu erlangen).

Außerdem wird (6) Konsistenz gebraucht, oder die Intelligenz, eine Wahl zu treffen, und dann dabei zu bleiben. Die Natur fördert keine Schwankungen. Genauer, die Natur versucht, alle menschlichen Wünsche zu erfüllen, aber wenn diese Wünsche widersprüchlich sind, was kann sie tun? Eine stetige Wahl ist notwendig – dann, und nur dann, können die Naturgesetze so angeordnet werden, daß sie Erfolg schaffen.

Fülle in jedem beliebigen Bereich menschlicher Belange ist das Ergebnis von (7) konzentrierter Verpflichtung. Es klappt nicht zu sagen, „Ich werde mich ändern, sobald die äußeren Umstände es mir möglich machen, mich zu ändern." Das Universum kann und wird einen jeglichen, so gearteten Vorschlag des Egos aussitzen. Was funktioniert, ist zu sagen, „Ich ändere mich jetzt, heute; da ich mich konsequent auf mein Ziel zu bewege, nehme ich an, daß sich die Mittel für mich manifestieren werden." Und selbstverständlich tun sie es, denn anstatt sich dem Lebensfluß entgegen zu stemmen, hat sich die individuelle Existenz jetzt in Übereinstimmung mit dem Kosmischen Willen gebracht.

Mein Lehrer sagte gewöhnlich, „Die Mittel versammeln sich um Sattva." 'Sattva' bedeutet Reinheit und Klarheit. So bringen (8) Lebensreinheit und (9) Klarheit der Absicht die Erfüllung in ihrem Kielwasser, so unvermeidlich wie Regen aus Cumuluswolken.

Zu versuchen, Erleuchtung ohne die obigen, notwendigen Qualitäten der Konzentration zu erlangen, ist vergleichbar dem Versuch, mit Wasser zu buttern. Es wird einfach nie geschehen. Aber mit Ascension entwickelt sich die nötige Weisheit, um den Weg zur Erleuchtung zu betreten, ganz natürlich auf der Basis des sich vermehrenden Zaubers der Erfahrung. Individuelles Leben beginnt, sich schneller und schneller zu verändern, da der Streß im Nervensystem sich vermindert; alle erforderlichen Bedingungen für Wachstum sind erfüllt, als die verschiedenen Teile unserer Persönlichkeit anfangen, mit uns zusammen zu arbeiten. Dieser Vorgang ist natürlich und mühelos und hat eine dramatische Transformation eines jeden Bereichs menschlicher Belange zur Folge.

TOD DES EGOS

Wenn wir geboren werden, ist die erste Forderung an uns, uns auf die Außenwelt zu beziehen. Unser Bedürfnis nach physischer und emotionaler Förderung bedeutet, daß wir unsere Sinne nach außen richten müssen, weg von der inneren Stille und dem vollkommenen Bewußtsein, hinein in das Feld der Vielfalt. Um das zu tun, gestalten wir unser Bewußtsein in eine trügerische Struktur, die künstlich unsere Trennung vom inneren Ascendant-Selbst aufrecht erhält. Diese Struktur ist als das Ego bekannt. Es wurde als ein notwendiges, aber vorübergehendes Entwicklungsstadium entworfen, nicht um das Ganze und das Ziel der menschlichen Evolution zu werden. Die Dominanz des Egos sollte nicht weiter als bis zur Pubertät reichen.

Es ist unsere Bindung an das Ego, die uns in der Welt der Illusion gefangenhält, darin, was in Sanskrit als 'Samsara' bekannt ist. 'Samsara' bedeutet wörtlich „immerwährende Folge" oder „ewiger Zyklus": wir steigen auf, nur um wieder zu fallen, wieder und wieder bis in alle Ewigkeit, bis der endlose Kreis Ascendet wird. Da die Ego-Struktur eine Illusion ist, wünscht sich jeder auf tiefster Ebene, dieses künstliche Konstrukt zu Ascenden. Die Illusion muß aufgegeben werden; das Ego muß sterben.

Falls er nicht richtig verstanden wird, kann dieser Vorgang der Expansion jenseits der Grenzen des Egos recht schmerzhaft sein. Da sie nie das entscheidend notwendige Wissen erhalten haben, geben viele an diesem Punkt ihre Suche nach Erleuchtung auf.

In extremen Fällen kann das intensive Gefühl der Leere, als die alten Verhaltensmuster wegfallen, zum Todeswunsch führen. Diese Selbstmordimpulse sind Signale unseres höheren Selbst, daß die alten Einstellungen, die uns im Weg stehen, enden müssen. Diesen Prozeß zu meistern, kann ein Akt puren Mutes sein. Ohne Ascension kann der Verzicht auf das sinnesorientierte

Leben des niedrigeren Selbst entsetzlich für das Ego sein; die nachfolgende Geburt der Erleuchtung ist undenkbar und unmöglich aus der Perspektive des trügerischen Aufbaus der vom Verstand geschaffenen Grenzen, die das Ego ist.

Eine zweite Verzerrung des Bewußtseinswachstums, wenn das Ego im Todeskampf um sich schlägt, kann in lebensbedrohender Krankheit auftreten. Die Herausforderung ist viel subtiler als ein offener Akt der Selbstzerstörung, aber die Ursache ist dieselbe. Die inneren, spirituellen Kräfte sind mächtig; wie die mythischen Götter der antiken Kulturen können sie launisch oder kapriziös erscheinen. Wenn sie ignoriert oder mißachtet werden, mögen sie aktiv versuchen, uns zu zerstören. Ihre Absicht ist es selbstverständlich nicht, uns zu töten, sondern unsere Abhängigkeit von unserer begrenzten Weltanschauung zu brechen. Durch des Todes düstres Tor betreten wir einen mentalen Zustand, der mit dem, den wir während Ascension erleben, identisch ist. Schwere Krankheit kann denselben Effekt haben: wie Phoenix aus der Asche ersteht eine vollkommen neue Persönlichkeit aus dem schmerzhaften Tod des Alten.

Uralte schamanistische Erfahrung widerspiegelt dieses Thema: nur, wenn der Initiand die Kommunikation aus der inneren Welt akzeptiert, läßt ihn der quälende Geist zum Leben oder zur Gesundheit zurückkehren, und das Leben des Schamanen beginnt. Der gesamte Sinn und Zweck eines solchen Ereignisses ist es, die starren Grenzen des Denkens, das auf dem Ego basiert, aufzulösen. Glücklich sind jene, die dies mit Ascension erreichen können, ohne sterben zu müssen oder lebensbedrohliche Krankheit zu erfahren!

Was erforderlich ist für unser Wachstum, ist die Hingabe an höhere Macht. Nur durch diesen Tod des auf dem Ego basierenden Denkens tritt Wiedergeburt ein. Durch Sterben unsterblich zu werden ist ein Thema vieler uralter Mythen. Unter dem Chaos des Alltagsbewußtseins liegen die vollkommene Stille und Schönheit der unendlichen Wonne des Ascendant. Wenn das Ego weggeschnitten ist, dämmert Erleuchtung automatisch. Dies ist die Verklärung des Egos.

Dies wurde symbolisch angestrebt durch die Todesinitiationen in vielen alten (und gegenwärtigen eingeborenen) Kulturen. In Ägypten wurde der Novize zum Beispiel angewiesen, im Sarkophag liegenzubleiben, bis das Ego getötet war. Dieser Prozeß tötete manchmal auch den Aspiranten, aber wenn er es nicht tat, kehrte der Priester von jenseits der Todestore mit wahrem Wissen vom Ascendant zurück.

Im Westen haben wir das Beispiel der Passion Christi am Kreuz als eine perfekte Repräsentation der Notwendigkeit des Todes des Egos als dem Zugang zum Ascendant. Das Kruzifix repräsentiert die Gegensätze des Erdenlebens, vereint in ihrem Zentrum, dem Ascendant. Das persönliche Selbst wird gekreuzigt, um der transzendentalen Realität des Gottessohnes Platz zu machen.

Bis diese letztendliche Verklärung erfolgt, fahren wir fort, uns mit dem Ego zu identifizieren, das große Teile unserer Persönlichkeit zugunsten von jenen zerstückelten Überzeugungen unterdrückt, die vorgezogen werden. Wenn wir anfangen, in die Erleuchtung hinein zu wachsen, beginnen diese unterdrückten Bereiche, nach Anerkennung und Akzeptanz zu schreien; dies kann zu intensiven inneren Konflikten führen. Die gegensätzlichen Kräfte in unserem Leben bekommen mehr und mehr Stärke und Macht, bis der Tod der Welt immanent erscheint. Wir manifestieren die uralte, mythische Schlacht zwischen zwei fast allmächtigen Armeen, die einander gegenüber stehen und um die Weltherrschaft streiten, in unserem individuellen Leben.

Und doch kann volle Entwicklung des Bewußtseins nur durch die Versöhnung der entgegengesetzten, innernen Werte eintreten. Universale Liebe ist notwendig, damit wir die alles beinhaltende Natur des inneren, Göttlichen Selbst manifestieren können; Liebe für all die unvereinbaren und bis dahin verleugneten Teile unserer selbst übersetzt sich ganz natürlich in Liebe für alles und jeden in der Welt. Diese bedingungslose Liebe und Akzeptanz ist das Gegenteil von Verurteilung, die immer auf Projektion durch das auf Angst beruhende Ego gegründet ist.

Die endgültige Ascension ist, wenn wir erkennen, daß all die beschränkten Bedingungen unseres Glaubenssystems an die

Allwissende und Allmächtige Kraft des Ascendant hingegeben werden müssen. Dies resultiert in einer radikalen Transformation unserer vorigen, ego-strukturierten Existenz; das kleine und begrenzte Selbst steigt ins Universale Selbst auf. Christi Tod und Auferstehung dienen auf diese Weise als ein Modell für jeden Aspiranten der Erleuchtung.

Dies ist die Essenz der Umkehr, und nicht, ein Leben als Nonne oder Mönch zu führen. Wahre Umkehr bedeutet, daß aller Glaube an das Ego aufgegeben worden ist, nicht, daß wir bestimmte Wünsche und Verhaltensmuster verleugnen. Es ist eine Mißinterpretation des Pfades zur Erleuchtung zu denken, daß sie nur für Einsiedler geeignet sei. Das kommt von einem beschränkten und falschen Verständnis der Lehren solch erleuchteter Führer wie Christus, Shankara und Buddha.

Zum Beispiel definieren die Mahayana-Buddhisten die drei Bedingungen für die Evolution jenseits des Alltagsbewußtseins als: 1) klare Erfahrung des Ascendant, 2) Mitgefühl und 3) Umkehr. Was das ursprünglich bedeutete, war die Abkehr von der gedankenorientierten Egoidentität; aber was mit der Zeit gedacht wurde, daß es bedeute, war, eine Nonne oder ein Mönch zu werden und das Leben eines Einsiedlers zu führen. Wahre Umkehr ist die natürliche Nebenwirkung der klaren Erfahrung des Ascendant und hat nichts mit externen Lebensmustern zu tun. Und genau so beim Mitgefühl. Dies ist die Drei-in-Eins-Natur des Ascendant: der Geist, das Herz und der Körper steigen alle miteinander in die Erfüllung auf. Der Wissende, das Wissen und der Vorgang des Wissens wachsen gleichzeitig in Perfektion.

Wenn die Veränderung wegen regelmäßigen Ascendens schneller wird, wird die Reise entweder wesentlich glatter oder viel rauher. Was verursacht den Unterschied? Die regelmäßige Erfahrung der Realität, verursacht vom Ascendanten, rüttelt an den Grundfesten allen früheren Glaubens über das Leben. All die alten Gewohnheiten und Abhängigkeiten steigen zur Revision an die Oberfläche. Jeder Bereich des Lebens, in dem Integrität kompromittiert wurde, kommt klar ins Bild und erlaubt uns, wiederum zu wählen, ob oder ob nicht wir mit den alten

Verhaltensmustern weitermachen wollen – oder neue annehmen, gegründet auf unserer sich verändernden Lebenserfahrung.

Es gibt keine Regeln in Ascension – es sind keine erforderlich oder erwünscht. Bei regelmäßiger Erfahrung der zugrunde liegenden Wahrheit fällt alles, was nicht dienlich ist, ganz natürlich und unvermeidbar weg. Sogar obwohl das wahr ist, gibt es eine Übergangszone. Sind wir willens, die Veränderungen der Evolution aufzunehmen? Oder leisten wir Widerstand und versuchen, an der Vergangenheit festzuhalten? Der Versuch, festzuhalten, hat Schmerz zur Folge. Es ist, als ob man versucht, sich in einen Anzug zu quetschen, der drei Nummern zu klein ist. Es tut weh.

Der Lebensfluß zieht uns immer geschwinder voran. Wenn wir widerstehen und versuchen, uns am Ufer festzuhalten, werden wir von den starren Grenzen des Erdreichs verletzt, gestoßen und gezerrt. Wenn wir andererseits loslassen und mitströmen, fließen wir schnell in eine helle Zukunft voller Abenteuer und Entdeckungen. Es ist wirklich eine einfache Wahl, und eine, die jederzeit bewußt getroffen werden kann. Egal, wie stark die Tendenz ist, Dinge oder Überzeugungen festzuhalten, nichts kann der vollkommen wohltuenden Macht der korrekt praktizierten Ascension lange widerstehen.

Leben ist Freude. Der Sinn menschlichen Lebens ist es, Liebe auszudehnen. Liebe heilt: es gibt keine Krankheit des Körpers, Geistes, Herzens oder der Seele, die bedingungsloser Liebe widerstehen könnte. Ein liebendes Herz findet an jedem Moment Freude. Nichts kann seiner Kraft zu wachsen widerstehen. All die Probleme im menschlichen Leben entstehen, wenn wir versuchen, uns den Lektionen der Liebe zu widersetzen. Wenn wir versuchen, an der Vergangenheit festzuhalten, leiden wir, und das Leben wird komplexer. Wenn wir lernen, loszulassen und in jedem Moment zu vertrauen, in jeder Lebenssituation, fliegen wir auf Adlers Schwingen hinauf in das Herz Gottes, das reine Wonne und Unendliche Liebe ist.

Wie meistert man den Übergang? Dadurch, daß man willens ist, alles loszulassen. Alles, was real ist, wird bleiben, aber die Anbindung wird vergangen sein. Es ist die Bindung, die uns fesselt und Schmerz verursacht. Freiheit von Bindung ist Freude und führt zum schnellsten und angenehmsten Wachstum. Bindung führt in die Hölle.

Bedeutet das, daß Besitztümer und Beziehungen irgendwie schlecht sind? Ganz und gar nicht. Die königliche Familie im Palast kann vollkommen erleuchtet sein; der Eremit in seiner Höhle kann viel unwissender sein – es ist nicht der Besitz selbst, der Mühsal oder Schmerzen verursacht, sondern die Bindung an ihn, die zu allen Problemen führt. Um frei zu sein, seien Sie also willens, *alles* aufzugeben, wenn das von Ihnen verlangt werden sollte. Dann kann Ihr Leben ein bedeutendes Werkzeug für die Evolution werden. Aber wenn Sie versuchen, festzuhalten, werden Sie verlieren, was Sie zu bewahren suchen, Sie werden im Verlauf leiden, und Sie werden am Ende sterben.

Es ist genau die Tendenz des Lebens im Alltagsbewußtsein, alles festzuhalten, was der Welt so großen Schaden zufügt. Geben Sie alles auf und werden Sie Teil der Lösung anstatt weiterhin Teil des Problems zu sein. Wo Ihr Schatz ist, dort ist Ihr Herz. Wenn Sie Ihren Schatz dort lagern, wo ihn Motten fressen und er verrostet, werden Sie am Ende um Ihre verlorenen Idole weinen, denn diese werden eines nach dem anderen von Ihnen genommen werden. Sie werden eines Tages ins Leben zurückkehren, wie Sie diese Welt betreten haben – mit nacktem Körper, aber ziehende Wolken der Pracht in der Seele. Entscheiden Sie sich statt dessen für Wahrheit und Schönheit und für das himmlische Königreich – nicht in einer weit entfernten Zukunft, sondern Hier und Jetzt – und beobachten Sie, wie schnell Ihr Leben sich in Zauber und Wunder und Liebe und Freude verwandelt.

Nehmen Sie sich diese einfachen Worte zu Herzen, und ich verspreche Ihnen, Sie werden mit den Ishayas im Ewigen Leben sogar hier auf Erden tanzen. Oder verleugnen Sie uns und laufen Sie fort – es macht keinen Unterschied für uns, aber den ganzen Unterschied für Sie. So viele Flüsse sind in den Unbegrenzten Ozean geströmt. Der Ozean braucht keinen, akzeptiert alle, schmeichelt keinem. Sein Zustand ändert sich niemals – aber was für eine Verwandlung für den Fluß! Seine engen Grenzen fallen weg und sind nicht mehr. Der Fluß lernt, „ich bin der Ozean – ich bin unendlich, unbegrenzt, ewig." Und dies wird nicht als trockenes, intellektuelles Konzept gewußt, sondern als eine kraftvolle, lebendige Wahrheit dessen, was ist.

Verbindet Euch mit uns, ihr Kinder des Lichts und der Wahrheit und der Freude, und wir werden diese Erde innerhalb einer Generation in ein Paradies verwandeln, zurück in den Garten Eden. Und wir werden finden, daß der Baum der Erkenntnis von Gut und Böse sich ganz natürlich zurückverwandelt in den Baum des Ewigen Lebens. Der Mißbrauch des Alltagsbewußtseins wird universell ersetzt werden mit der direkten Erkenntnis des Ewigen Bewußtseins, in dem jeder Gedanke auf ständige, unendliche Bewußtheit gegründet ist.

Wir stehen auf der Schwelle zu einem neuen Zeitalter, einem Zeitalter, das in allen Teilen der Welt seit Tausenden von Jahren prophezeit worden ist. Das Neue Jerusalem ist bei der Hand – die siebenundzwanzig Ascension-Techniken sind der Hauptschlüssel, um alle Grenzen vergangener, schmerzhafter Wahlen und Erfahrungen aufzuschließen, und die unbegrenzte Freude des Lebens, wie es ist, zu enthüllen.

"Das Leben ist entweder ein tanzendes Abenteuer – oder nichts."
-- Helen Keller

DER VERSTAND

Die Funktion des Verstandes ist es, unserer Umgebung und Gedanken bewußt zu sein. Der Verstand ist nicht dasselbe wie Bewußtheit: eher ist er eine Maschine, die von Bewußtheit bedient wird. Der alte Glaube, daß Bewußtheit ein Erzeugnis des physischen Körpers sei, ist nur ein materialistischer Aberglaube und verschwindet schnell in den modernen, wissenschaftlichen und medizinischen Gemeinschaften. Der Versuch, Bewußtheit als ein Nebenerzeugnis chemischer und elektrischer Prozesse in Neuronen und Nerven anzusehen, war immer schon zum Scheitern verurteilt, denn der Ursprung der Bewußtheit ist nicht die physische Struktur unserer Körper. Bewußtheit ist primär; der Körper und das physische Gehirn sind sekundär. Die zwölf Milliarden Zellen des zentralen Nervensystems schaffen die physische Struktur des großartigsten Computers aller Zeiten, aber sie selbst sind sich über nichts bewußt, nicht mehr als die Drähte und Schaltungen eines Computers an sich bewußt sind.

Die verschiedenen Funktionen des physischen Verstandes werden von einem extrem komplexen Netzwerk miteinander verbundener Neuronen ausgeführt: jedes Neuron ist mit vielen Tausenden anderer durch direkte, synaptische Verbindungen verknüpft und mit Millionen oder sogar Milliarden anderer durch seine Rezeptoren für die Neuropeptide. Es gibt fünfzig Billionen Zellen im Körper; eine jede ist in der Lage, die Neuropeptide zu produzieren, die mit den Neuronen im Gehirn kommunizieren. Auf diese Weise ist das Gehirn nicht auf die Hirnrinde beschränkt; wir sind in der Tat Körperhirne – die gesamte Struktur unserer Physiologie ist intelligent und fähig, sich mit sich selbst zu unterhalten. Alles ist lebendig mit Weisheit; alles spiegelt unsere individuelle Bewußtheit wider.

Erinnerung und Lernen tritt auf, wenn wir ein Verhalten lange genug wiederholen, , so daß neue neurologische Pfade geschaffen werden. Je öfter eine Aktion wiederholt wird, desto tiefer wird die Rinne im Gehirn: desto mehr Neuronen sind in die Schleife gebunden, und desto mehr wachsen die Verbindungen zwischen ihnen an. Wenn irgendein Verhalten so in die physische Struktur des Körpers eingeschlossen ist, werden die Gewohnheiten, Überzeugungen und Urteile, die damit verbunden sind, extrem schwierig zu verändern.

Das Selbstverständnis, dass das Ego ist, ist auf dem Fundament dieser mentalen Strukturen aufgebaut. Obwohl für vieles im Leben praktisch, ist der Hauptärger mit diesem Programm, daß es uns von der Flüssigkeit des Bewußtseins fernhält: wir bleiben in alten Verhaltensweisen und Glaubenssystemen stecken und haben viel Mühe, neues Leben und neue Erfahrungen zu entwickeln, denn der Verstand schwingt nur leicht mit dem, was sich auf frühere Eindrücke bezieht. Neue Erfahrungen finden nur schwer eine Heimat, wenn es kein ähnliches, internes Muster gibt; der Verstand filtert automatisch aus, was er nicht versteht, und verwirft es, besonders, wenn die neue Information eine Bedrohung für die Kontinuität des Egos darzustellen scheint.

So geht der Zyklus Aktion- Erfahrung- Eindruck- Verlangen weiter und ist nur schwer zu brechen. Ein Impuls des Verlangens steigt auf vom Ascendant, stößt mit einem früheren Eindruck zusammen, der das Verlangen färbt; das verzerrte Verlangen führt zu Aktion, um sich zu erfüllen; diese Aktion führt zu einer Erfahrung, die ihrerseits den anfänglichen Eindruck verstärkt. Der Zyklus kann in seinem eigenen Universum niemals durchbrochen werden: es gibt kein Entkommen aus Aktion- Erfahrung- Eindruck- Verlangen zu seinen eigenen Bedingungen. Was erforderlich ist, natürlich ein neues Programm – Ascension zum Beispiel liefert die Mittel, die alten, internen Strukturen mühelos umzuschreiben, denn der Verstand öffnet sich der neuen Erfahrung auf dem Pfad wachsenden Vergnügens.

Unsere Erfahrung der Realität kann nicht von den Überzeugungen, Gedanken und Wahrnehmungen des Verstandes getrennt werden. Die Hauptfunktion des Verstandes ist es zu erschaffen, von dem es *denkt*, es sei Realität. Der Verstand ist wie ein Spiegel. Wenn das Spiegelglas schmutzig ist, wird die Reflexion notwendigerweise verschwommen oder verzerrt erscheinen. Was niemals erfahren wird, ist die tatsächliche Realität von irgend etwas, sondern nur ihre Resonanz mit unserm Glauben, unsern Urteilen und internen Programmen. Was ist dieser Spiegel? Ohne die Reflexion von Objekten verschwindet er. Der Verstand kann alles widerspiegeln, aber ohne irgend etwas zum Spiegeln ist er nur Bewußtheit an sich – unmöglich für den Intellekt zu begreifen. Die wahre Natur der Bewußtheit des Verstandes kann durch systematische Verringerung der Reflexion von Gedanken und Objekten durch Ascenden erfahren werden, aber sie kann niemals von den rationalen Anlagen verstanden werden.

Wenn wir den Verstand mißbrauchen, werden wir krank; wenn wir ihn seiner Bestimmung gemäß benutzen, finden wir heraus, daß physische und geistige Gesundheit Nebenprodukte seines natürlichen Funktionszustandes sind. Als bewußtes Gewahrsein sich als ein Ergebnis von Ascension auszudehnen beginnt, wird es immer offensichtlicher, daß die meisten, wenn nicht alle Probleme des Lebens in den alten, zerstörerischen Glaubenssystemen und Urteilen projizierten Verlangens und seinem Gegensatz, projizierter Abneigung, wurzeln. Jeder Verstand ist Mißinterpretationen von *allen* Dingen ausgesetzt, bis die Bewußtheit des Ascendanten stabilisiert ist.

Das Alltagsbewußtsein ist eine kollektive Halluzination. Die Hypnose der kulturellen Konditionierung der Menschheit ist ein Ergebnis der inhärenten Tendenz des Verstandes, alles zu definieren oder benennen.

Namensgebung tritt auf, wenn der Verstand Wahrnehmungen in ein Objekt einordnet, und dann diesem mental geschaffenen Objekt Bedeutung zuordnet. Diese künstliche Realität ist nichts anderes als ein Erzeugnis sinnlicher Wahrnehmung; sie ist das Ausmalen einer Sammlung von Bildern oder Konzepten im Verstand, sie hat keine unabhängige oder externe Existenz. Nichts existiert in Isolation vom Wert, den wir ihm zuordnen. Dies ist der Grund, warum der Verstand von jetziger Erfahrung wegbleibt: anstatt irgend etwas so zu sehen, wie es ist, gerade jetzt, sieht der Verstand nur die Vergangenheit oder genauer, nur seine früheren Überzeugungen und Urteile über die Vergangenheit.

Wie das Alltagsbewußtsein die Realität sieht, ist, daß alles unabhängige Existenz hat. Aber was ist diese Existenz? Wenn Sie irgend etwas auseinandernehmen, finden Sie, daß es nicht länger besteht. Bauen Sie einen Computer auseinander, und es ist kein Computer übrig. "Computer" ist nur ein Name, den wir einer Erscheinung gegeben haben, einer Ansammlung von Komponenten.

Externe Realität ist *nur* phänomenal. Dies wird in Sanskrit *mithya* genannt. Es ist *etwas* da draußen, das wir Realität nennen, aber es ist niemals, was der Verstand beschlossen hat, daß es sei. Wir alle erschaffen unser eigenes Universum, gegründet auf unserer privaten Interpretation des sich verändernden Energien- und Erscheinungsflusses, wie sie in unseren getrennten und isolierten Fragmenten von Raum und Zeit erscheinen.

Die Grundlage des gesamten Glaubenssystems des Egos liegt in dieser Sicht des Alltagsbewußtseins vom Universum. Wenn Dinge unabhängig existieren, dann muß also auch das „Ich" des Egos unabhängig und real sein. Aber das „Ich" ist einfach ein Name – es hat keine inhärente Realität.

Wenn die alten Programme, die das Alltagsbewußtsein nähren, umgeschrieben werden, wird die Energie, die in Streß im Körper eingeschlossen ist, frei. Wenn das geschieht, wird der Spiegel des Verstandes gereinigt: das klare Licht des Ascendant, die wahre Natur des Verstandes, leuchtet spontan heraus. Und dann beginnt das Leben, sich immer schneller und schneller zu verwandeln. Was zu diesem Wachstum beiträgt, ist Loslassen und mit den Kräften der Evolution zu fließen; was ablenkt, ist der Versuch, an der Vergangenheit festzuhalten. Alte Glaubenssysteme und Verhaltensmuster beizubehalten, verursacht dem sich entwickelnden Leben Leiden; loszulassen und in die neue Realität, die drinnen blüht, hinein zu fallen, schafft Freude. Dies ist eine einfache Wahl, viel leichter als gemeinhin angenommen wird. Wenn jemand anfängt, sich schnell zu entwickeln, mag es Tendenzen von der alten Verhaltensmatrix geben – von der Umwelt, von früheren Beziehungen, von alten, inneren Überzeugungen und Mustern – der Veränderung Widerstand zu leisten. Schuld wird oft angewandt, um Veränderung zu verhindern. „Wie konntest Du mir das antun?" ist der Schrei der verbitterten Anteile der Vergangenheit. „Wie konntest Du so rücksichtslos und gedankenlos sein?" Es braucht echte Entschlossenheit und Hingabe, wenn man auf diese Weise von der Vergangenheit herausgefordert wird, um mit einer neuen Richtung fest zu bleiben.

Wenn ich mit Menschen-und mit Engelzungen redete und hätte der Liebe nicht, so wäre ich ein tönend Erz oder eine klingende Schelle. Und wenn ich weissagen könnte und wüßte alle Geheimnisse und alle Erkenntnis und hätte allen Glauben, also daß ich Berge versetzte, und hätte der Liebe nicht, so wäre ich nichts. Und wenn ich alle meine Habe den Armen gäbe und ließe meinen Leib brennen und hätte der Liebe nicht, so wäre mir's nichts nütze.

Die Liebe höret nimmer auf, so doch die Weissagungen aufhören werden, und die Sprachen aufhören werden, und die Erkenntnis aufhören wird. Denn unser Wissen ist Stückwerk, und unser Weissagen ist Stückwerk. Wenn aber kommen wird das Vollkommene, so wird das Stückwerk aufhören.

Da ich ein Kind war, da redete ich wie ein Kind und war klug wie ein Kind und hatte kindische Anschläge; da ich aber ein Mann ward, tat ich ab, was kindisch war. Wir sehen jetzt durch einen Spiegel in einem dunklen Wort, dann aber von Angesicht zu Angesichte. Jetzt erkenne ich's stückweise; dann aber werde ich erkennen, gleichwie ich erkannt bin.

Nun aber bleibt Glaube, Hoffnung, Liebe, diese drei; aber die Liebe ist die größte unter ihnen.

1. Korinther, 13 (Luther)

V. Der Finsternis entkommen

Alles hier ist überall:
Was nicht hier ist, ist nirgends.

Diese Welt ist mannigfachen Unsicherheiten ausgesetzt. Den menschlichen Körper in Sicherheit zu haben, ist schwierig oder unmöglich. Wenn er nicht regelmäßig genährt wird, verhungert er. Wenn er ungeschützt den Elementen ausgesetzt ist, wird er krank oder stirbt. Er ist Unfällen ausgesetzt: er wird leicht gequetscht, gebrochen, gebrannt. Es scheint wenig oder keine Möglichkeiten zu geben, lange jenseits der Jahrhundertmarke zu überleben. Finanzielle Sicherheit ist ein Hirngespinst, wacklig zu den besten Zeiten. In jedem Augenblick kann die Bedeutung und Struktur unseres Lebens durch Tod oder Krankheit eines geliebten Wesens bis auf die Grundfesten erschüttert werden. Dieses Leben ist grundlegend unsicher. Sogar die teuersten Verteidigungsschemen können überwunden, untergraben und zerstört werden.

Angesichts dieser gegebenen, offensichtlichen Fakten, welche andere Wahl kann es geben als Ohnmacht, Frustration oder Verzweiflung? Wir schütteln die geballte Faust im Zorn über den grausamen, richtenden Gott, der dieses schreckliche, schmerzensreiche Jammertal geschaffen hat. Freude ist bestenfalls flüchtig – ein gestohlener Kuß, dann die Dunkelheit und Isolation dauernder Einsamkeit oder die Dumpfheit blinden, sinnlosen Nebels. Wie viele von uns haben sich ausgesucht, unsere subtilen Wahrnehmungen zu verfinstern, um zu vermeiden, die häßliche Realität der Erde sehen zu müssen? Wie viele von uns betäuben unsere mit Füßen getretenen Sinne mit Filmen und Fernsehen, Videos, Arbeit, Drogen, Alkohol, oder einer endlosen Reihe anderer schmerzstillender Mittel, um unser gequältes und verletztes Zartgefühl zu beruhigen?

Wie viele von uns haben jemals zu fragen gewagt, warum es so ist? Und war das Ergebnis für die seltenen Suchenden nach dem Ultimativen Wissen nicht öfter das Ergebnis, daß das Leben im wesentlichen sinnlos ist? Ist es ein zweckloses Drama, erschaffen von einem verrückten Gott? Oder ist es vielleicht das zufällige Ergebnis biochemischer Prozesse, unvermeidlich irgendwo, irgendwann in einem nahezu unendlichen Universum? Wie oft verzweifelt der Suchende daran, unabhängige Entdeckungen zu machen, und nimmt Glaubenssysteme anderer an, seien sie religiös, philosophisch oder wissenschaftlich? Wo ist jemand, der erfolgreich das Wahre Selbst, den Inneren Führer, den Göttlichen Geist kennen gelernt hätte?

Unsere Sinne belügen uns. Unsere Gedankensysteme, strukturiert durch sinnliche Erfahrung, Logik oder Glauben sind notwendigerweise fehlerhaft, solange wir als Voraussetzung irgend etwas, das wir als ultimativ real ansehen, annehmen. Leben ist nicht das Ergebnis einer übereinstimmenden Meinung. Es ist nicht abhängig von unserer sinnlichen Erfahrung, unseren rationalen Gedanken oder unserem Glauben.

Unsere Sinne belügen uns. Jeden Tag sehen wir die Sonne im Osten aufgehen und im Westen untergehen. Dies war zahllose Jahrtausende lang unbestreitbare Tatsache für die große Mehrheit der Menschheit. Die Sonne kreiste um die flache Erde. Jeder wußte das. Aber diese Wahrnehmung war falsch; die logischen und wissenschaftlichen Systeme, gegründet auf Beobachtungen, waren falsch; die religiösen und philosophischen Systeme, die sich auf diese normale, tägliche Erfahrung stützten, waren im Irrtum.

Unsere Sinne belügen uns. Jahrhundertelang war die unteilbare Natur der Materie wie das Evangelium akzeptiert. Aber welcher rationale Verstand bezweifelt heute noch, daß Materie nur geronnene Energie ist? Das meiste von dem, was wir für massiv halten, ist 99,9999% leerer Raum! Nehmen Sie ein Atom und dehnen Sie es auf die Größe des Münchner Olympiastadiums aus, und wo ist die Materie? Ein winziges Klümpchen in der Mitte von kaum fliegendreckhafter Größe ist der Nukleus, der die Protonen und Neutronen enthält; ein paar unendlich kleine Geistchen flitzen um die äußeren Tribünen, das sind die Elektronen; der gesamte Rest ist leerer Raum. Wo ist die feste Masse?

Unsere Sinne belügen uns. Was wir begonnen haben zu glauben, beruhend auf unserer Erfahrung, ist nicht notwendigerweise wahr. Unsere Kenntnis der Welt verändert sich in einer immer schneller werdenden Weise. Das, was gestern noch unumstößliche Tatsache war, wird heute in Frage gestellt und mag morgen schon widerlegt sein. Die Gesamtsumme menschlichen Wissens verdoppelt sich alle zwei Jahre. Wer kann tatsächlich mit all seinen Entdeckungen Schritt halten?

Es ist heutzutage normal, unsere wissenschaftlichen Errungenschaften mit Stolz anzusehen; einige unter uns empfinden daher Verachtung für die traurig ignoranten philosophischen und religiösen Systeme früherer Generationen. So ist die menschliche Natur. Aber es ist auch nur eine andere Ebene der Unwissenheit

EIN EXPERIMENT FÜR DAS LEBEN

Wenn Sie wollen, ist hier ein Experiment, das Sie versuchen können. Es verbraucht nur ein wenig Ihrer Zeit und kann viel Gutes produzieren. Für einen kurzen Moment stellen Sie sich vor, daß *alles*, was Sie jetzt über die menschlichen Umstände und die Welt um Sie herum glauben, falsch sei. Stellen Sie sich vor, daß jede Schlußfolgerung, die Sie je gezogen haben, falsch sei, daß Sie am Träumen waren und sind. Stellen Sie sich vor, daß niemand, den Sie kannten, jemals gestorben sei, daß alles nur ein Zauberspiel sei, eigens für Sie geschaffen. Stellen Sie sich vor, daß auch niemand je krank geworden sei, daß niemand jemals gelitten habe. Stellen Sie sich vor, daß auch die Erinnerungen, die Sie von eigenen Schmerzen haben, verkehrt seien, daß Sie niemals gelitten haben oder in irgend einer Form je leiden können, daß Sie einfach geschlafen haben und von merkwürdigen Phantasien geträumt haben.

Ein seltsamer Gedanke? Erstaunlich im Extrem? Sie halten stark daran fest, daß Sie viele kennen, die intensiv gelitten haben und gestorben sind? Sie selbst mögen bestimmte chronische Krankheiten haben oder mehrere selbstzerstörerische Gewohnheiten; Sie selbst haben Verluste, Enttäuschungen,

Verletzungen erfahren – dies sind die unwiderlegbaren Fakten Ihres Lebens. Also wie kann ich Sie bitten, sich auch nur so eine makellose Welt vorzustellen? Eine Welt ohne Schmerzen, Leiden, Verlust jeglicher Art? Vielleicht war solch ein Ort einst möglich in längst vergangener Zeit oder vielleicht in einer unbekannten Zukunft, aber er ist zweifellos nicht hier und jetzt. Oder vielleicht hat in einem weit entfernten Sternsystem eine höchst glückliche Rasse solch einen Zustand der Perfektion durch intensive wissenschaftliche oder spirituelle Entfaltung entwickelt. Vielleicht könnte Technologie eines Tages alles menschliche Leiden überwinden. Oder vielleicht wird es auf der Erde niemals geschehen, vielleicht ist solch ein Zustand auf immer den Gesegneten im Himmel vorbehalten, die nach dem Tode ewigen Lebens für wert befunden worden sind. Vielleicht wird dann die allmächtige, heilende Kraft der Göttlichen Hände liebend all unsere Tränen abwischen, und wir werden in die Perfektion und gleißende Strahlung unserer eigenen, freigelassenen Ascendant-Schönheit wiedergeboren.

Aber sicherlich nicht hier. Sicherlich nicht jetzt. Es ist unmöglich, unlogisch und durch jeden Beweisschnipsel widerlegt, den unsere Glaubenssysteme und Erinnerungen und Wahrnehmungen liefern.

Aber wiederum sage ich, was wäre, wenn? Was wäre, wenn all das Leiden, das Sie und andere erfahren haben, eine ausgeklügelte Lüge wäre, eine Illusion, geschaffen von einem Glauben, der von Ihrem eigenen, vervollkommneten Selbst abgetrennt ist? Was geschieht mit dem Schmerz in einem Traum, wenn man erwacht? Wenn es ein besonders schmerzhafter Traum war, könnten Sie vielleicht einen kleinen Schauder der Erleichterung verspüren aus Dankbarkeit, daß es doch nur eine Reihe von Halluzinationen war. Und dann, dankbar, von den Schrecken frei zu sein, beruhigt sich Ihr rasendes Herz, als Sie froh Ihr alltägliches Leben wieder aufnehmen.

Lassen Sie uns noch einen Augenblick kühn sein und dieses Experiment einen Schritt weiterführen. Denken Sie an einen vergangenen Schmerz. Er kann so groß gewesen sein, wie Sie wollen. Eine schwere Verbrennung. Ein gebrochener Arm oder Fuß. Eine Krankheit, die Sie betroffen hat. Der Tod eines nahen Menschen. Ganz egal, was. Suchen Sie sich etwas aus, das immer noch weh tut. Der Verrat eines Menschen, den Sie am meisten in der Welt geliebt und dem Sie vertraut haben. Der Holocaust. Vietnam.

Nehmen Sie diesen alt-neuen Schmerz und fühlen Sie ihn. Was ist dieser Schmerz? Was genau ist er? Wie fühlt er sich an? *Was ist Schmerz?* Können Sie ihn für sich selbst beschreiben?

Wenn Sie sich genau jetzt mit einer Nadel stächen, was fühlten Sie? Ihre Sinne würden eine Botschaft an Ihr Gehirn weiterleiten durch die wundervollen elektrischen und chemischen Mechanismen unseres Nervensystems; diese Botschaft würden Sie so interpretieren, daß Sie "Aua!" sagten. Und jeder weiß genau, wie sich das anfühlt -- wir hatten alle solche Erfahrungen, wir haben alle solche Empfindungen geteilt. Aber was *ist* Schmerz? *Was genau ist er?* Wenn Sie von Leiden dauerhaft frei sein wollen, rechtfertigt das eine Untersuchung.

Es gibt eine andere Methode, die Welt zu betrachten, weder auf intellektueller Hinterfragung noch auf Glauben basiert, sondern auf direkter Erfahrung. Wenn Sie vor dem Nadelstich glücklich waren -- wenn Sie gerade eine lang ersehnte Beförderung bekommen haben oder gerade die ideale Freundin oder den idealen Freund gefunden haben, oder wenn Sie gerade eine Eins in einem schwierigen Fach bekommen haben -- werden Sie immer noch den Nadelstich spüren, aber der Schmerz wird viel unwichtiger sein. Falls Sie andererseits gerade entlassen wurden, die Verlobung gelöst haben, durch Algebra durchgefallen sind, wird sich der Nadelstich viel schlimmer anfühlen. In Reaktion auf den Nadelstich könnten Sie sich fragen, warum Gott eine so elende Welt geschaffen habe. Sie könnten Ihr Schicksal verfluchen. Sie könnten Ihren Hund treten oder das Essen auf den Tisch knallen oder einfach Ihren Ärger und Frust in die rücksichtslose Welt hinausschreien.

Sagen wir einmal, Sie laufen ein Rennen über zehn Kilometer, für das Sie lange trainiert haben. Sie sind gerade dabei zu gewinnen, als ein Mitläufer von hinten kommt und Sie zum Stolpern bringt; Sie fallen miteinander hin und verlieren beide.

Was empfinden Sie dabei? Wenn Sie wie die meisten von uns sind, werden Sie wahrscheinlich sehr zornig sein. Aber sagen wir mal, er wollte Sie nicht absichtlich zum Stolpern bringen, sondern hat in dem Augenblick gerade einen Herzinfarkt erlitten. Was geschieht jetzt mit Ihrer Wut? Wird sie nicht von Mitleid oder Traurigkeit über den armen, unglücklichen Kerl ersetzt? Dasselbe Ereignis wird jetzt ganz anders interpretiert, mit starker Wirkung auf ihre Stimmung und Gefühle.

Jetzt nehmen wir einmal an, er hatte den Herzinfarkt, weil er illegale Drogen genommen hatte, um dieses Rennen zu gewinnen. Wieder einmal verwandeln sich Ihre Gefühle, schrauben sich zurück zum Zorn, mit einem starken Schuß Verurteilung und Mißbilligung untergemischt, um Ihre Empfindungen zu salzen. „Er hat es verdient zu sterben!" denken Sie, froh über seinen Tod. Oder vielleicht fühlen Sie immer noch etwas Mitleid mit ihm und denken, wie schade, daß er so unbedingt gewinnen wollte. Und dann geben Sie sich selbst dies als Beispiel, daß moralisches Benehmen belohnt wird.

Aber als nächstes entdecken Sie, daß er ein Ausländer war, und daß seine Frau und Kinder von dem Diktator seines Landes gefangen gehalten wurden; weiterhin hatte der Diktator ihm gesagt, daß seine Familie frei sein sollte, wenn er gewänne, aber wenn er verlöre, würde sie langsam und schmerzvoll sterben. Was passiert jetzt mit Ihren Gefühlen? Wo ist der Zorn hin? Vielleicht verwandelt er sich in Wut auf den Diktator oder auf Politik oder auf Gott dafür, daß er so eine sinnlose, grausame Welt geschaffen hat. Aber was ist mit ihrem Zorn auf den armen, toten Athleten? Wer könnte ihn jetzt noch verdammen?

Unsere Interpretation der Realität ist alles. Wir haben viele gute Gründe für all unsere Gefühle, aber die Tatsache ist, daß Launen wie das Aprilwetter wechseln: in einer Minute sind wir voller Liebe und Freude, in der nächsten kennen wir nur Schmerz, Haß und Angst. Und in jedem Fall fühlen wir uns vollkommen gerechtfertigt in unseren Gefühlen, *basiert auf Interpretation der Realität.*

Das arbeitende Prinzip ist, daß die Welt so ist, wie wir sie wahrnehmen. Es gibt fundamentale Unterschiede in

Bewußtseinsgraden von Person zu Person und sogar von Augenblick zu Augenblick in uns selbst. An manchen Tagen fühlen wir uns besser als an anderen, an manchen Tagen fühlen wir uns weniger belastet, an manchen Tagen sind wir kreativer, glücklicher, mehr im Einklang mit uns selbst und mit unserem Universum.

Es gibt zahllose Bewußtseinsgrade für jeden Menschen. Es gibt ein Bewußtseinsstadium, in dem alles still und dunkel ist und der bewußte Verstand nichts denkt. Das nennen wir Schlaf. Es gibt einen anderen Zustand, in dem wir nur von unseren eigenen Vorstellungen eingeschränkt sind; absolut alles, was wir uns vorstellen können, geschieht. Das nennen wir Traum. Und dann gibt es den Zustand, den wir wach nennen, strukturiert durch bestimmt definierte, physikalische Gesetze, in dem das Leben ziemlich vorhersagbar ist. Das ist ein Zustand, in dem Sie, wenn Sie die Hand ins Feuer halten, sich diese verbrennen werden, falls Sie ungeschützt vom Dach eines fünfzigstöckigen Wolkenkratzers springen, sicherlich sterben werden. Schmerzen, Leiden und unentrinnbarer Tod sind die ewigen Handlanger des Lebens im Wachzustand

Aber der Wachzustand *ist* Variationen unterworfen. Alles, was sich verändert, ist nicht dauerhaft, ist nicht ewig. Wir können uns ein Leben mit wenig Schmerzen und Leiden wenigstens vorstellen, auch wenn der Tod zuletzt das Endergebnis ist. Was könnten die Grenzen solcher Variationen sein?

Was ist das Potential menschlichen Lebens? Gibt es eine Grenze? Die meisten würden zustimmen, daß es große Geister auf diesem Planeten gegeben hat – Individuen, die so weit über unseren Standard hinaus gewachsen waren, daß wir sie als Erleuchtete, Heilige, Genies oder sogar Inkarnationen Gottes verehren. Ist es der Fall, daß es nur einige wenige Begabte gibt, die tieferer Gefühle, Gedanken, Wahrnehmungen, Verständnisses und Liebe fähig sind? Oder haben alle dieses Potential, und wird es in den durchschnittlichen Menschen nur einfach nicht entwickelt?

Es gibt viele uralte Traditionen in der Welt, die daran festhalten, daß jeder zum vollkommenen menschlichen

Bewußtsein aufsteigen kann, daß jeder im höchsten Stadium menschlicher Entwicklung leben kann. Weit davon entfernt, das exklusive Privileg einiger ausgesuchter weniger zu sein, die durch Geburt oder Umstände bevorzugt sind, behaupten diese Traditionen, daß es ein natürliches Geburtsrecht aller sei.

Wenn das war ist, kann es nicht zu schwierig sein, in einen erweiterten Bewußtseinszustand zu kommen. Es kann weder kompliziert noch eine Glaubensfrage sein. Es kann keinen riesigen Intellekt oder felsenfesten Glauben erfordern. Nichts kann verlangt sein, das nicht von allen Menschen überall besessen wird. Die einzige Bedingung könnte Neugier sein und der Wille, dieser Entwicklung eine Chance zu geben.

Wie merkwürdig. Das beschreibt sehr gut die Praxis der Ascension, wie sie von den Ishayas gelehrt wird.

DIE TÜR ÖFFNEN

Die Belohnungen für die Entwicklung des Bewußtseins sind grenzenlos -- jeder Lebensbereich wird wohltuend vom Wachstum der vollen menschlichen Bewußtheit betroffen. Es gibt kein Problem, physisch, emotional, mental oder spirituell, das nicht vermindert und letztlich aufgelöst werden kann, als sich das Individuum weiter und weiter auf vollkommenes Bewußtsein zu bewegt.

Warum dies so sein muß, mag nicht sofort klar werden. Die Probleme des Lebens sind mannigfach und extrem. Wie kann irgendeine Sache alle Bereiche des Lebens betreffen?

Nehmen Sie unsern Tagstern. Die Sonne, ein thermonukleares Schmelzfeuer, das etwa 150 Millionen Kilometer von der Erde entfernt ist, bringt am Tage allen Kreaturen auf der Erde Licht und verjagt die Finsternis aus jeder Ecke unseres Lebens.

Genauso gibt es ein Licht in unserem Geist, ein Licht, das wir verschiedenartig als unser Bewußtsein, unseren Geist, unser Selbst, unsere Seele benennen. Diese Bewußtheit handelt in unserem individuellen Leben wie die Sonne für unseren Planeten. Dieses innere Bewußtsein ist die Wurzel des Lebensbaumes, die

Basis alles dessen, was wir denken, alles, was wir wahrnehmen, alles, was wir fühlen, alles, was wir tun. Das innere Licht die Wurzel unseres Lebensbaumes zu nennen, erinnert an die Passage in der Bibel über Eden und den Baum des Lebens und den Baum der Erkenntnis von Gut und Böse.

Diese Stelle ist wie so viele Schriften der Welt vom Wachzustand des Bewußtseins interpretiert worden -- mit recht unglücklichen Ergebnissen. Der Baum ist in jedem Fall – ob als Baum des Lebens *oder* als Baum der Erkenntnis von Gut und Böse – das menschliche Nervensystem. Wenn es richtig benutzt wird, ist es der Baum des Lebens und bringt dem menschlichen Wesen Gesundheit, Leben und alle guten Dinge. Wenn das menschliche Ego (die Schlange) mit in die Erfahrung der Dualität hineingezogen wird, so ißt die emotionale Natur (Eva-Prinzip) vom Apfel der Dualität, und der rationale Verstand (Adam-Prinzip) folgt – das Individuum nimmt Dualität war, fühlt sich heiß und kalt, glaubt an Gut und Böse. In diesem Zustand verliert das Nervensystem seine unschuldige Wahrnehmung der Unsterblichkeit und wird zum Baum der Erkenntnis von Gut und Böse. In diesem Zustand des Urteilens endet das Leben notwendigerweise mit dem Tode. Ein Haus, das mit sich selbst zerfallen ist, kann nicht lange bestehen. Es wird verrotten, es wird verfallen, es wird stürzen. Wenn wir nach dem zweischneidigen Schwert des Urteils leben, werden wir sicherlich durch es sterben.

Es ist nicht schwierig, die korrekte Funktion des Nervensystems wieder herzustellen – es ist nur nötig, den vergifteten Apfel der Dualität auszuspucken. Um das zu tun, müssen wir aufhören, der Schlange zuzuhören, dem Verlangen des Egos, das uns in die Richtung der Dualität geführt hat. Es gibt zwei Stimmen in jedem Menschen – die erste spricht für das Ego und führt zu Verurteilung, zu Angst, zu Verteidigung, zum Andauern der Unwissenheit; die zweite spricht für den Ascendant und führt zu klarer Wahrnehmung, zu Liebe, zu Unbesiegbarkeit, zu Selbst-Realisierung.

Wenn das innere Licht der Bewußtheit in uns stärker wird, beginnen alle dunklen Gegenden, alle Probleme jeglicher Art von Natur aus zu verschwinden, wie durch Zauberhand. Es erfordert keinen großen Energieaufwand, keine komplizierte oder tiefgehende Arbeit, um die Probleme des individuellen Lebens zu lösen; sie sind einfach nicht mehr auffindbar. Allegorisch gesprochen könnten wir sagen, daß das himmlische Königreich mitten unter uns ist. Es ist hier, es ist jetzt. Keine Zeitspanne muß verstreichen, um das zu erkennen. Es ist nicht notwendig, Jahre in Meditation oder Gebet zu verbringen, es ist nicht notwendig, den Körper oder den Verstand zu reinigen, um diese Wahrheit zu wecken. Wir sind schon alle bewußt! Uns ist bereits alles gegeben, was wir brauchen, um vollkommen zu sein, ebenso wie unser Vater im Himmel vollkommen ist. Wo ist der Himmel? Er ist hier, nahe, direkt bei der Hand, in unserm Herzen. Wer ist unser Vater im Himmel? Er ist hier, nahe, direkt bei der Hand, in unserm Herzen: er ist die am weitesten ausgedehnte oder entwickelte Ebene des Bewußtseins, unser eigenes, vervollkommnetes, Ewiges Selbst. Gott ist ganz Liebe, er schafft nur nach seinem Bilde und seiner Gestalt. Wir, die wir von Gott geschaffen sind, müssen folglich auch einzig und allein Liebe sein.

Was geschieht mit der Dunkelheit der Nacht, wenn die Sonne aufgeht? Wo geht sie hin? Was geschieht mit unsern Träumen, wenn wir aufwachen? Wo gehen sie hin? In einem Sinne sind sie zerstört, in einem Sinne ist die Dunkelheit besiegt durch die Auffahrt des Lichts, aber dies ist eine etwas seltsame Perspektive. Warum sich auf das Schicksal der Schatten und Illusionen konzentrieren, wenn wir uns statt dessen im Glanz der aufgehenden Sonne freuen können? Lassen Sie uns unsere Erleuchtung feiern, nicht den Verlust unserer Unwissenheit betrauern.

Sowie die Sonne des Bewußtseins im Verstand aufgeht, zieht sich jeder Schattenbereich des Lebens von Natur aus zurück, ohne daß wir uns darum sorgen müssen. Nichts kann sie aufhalten, sie kommt zu allen; nichts kann sie noch stark verlangsamen außer dem Versuch, an unseren uralten, starren Überzeugungen festzuhalten. Der Tag kommt; dies ist unvermeidlich, so gewiß wie das Leben; die Nacht endet. Es ist ein vollkommen natürlicher und unvermeidbarer Vorgang. Einmal begonnen, läuft der Prozeß weiter, bis er vollendet ist.

Wer kann die Sonne daran hindern, aufzugehen? Es gibt eine gewisse, glückliche Unaufhaltbarkeit natürlicher Vorgänge. Wenn das Licht des unendlichen Bewußtseins zu dämmern beginnt, ist es schwierig, diesen Prozeß aufzuhalten. Tatsächlich ist es für das Nervensystem viel einfacher, im Zustand vollkommenen Bewußtseins zu funktionieren (als der Baum des Lebens); es ist im Rückblick ziemlich bemerkenswert, daß der Wachzustand mit seinen Myriaden Urteilen und Überzeugungen (der Baum der Erkenntnis von Gut und Böse) so zäh in seiner Macht über den Verstand ist. Wie können irgendwelche endlichen Grenzen der Gedanken und Gefühle die unendliche Bewußtheit zurückhalten? Es ist seltsam, merkwürdig, fremdartig und braucht jeden Tag einen enormen Energieaufwand, damit es fortfahren kann. So viel Energie täglich zu verschwenden ist anstrengend -- wie zuvor erwähnt, ist das der Grund, warum Schlaf in der Nacht notwendig ist; das ist der Grund, warum Körper krank werden, altern und sterben. Soviel unserer menschlichen Energie wird aufgewendet, um die direkte Wahrnehmung der Realität zu verhindern.

Warum tun wir das? Hauptsächlich, weil wir auf einer tiefen Ebene des Verstandes Angst vor der Alternative haben! Wir sind entsetzt darüber zu wissen, wer wir sind! Das Ego hat uns absolut davon überzeugt, daß zu wissen, wer wir sind, den Verlust unserer Individualität bedeuten würde. Wir glauben, daß loszulassen bedeuten wird, wir werden in eine Einheit gesogen, die unser Selbst wegstehlen wird. Das ist nicht so! Was wir erlangen, ist unser universales, kosmisches Selbst. Aber für das Ego bedeutet das Angst, Tod, die ewige Verdammnis.

Wer will in einen Himmel, wo das Aufregendste, was passiert, ist, immer dieselbe Art Harfe zu spielen, wo alle gleich aussehen und alles gleich ist? Wenige Leute, die ich kenne. Und doch ist es das, wie das Ego uns beizubringen versucht, was Erleuchtung ist.

DER URSPRUNG DER FINSTERNIS

Warum vermeiden wir unser inneres Wachstum in Selbstwissen wie die Pest? Die erste Antwort ist Gewohnheit: es ist unser Glaube und Urteil über die Natur des Lebens, die uns zurückhalten. Das ist wahr, soweit es reicht. Aber warum sind unsere Gewohnheiten so schrecklich fesselnd für den Verstand? Wenn die Macht des Ascendant wahrhaftig allmächtig ist, wie kann es von irgendwoher einen Angriff auf diese absolute Kraft geben?

Logischerweise geht das nicht. Es könnte gar keine dunkle Macht geben, die die unendliche Kraft in Frage stellen könnte, nicht einmal für die Millisekunde einer Millisekunde. Und selbst wenn das für diese Zeitspanne ginge, wäre es auch nichts weiter als ein Scheinangriff.

Wenn wir uns von der Sonne abwenden, werfen wir einen Schatten. Wenn wir uns niemals umdrehen, um ins Licht zu sehen, mögen wir zu glauben lernen, daß die Schatten real seien, basiert auf unserer Erfahrung. Aber welche Bedeutung haben die Schatten, wenn wir uns plötzlich umwenden und die Sonne sehen? Zuerst könnten unsere Augen geblendet sein, nachdem wir uns solange bemüht haben, Unterschiede in der Dunkelheit auszumachen. Aber wenn sie sich an ihre natürliche Funktion gewöhnen, wird es immer schwieriger, sogar unmöglich, die Schatten zu sehen, die in der Dunkelheit herumhängen, denn da ist keine Finsternis mehr.

Das Licht des Unendlichen Bewußtseins wohnt in uns allen. Das *muß* so sein, sonst wäre es ja nicht unendlich. Wir sind alle Funken der göttlichen Flamme – wir alle sind Schöpfungen des Ascendant und haben Teil an den Charakteristiken des Ascendant – unendliches Licht, unbegrenzte Freude, vollkommener Friede, endlose Liebe, unsterbliches Leben. Es ist nur unsere eigene, fortwährende Entscheidung von Augenblick zu Augenblick, dem Licht den Rücken zuzukehren, die uns weiterhin in der Finsternis verloren sein läßt.

Das ist eine bessere Antwort als Gewohnheit. Es ist *unsere Entscheidung*, die Dunkelheit der Dualität anzusehen oder das

Licht der Einheit. Der Mensch ist mit freiem Willen ausgestattet als Teil unseres Geburtsrechts. Wir sind in jedem Aspekt nach dem Bilde des Ascendant geschaffen. In jeder Sekunde können wir uns umwenden, um unser Erbe wieder anzutreten.

Dies mag überraschend klingen, denn die ursprüngliche Entscheidung, sich vom Licht abzuwenden, ist vor so langer Zeit gefallen, daß die meisten von uns nur die schwächste Erinnerung an unseren früheren, lichtgetränkten Wesenszustand haben.

Im Rückblick ist es einfach zu erkennen, warum so riesige Energiemengen gebraucht werden, um diese uralte Entscheidung aufrecht zu halten. Das unendliche Licht des Bewußtseins durchdringt jeden Partikel von Zeit und Raum, jedes Atom im Universum, jede Zelle in unserem Körper. Es ist in der Tat schwierig, das Unendliche in Schach zu halten. Ein enormer Energieaufwand ist fortwährend erforderlich; dies zeigt sich als überaus ermüdend für den typischen Verstand, beschleunigt den Verfall und die letztendliche Zerstörung des Körpers, verursacht in Folge eine beeindruckende Menge von physischen, emotionalen und mentalen Problemen. „Beeindruckend" wegen der enormen Länge der Liste, nicht wegen der Größe der Probleme.

Da alle Probleme auf Erden auf die eine Tatsache zurückführbar sind, daß wir alle die fortdauernde Entscheidung von Augenblick zu Augenblick treffen, uns vom Licht abzuwenden, müssen sie alle identisch sein. Kein Problem kann größer oder kleiner als ein anderes sein, und jedes kann so leicht behoben werden wie ein jedes andere.

Dies mag dem gesunden Menschenverstand offen widersprechen. Wie kann ein tödlicher Fall von Krebs oder das Sterben selbst mit einem Schnupfen verglichen werden oder mit der Tatsache, daß Ihr Mann seinen Vorgesetzten zum Essen mitbringt, ohne Ihnen vorher Bescheid zu sagen? Wenn es wirklich keinen Unterschied zwischen Problemen gäbe, erschiene die gesamte Breite der menschlichen Verzweiflung und Frustration identisch mit der Erleuchtung!

Das ist tatsächlich wahr. Christus konnte die Kranken heilen und Tote auferwecken, weil er vollständig erkannt hatte, daß alle Probleme Illusionen sind, die alle in genau derselben Weise zustande kommen -- durch die Abkehr vom unendlichen Licht des Ascendant. Er erkannte, daß er diese fehlerhaften Wahrnehmungen aufheben konnte, durch das Wissen, daß alle Probleme aus derselben Ursache stammen, nämlich aus dem Glauben an Dualität.

Anders gesagt erkennt der wahre Heiler Krankheit und Tod als nichts anderes als Illusionen im Verstand des Leidenden. Wenn der Heiler frei von Illusionen ist, wird es möglich, denen zu helfen, die immer noch in ihrer uralten und doch fortdauernden Entscheidung gefangen sind. Der Heiler heilt durch die Repräsentation der Wahrheit für den Kranken. Der Heiler sieht nur die Wahrheit: der Leidende *ist* gesund und wohl, eine perfekte Repräsentation des Ascendant auf Erden. Wenn der Kranke sich entscheidet, diese Ansicht zu teilen, seine Meinung zu ändern und sich dem inneren Licht wieder zuzuwenden, tritt die Heilung auf der Stelle ein. Nur der Glaube an Dualität ist im Irrtum. Und das Schöne bei jedem Glauben ist, daß er geändert werden kann, gegründet auf neuer Erfahrung.

Ich empfehle nicht, daß wir uns vor einen Kranken hinstellen und urteilsvoll sagen, „Deine Krankheit ist eine Illusion, steh auf und sei gesund!" Noch empfehle ich, daß wir in solch einer dummen Weise mit uns selbst umgehen. Unsere alten Überzeugungen fallen nicht dadurch, daß wir einen neuen Glauben annehmen. Unsere Überzeugungen verändern sich nur durch die Erfahrung einer anderen Realität. Nur ein neuer Baum wird neue Früchte tragen. Wenn der alte Baum vergiftete Äpfel der Verzweiflung, Krankheit und des Todes produziert, ist ein neuer Baum erforderlich, der eine neue Ernte der Freude, Gesundheit und des Lebens produziert.

Darum ist dieses Buch, gemessen an modernem Standard, ziemlich kurz. Über das unendliche Licht zu sprechen ist nicht dasselbe, wie es zu erfahren. An Schokolade zu denken gibt uns nicht den Geschmack von Schokolade. Dieses Buch in die Hand zu nehmen, zu lesen, zu sagen, „Mensch, das klingt interessant", und es wieder ins Regal zu stellen, ohne zu versuchen, die Wahrheit dessen, was hier geschrieben steht, zu entdecken, heißt nur, daß sich hier ein weiterer Zweig des Irrsinns bildet, der die meisten Menschen in der Welt heute quält. Dies ist kein Buch *über* Realität! Dies ist eine offene Einladung, Realität zu *erleben*! Vielleicht wird der Unterschied jetzt allmählich deutlich.

Es gibt so viele Enttäuschungen in der modernen Welt. So viele Versprechen werden gegeben, nur um gebrochen zu werden. Manche Menschen sind so entmutigt worden, daß sie sogar, wenn sie über einen wahren Weg, der zu Erleuchtung führt, stolpern, so zynisch und erschöpft sind, daß sie nicht einmal den einfachsten Anleitungen folgen können, und nach einem Tag oder so sich wieder abwenden. Gelegentlich treffen wir solche traurigen Seelen, wenn wir Ascension lehren. Nach ein oder zwei Stunden oder vielleicht einem Tag oder einer Woche schwächlicher Versuche, ihre lebenslangen Gewohnheiten nutzlosen Glaubens umzukehren, laufen sie entsetzt vor Ascension davon. Entsetzt wovor? Vor der Transformation, die sich ergibt, wenn sie sich umdrehen, um ins Licht zu sehen. Die Tatsache, daß sie selten oder nie erkennen, daß dies der Grund ist, warum sie weglaufen, ist nur ein weiteres Beispiel dafür, wie das illusorische Ego das Leben an die absurdesten und beschränktesten Grenzen der Erfahrung gekettet hält.

Wie kann es überhaupt eine Entfernung geben, die überbrückt werden müßte? Es ist eine unendlich kleine Verlagerung der inneren Bewußtheit, eine extrem einfache und direkte Aufhebung einer Entscheidung aus uralten Zeiten. "Das himmlische Königreich ist mitten unter uns" ist eine absolut korrekte Aussage. Sie besagt nicht, daß das Himmelreich eines Tages in der Zukunft da sein wird, wenn Sie dies oder das für so und solange getan haben. Nein, der Himmel ist *hier*, ist *jetzt*. "Mein Name ist ICH BIN." Er ist nicht "Ich werde sein" oder "Ich war". Der gegenwärtige Augenblick – gegenwärtig, hier, jetzt! Im Prinzip ist keine Technik notwendig, kein Meister ist erforderlich, kein großer und ausdauernder Glaube oder Jahre sorgfältigen Studiums ist nötig. Die Rückkehr in Ihre Heimat, in Ihr perfektes, inneres Licht muß keine Zeit aufwenden, keine jahrelange Übung, keine Lebenszeiten langsamen Fortschritts in unerschütterlicher Hingabe.

Es gibt eine alte Geschichte, die diesen Punkt recht gut verdeutlicht.

Eines Tages wanderte Gott durch die Welt, um zu sehen, wie es seinen Kindern ginge. Er begegnete einem Asketen, der sein gesamtes Leben mit strenger körperlicher Züchtigung und starken geistigen Übungen verbracht hatte.

Der Asket hatte ein gewisses Ausmaß an Klarheit der Sinne durch seine lang dauernde Übung erreicht, und erkannte, daß der Mann, der so zwanglos an seiner Höhle vorbeiging, seines göttlichen Selbsts vollständig gewahr war. Der Asket richtete sich unter Schmerzen aus seiner starren Körperhaltung auf, verneigte sich vor Gott und sagte, „O Mensch großer Seele! Ich erkenne, daß Du ein erleuchteter Meister bist. Bitte sage mir, ehrenwerter Herr, wie lange es dauern wird, bis ich meine innere. göttliche Natur erkenne?"

Gott lächelte warm und antwortete lachend, „Du kommst gut voran, mein Sohn! Bei Deinem momentanen Fortschritt wirst Du Dein göttliches Selbst schon nach einer weiteren Lebenslänge ähnlicher Bemühungen erkennen."

Der entsetzte Asket schrie im Schock, „Noch eine Lebenslänge von diesem Horror? Wie kann ich diese Langeweile, diese Agonie, diesen Schmerz auch nur einen Tag noch ertragen, geschweige ein ganzes Leben lang? Wie schrecklich! Du hast mich an diesem Tage verflucht! Hebe Dich hinweg von diesem Ort, du Betrüger! Niemals würde ich jemandem wie Dir Glauben schenken!"

Gott lächelte ihn liebevoll an und ging weiter. Bald darauf kam Er bei einem Idioten vorbei, der lachend und singend im Fluß planschte. Die hauptsächliche Tätigkeit dieses Mannes jeden Tag war zu rufen, „Gott! Wie ich Gott liebe! Gott! Ich liebe Gott! Gott!" Dieser Narr sorgte niemals für seine physischen Bedürfnisse, sorgte sich nie, ob er zu Essen habe, Kleidung oder Unterkunft. Er bemerkte nie, ob er sauber oder dreckig war, warm oder kalt, naß oder trocken. Heutzutage hätte man ihn möglicherweise in eine Gummizelle gesperrt, aber in jenen Tagen sahen die Leute, daß er harmlos war, tolerierten ihn darum, und manchmal gaben sie ihm auch eine Brotkruste oder altes, halb verfaultes Obst oder Gemüse zu essen.

Dieser Idiot war vom Leuchten des schönen Fremden angezogen, er kam aus dem Wasser, verneigte sich vor ihm und sagte, „Wie wunderbar! Gott hat einen Menschen großer Seele vorbeigeschickt. Ich habe letzthin so viel Spaß gehabt, daß ich fast vergessen hätte, daß ich ein Ziel habe. Ich habe meine Suche nach Erleuchtung vor langer Zeit begonnen, bin aber seit neulich von dieser dauernden Freude, die in mir aufsteigt, abgelenkt worden. Da ich nun gerade sehe, erinnere ich mich wieder an meine Reise, und ich frage mich, ob Du mir sagen könntest, wie lange es dauern wird, bis ich meine innere, göttliche Natur erkenne?"

Gott lächelte warm und antwortete lachend, „Du kommst gut voran, mein Sohn! Bei Deinem jetzigen Fortschritt wirst Du deine inneres göttliches Selbst in nur noch siebzig Lebenslängen ähnlicher Bemühungen erkennen."

„Siebzig Lebenslängen ähnlicher Bemühungen!" rief der Idiot voller Freude. „Wie wunderbar! Was für einen einwandfreien Segen hast Du mir heute zuteil werden lassen, großer Herr!" Der Idiot war so erfüllt von Freude über die Aussicht auf weitere siebzig Leben voll solcher Wonne, daß der letzte Zweifel aus seinem Geist floh; seine letzte Frage zerschmolz in der Freude, die sein Leben war; sein Unwissen war unwiederbringlich zerschmettert; er erlangte auf der Stelle den höchsten Grad der Erleuchtung.

Sagt mir nicht in trauernden Mengen
„Das Leben ist nichts als ein leerer Traum!"
Denn die Seele ist tot, die da schlummert,
Und die Dinge sind nicht, was sie scheinen.

Leben ist wirklich! Leben ist ernst!
Und das Grab ist nicht sein Ziel.
„Von Staub genommen, zum Staube sollst du werden",
War nicht gesprochen für die Seele.

In der Welt weitem Schlachtfelde,
Im Biwak des Lebens,
Sei nicht wie dumpf, gertrieben Vieh!
Sei ein Held im Streit!

Die Leben großer Männer erinnern uns alle,
Auch wir können unser Leben erhaben machen,
Und wenn wir gehen, hinterlassen wir
Fußstapfen im Sand der Zeit.

-- Longfellow

VI. Liebe

Mein Name ist "ICH BIN"

Wir auf der Erde denken normalerweise, daß es drei Arten Zeit gäbe: Vergangenheit, Gegenwart und Zukunft. Wie oft führen wir unsere Handlungen hauptsächlich auf der Basis der Reue für unsere vergangenen Aktionen und verpaßten Gelegenheiten aus oder aus Besorgnis über unser zukünftiges Wohlergehen. Das Problem beim Leben für die Zukunft ist, daß die Zukunft niemals kommt. Sie existiert nicht außer als erfundenes Konzept. Es gibt nur das JETZT – Jetzt dehnt sich auf alle Orte und Zeiten aus. Die Vergangenheit existiert auch nicht: vor diesem Moment gab es eine ununterbrochene Folge ebensolcher Jetztmomente; in der Zukunft wird eine ununterbrochene Folge von Jetztmomenten sein. Jetzt, die Gegenwart, ist die einzige Zeit, die es gibt, die einzige Zeit, die jemals war, die einzige Zeit, die jemals sein wird.

Das ist der Grund, warum es so absurd leicht ist, Erleuchtung zu erlangen – das unendliche Licht ist bereits hier, jetzt, in Reichweite für uns alle. Nichts weiter ist erforderlich als den Versuch aufzugeben, in der Vergangenheit oder der Zukunft zu leben. Die Sonne scheint immer; wir müssen nur aufhören, uns mit den Wolken zu identifizieren, die vor ihr dahinziehen, um frei zu sein.

Der unglückliche Asket hat die Gegenwart nicht genossen; er hoffte ständig darauf, sein Selbst in der Zukunft zu erkennen. Deshalb war die Aussicht auf auch nur einen weiteren Moment solcher Tortur so quälend. Der glückliche Idiot auf der anderen Seite genoß absolut jeden Moment – er war voller Freude beim Gedanken daran, diese ekstatische Gegenwart fortzuführen. Dieser zusätzliche Freudensturm durch sein bereits wonnegesättigtes Nervensystem war mehr, als der letzte Rest seines geschwächten Egos aushalten konnte – die alten Begrenzungen in seinem Verstand, die schon großenteils abgelegt waren, wurden zerstört – das unendliche Licht des Jetzt durchbrach ihn, herauf und heraus, und transformierte sein Leben auf immer. Seine Augen öffneten sich zum ersten Male völlig; er erkannte, daß Gott vor ihm stand. Der neu Erleuchtete verbeugte sich vor seinem Herrn und schrie seine Dankbarkeit und Freude heraus zum Ursprung alles dessen, was ist.

Wir Menschen haben die unglückliche Gewohnheit, unser Leben unnötig kompliziert zu machen. Liebe ist höchst einfach, absolut grundlegend, erfordert kein irgendwie geartetes Training, verwandelt sich ständig, vermehrt sich mehr und mehr, wenn sie fortgegeben wird, und ist das größte Geheimnis im gesamten Universum. Wie die meisten großen Geheimnisse ist sie offen zur Schau gestellt, als ob sie wertlos sei. Sie ist für alle da, die sie haben wollen; es gibt keinen begrenzten Vorrat; sie nimmt von Zeitalter zu Zeitalter zu und ist doch immer unendlich ganz.

Was steht zwischen uns und der vollen Erfahrung und Äußerung der Liebe? Tatsächlich überhaupt gar nichts. Liebe ist der natürlichste Ausdruck im Leben eines jeden, der eine, grundlegende Bestandteil in allem, die innerste Basis jeden Gefühls eines jeden Wesens in erschaffener Zeit. Es ist für alle einfacher, Liebe zu erfahren als irgendeine dunkle Emotion, jegliches Gefühl von Haß oder Angst. Warum liegt dann die Welt anscheinend im Sterben aus Mangel an Liebe? Welcher Mißbrauch durch Industrie, Regierung, Krankheit, Verbrechen oder Vernachlässigung könnte nicht durch ein Tröpfchen umfassender Vision, inspiriert vom geringsten Zuwachs in Liebe, geheilt werden? Die Welt wird durch die Abwesenheit von Liebe erstickt! Wo ist hier das allumarmende Wunder des Lebens, wo hier die übermächtige Freude? Warum ist die Welt so krank?

Ich war heute in einem Garten in Charlotte. Er war klein, kaum mehr als drei Morgen, aber Schönheit war überall. Das Ehepaar, das ihn geschaffen hatte, hatte das Grundstück 1927 gekauft – zu jener Zeit war es baumlos, ein Kornfeld mit rotem Lehmboden in North Carolina; heute ist ihr "Wing Haven" hoch angesehen als einer der hübschesten Gärten in der Region. Es ist ein Garten, der nicht nur für seine innewohnende Lieblichkeit berühmt ist, sondern auch für die Vielfalt wilder Vögel, die in ihm leben und ihn besuchen. Die offenkundige Liebe der Gründer verwandelte dieses einst öde Feld in ein Stückchen Wunder.

Dieses Ehepaar war nicht grundsätzlich verschieden von allen anderen mit der einzigen Ausnahme, daß es ein tiefes, intuitives Verständnis eines der grundlegendsten Prinzipien der Erleuchtung hatte – wenn Du Liebe erfahren möchtest, gib Liebe.

Diese Erde ist nicht lieblos. Ganz im Gegenteil, sie ist gesättigt mit Liebe, die überall und zu allen Zeiten überfließt. Jene, die verzweifelt einsam und liebeshungrig sind, leben in einer künstlichen Hölle ihrer eigenen Schöpfung. Sie sind nur einsam und liebeshungrig, weil sie fordern, daß alle andern zuerst beweisen sollen, daß sie sie lieben.

Ich hatte einmal einen Freund, ich nenne ihn mal Michel Klein, der in vielen Bereichen begabt war: er war ein talentierter Gitarrist (klassische Gitarre), ein guter Tänzer, ein hervorragender Gesellschafter, ein begnadeter Astrologe. Aber Michel konnte nie eine Beziehung mit einer Person des anderen Geschlechts länger als ein paar Tage aufrecht erhalten. Ich fragte ihn einmal, was er für den Grund dafür halte. Seine Antwort war recht bezeichnend: „Niemand kann besser lieben als ich. Ich weiß das! Aber ich warte auf die perfekte Frau, bevor ich meine Liebe offenbare."

„Wie willst Du sie erkennen?" fragte ich fasziniert. „Hat sie eine bestimmte Erscheinung?"

„O nein, nichts so Oberflächliches. Die perfekte Frau wird mich zuerst lieben! Sie wird willens sein, sich mir vollkommen zu schenken. Sie wird mir ihr Herz völlig öffnen. In mir wird sie so einen großen, verborgenen Schatz finden! Ich weiß, wie tief ich lieben kann. Sie wird so ein Glück haben!"

Wie oft denken wir in ähnlichen Bahnen? „Wenn er bloß aufhörte zu trinken / zu rauchen / Drogen zu nehmen / eine feste Stelle hätte / netter zu mir wäre / meine Mutter mehr liebte / netter zu meinen Kindern wäre – dann würde ich ihm mein ganzes Herz schenken." Es ist leicht zu sehen, wenn man es so darstellt, wie dieses Denken völlig das Oberste zuunterst gekehrt hat. Liebe als zweites, und Sie werden auf ewig darauf warten, geliebt zu werden. Liebe zuerst, und Sie werden geliebt werden. Das ist absolut garantiert.

Es gibt eine andere, ähnliche Denkungsart, die eng mit dieser verwandt ist. Diese Art verlangt Liebesbeweise, um wieder zu lieben. Normalerweise geht das etwa so: „Steffi sagt, sie liebt mich. Aber wenn sie mich wirklich liebte, würde sie..." und dann füllen wir die Leerstelle mit allem, was wir von Steffi wollen, oder glauben, daß Steffi tun sollte, um uns ihre Liebe zu beweisen. Wir haben die tief verwurzelte Gewohnheit, die Liebe anderer in Weisen zu definieren, die sauber mit unserem romantischen Ideal übereinstimmen, das eine Schöpfung jenes Teiles unseres Verstandes ist, der gern in Phantasien und/oder der Zukunft weilt.

Aber es gibt keinen absoluten Verhaltensstandard. Von jemandem geliebt zu werden, beinhaltet nicht, daß der Liebende mit irgend einem besonderen, starren Standard, den wir verlangen, übereinstimmen muß. Im Gegenteil, wenn die Liebe gegenseitig ist, nimmt die Freiheit des Ausdrucks ganz natürlich zu. Viele Menschen in unserer Gesellschaft glauben, daß zu lieben bedeute, den Partner in einen Käfig zu sperren – kontrolliert, definiert, eingeschränkt, gebunden. Das passiert meistens, wenn das männliche Mitglied der Beziehung das weibliche überschattet und dominiert. Aber gelegentlich ist es umgekehrt.

Es könnte eine Menge Gründe geben, warum man wünscht und versucht, den andern zu versklaven, aber typischerweise resultiert es aus einem Unsicherheitsgefühl – „Maria würde jemand anders finden und mich verlassen, wenn ich nicht genau auf sie aufpaßte." – „Hans würde mich betrügen, wenn ich ihn nicht an der kurzen Leine hielte." Und so weiter.

Ein Unsicherheitsgefühl kann wiederum viele verschiedene Ursachen haben, gegründet auf früherer Erfahrung – „mein Vater kam auf der Autobahn um, als ich sechzehn war." „Meine Mutter hat mich drei Wochen lang bei einer Tante abgeladen, als ich vier war." „Meine Frau ist mit einem Staubsaugervertreter davongelaufen." Die Liste ist so lang wie die Lebenserfahrungen der menschlichen Gattung. Aber *jedes* Unsicherheitsgefühl ist immer rückführbar auf einen tief verwurzelten Minderwertigkeitssinn.

Wenn ich nicht fühle, daß ich liebens-wert bin, werde ich mein Leben (ganz unbewußt) so strukturieren, daß ich mir beweise, daß ich nicht geliebt werde. Wieder und wieder werde ich die Wahrheit meines eigenen Selbstbildes demonstrieren. Dann bin ich in der Lage, zu anderen und mir selbst zu sagen, „Siehst du, es ging nicht gut, weil er/sie mich nicht genug geliebt hat. Es ist nicht mein Fehler. Ich bin ganz unschuldig. Er/sie hat mich betrogen."

Persönliche Verantwortung für den Teil in unserm Leben zu übernehmen, der nicht gemäß unserer Zufriedenheit läuft, kann eine der schwierigeren Übungen, dabei Kontrolle über unser eigenes Schicksal zu erlangen, sein. Jedoch ist es auch eine der wichtigsten. Wenn wir irgend jemand anderen für irgend etwas verdammen, projizieren wir unsere eigene Schuld und Wertlosigkeit auf die Welt. Es ist schwierig oder sogar unmöglich, etwas draußen zu sehen, was nicht auch drinnen existiert. Kaninchen leben in einer Kaninchenwelt, nicht in der Vogelwelt. Hunde leben im Hundeuniversum, nicht in unserem menschlichen.

Wenn ein Engel zu Ihrer Tür kommt, und Sie nicht an Engel glauben, was sehen Sie? Wenn Sie glauben, daß alle nur darauf aus seien, Sie dranzukriegen, wie werden Sie jemanden grüßen, den Sie nicht kennen? Wenn Sie glauben, daß alle grundsätzlich unglaubwürdig seien, wie können Sie jemals hoffen, irgend jemandem zu vertrauen? In großen Städten gehen wir jeden Tag an Tausenden Fremden vorbei. Wir sind so an ihre Anwesenheit gewöhnt, daß wir sie oft nicht einmal flüchtig ansehen. Sie könnten lächeln, voller Freude, daß sie uns getroffen haben, aber wir sehen nicht aus unserer privaten Welt auf, um sie zu grüßen. Das ist nicht nur in geschäftigen Fußgängerzonen so, es schwappt über in die stillen und gering bevölkerten, öffentlichen Parks. Wir gehen allein, jemand kommt uns entgegen, wir gehen aneinander vorbei, ohne auch nur einen Blick oder ein Wort zu teilen. Wie oft geschieht das jeden Tag! Wovor haben wir solche Angst? Ist jeder Fremde ein Krimineller? Wenn wir es wagen zu lächeln oder einen gefährlichen Sprung wagen und "Hallo!" sagen, werden wir niedergeschlagen und ausgeraubt oder auf der Stelle vergewaltigt? Wir verhalten uns so, als ob wir das glaubten.

Das Grundprinzip, das hier am Werk ist, ist, daß das Universum unseren Glauben und unser Verständnis des Lebens perfekt zu uns zurück spiegelt. Das ist teilweise ein Ergebnis unserer menschlichen Physiologie – wir sehen nicht so gut wie Falken, können nicht so gut riechen wie Hunde oder so gut hören wie Delphine – aber der Bereich der Sinne, der in unserer Art operiert, ist hauptsächlich ein Ergebnis unserer Glaubenssysteme und Erfahrungen, die wir gegründet auf diese Glaubenssätze angesammelt haben.

DIE MACHT DES GLAUBENS

Wir erkennen oft nicht, wie mächtig und subtil unsere Glaubenssätze sind. Wir denken normalerweise nicht, daß unsere Kurzsichtigkeit vor allem ein Produkt tief verwurzelter rassischer, gesellschaftlicher oder familiärer Überzeugungen sei und nur sekundär ein Ergebnis physikalischer Faktoren. Wir glauben nicht, daß unser Verstand unseren Körper beherrscht und nicht umgekehrt. Und doch gibt es gut dokumentierte Fälle von Individuen mit multiplen Persönlichkeiten, worin eine der herrschenden Persönlichkeiten glaubt, daß sie normal sehen kann und keine Brille braucht, und eine andere glaubt, daß sie nicht richtig sehen kann und ohne künstliche Korrektur so gut wie blind ist. Die Persönlichkeit, die zu irgendeiner beliebigen Zeit dominant ist, bestimmt, wie gut die physischen Augen funktionieren!

In einem andern Fall ist eine Unterpersönlichkeit allergisch gegen Orangen und bekommt Ausschlag, sooft eine gegessen wird; und eine andere liebt Orangen und ißt sie ohne die geringsten Nebenwirkungen. Wir lassen diese Fälle normalerweise als bizarr oder ungewöhnlich und ohne Bedeutung für unser eigenes Leben fallen. Und doch, wie viele von uns haben sich widersprechende Persönlichkeiten in uns, die unser Verhalten stark beeinflussen?

Üblicherweise fühlen wir, daß Körper und Geist verschiedene Wesenheiten seien – es gibt physische Probleme und es gibt mentale; sie sind verschieden. Aber der Körper-Geist ist eher ein Kontinuum – die physische Struktur ist ein konkreter Ausdruck unserer gewohnheitsmäßigen Denk- und Glaubensmuster. Der Körper ist sekundär, das Werkzeug des Geistes, nicht anders herum. Der Körper hat an sich keine Macht, irgend etwas zu tun. Er kann nicht krank oder verletzt werden, ohne daß der Geist einverstanden ist.

Ist dieser Gedanke schwer zu verstehen? Unsere Durchschnittsweltanschauung beinhaltet, daß der Verstand durch den Körper eingeschränkt wird, der primär ist. Wenn wir daran gewöhnt sind, von unserem Geist als vom Körper gebunden zu denken, wird es besonders schwierig sein, dies Konzept aufzulösen. Aber wenn wir auch nur auf einen Moment unseren Glauben und unser Urteil entspannen könnten, fänden wir heraus, daß es andere Wege gibt, den Geist und die Körper-Geist-Beziehung zu betrachten – und diese anderen Wege könnten uns viel besser dienen.

Wenn ein Individuum seine/ihre Meinung ändert, antwortet der Körper entsprechend. Folglich ist ein physikalisches „Wunder", wie die plötzliche Heilung einer Krankheit oder Verletzung, einfach eine tiefe Meinungsänderung der geheilten Person. Es ist nicht eine Meinungsänderung beim Heiler. Der Heiler ist bereits geheilt. Das erklärt, warum so viele Gebete um Heilung anscheinend nicht beantwortet werden – Heilung kommt *niemals* von außen nach innen – sie kommt *immer* von innen nach außen. Die innere Gotteskraft kann alles und alle heilen. Wenn Sie Ihre eigene, göttliche Natur erkennen, ist perfekte Gesundheit das automatische Ergebnis. Der außenstehende Gott aber würde als eine externe Kraft, die von Ihrem innersten Wesen getrennt ist, Ihren freien Willen verleugnen, wollte Er sie heilen. Erschaffen nach dem Bilde Gottes bedeutet mit absolut freier Auswahl ausgestattet. Dies wird niemals aufgehoben. Zuerst müssen Sie Ihre Meinung ändern und perfekte Gesundheit wollen. Dann tritt Heilung ein. Dann *muß* Heilung tatsächlich auftreten – es ist das automatische Nebenprodukt dessen, was Sie sind. Aber die Meinungsänderung muß auf der tiefsten Ebene Ihres Seins stattfinden – einfach mit dem oberflächlichen Verstand zu entscheiden, "ich bin gesund" ist nicht nur nutzlos, sondern potentiell geistig verwirrend. Affirmationen, die von der bewußten Gedankenebene des Verstandes wiederholt werden, sind, obwohl gelegentlich beruhigend für einen verwirrten emotionalen Zustand, so gut wie wertlos, eine tiefe Transformation der

Realitätswahrnehmung zu bewirken. Eine Affirmation, die ein paarmal am Tag wiederholt wird, tut wenig, um der Intensität der Gewohnheitsmuster, geschaffen durch die 50.000 Gedanken täglich des durchschnittlichen Erwachsenen, entgegen zu wirken.

Es mag leichter erscheinen, Ihre Meinung über "geringfügige" Krankheiten zu ändern als über schwere, lebensbedrohliche. Sie mögen keine Schwierigkeiten haben, eine normale Erkältung zu besiegen – Sie waren vielleicht jahrein, jahraus nicht krank – aber plötzlich entwickeln Sie Krebs und sehen keine andere Möglichkeit als Chemotherapie oder Bestrahlung.

Manche Vorstellungen von Krankheit sind tiefer in uns und im kollektiven Bewußtsein der Menschheit verwurzelt als andere. Je grundlegender und universeller der Glaube an die bestimmte Krankheit oder Verletzung ist, desto vollkommener muß Ihr Verständnis sein, daß Sie unfähig sind, krank oder verletzt zu sein, wenn Sie gesund sein wollen. Ein Freund von mir, der Arzt ist, erzählte mir einmal eine merkwürdige Geschichte, die beschreibt, wie der Gesundheitszustand des Körpers auf dem Glauben des Geistes basiert. Dieser Arzt wurde von einer reizenden, alten Dame aufgesucht mit starken Schmerzen im Unterleib. Bei der Untersuchung schloß der Arzt, daß eine sondierende Operation angezeigt war, weil diese arme Seele mit höchster Wahrscheinlichkeit Darmkrebs hatte.

Als der Doktor sie aufschnitt, fand er in der Tat einen weit fortgeschrittenen Fall von Krebs – er hatte Metastasen in mehreren anderen Organen gebildet und war inoperabel. Der Arzt gab ihr höchstens noch drei Wochen zu leben. Als er sie traurig wieder zunähte, überlegte er, ob oder ob nicht er ihr diese furchtbare Wahrheit sagen sollte. Er versuchte es, aber er konnte sich einfach nicht dazu zwingen; statt dessen sagte er ihr, daß sie nur Gallensteine gehabt habe, die er entfernt hätte. Tief traurig darüber, daß seine Kunst versagt hatte, bot er der freundlichen alten Dame Lebewohl, wissend, daß er sie nie wiedersehen würde.

Man stelle sich sein Erstaunen vor, als sie ein Jahr später in sein Büro kam, sprühend vor Gesundheit, um ihm zu sagen, wie gut sie sich seit der Operation immer fühle! Der Doktor untersuchte sie und fand nicht die geringste Spur der schrecklichen Krankheit. Verblüfft fragte er sie, ob sie irgendwelche ungewöhnlichen Erlebnisse gehabt habe, seit er sie das letzte Mal gesehen habe.

„Nein", antwortete sie, „aber ich muß es Ihnen erzählen! Als ich zu Ihnen kam, hatte ich solche Angst, ich könnte Krebs haben. Als Sie mir erklärt haben, daß es bloß Gallensteine waren, war ich so erleichtert und glücklich, daß ich beschloß, in meinem ganzen Leben keinen einzigen Tag mehr krank zu sein."

Ein merkwürdiger Zufall? Eine unwahrscheinliche und seltene Heilung ohne bekannte Ursache? Den meisten Ärzten begegnen solche unregelmäßigen Ereignisse von Zeit zu Zeit, aber da sie keine physikalische Erklärung dafür haben, entscheiden sie, sie zu ignorieren, und heften sie unter der allgemeinen Kategorie für alles mögliche „spontane (und daher unerklärliche) Remission" ab.

Und was denken Sie?

VII. Der Ursprung von Allem, was ist

Es gab niemals eine Zeit, da ich nicht war,
noch du, noch diese Herrscher der Menschen,
noch wird jemals eine Zeit sein, wenn wir alle
aufhören werden zu existieren.
Der Bhagavad Gita

Die ältesten Philosophien der Erde erklären, daß die menschliche Rasse viel älter sei als unsere Geschichtsschreibung aufgezeichnet hat, weit älter als unsere Archäologen, Paläontologen und Anthropologen auch nur begonnen haben zu erträumen. Die ganze Geschichte des Universums hindurch haben immer selbst-bewußte Wesen existiert. „Selbst-bewußte Wesen" ist die einzige Definition der Menschheit, die konsistent oder bedeutsam ist. Wie viele Meter groß, wie breit, wie viele Arme oder Beine oder Köpfe, irgendwelche und alle physischen Attribute sind viel zu trivial, um zu definieren, was es bedeutet, ein Mensch zu sein.

Wenn das so ist, ist die Debatte, ob oder ob nicht unsere gegenwärtige physische Form von einem prototypischen, menschenaffenähnlichen Wesen abstammt, letztendlich irrelevant. Ob wir aus einer niedrigeren Lebensform erwachsen sind, ist unwichtig für unser Wachstum zur Erleuchtung; was wichtig ist, ist, daß wir erkennen, daß wir alle Manifestationen des Ursprungs von allem, was ist, sind und mit ihm verbunden bleiben. Dieser Ursprung hat viele Namen bekommen. Jeder Name ist in Ordnung, denn es ist unmöglich, den Ursprung zu beleidigen. Aber weil so viele Namen mit Glaubenssystemen assoziiert worden sind, und einige dieser Glaubenssysteme mit Furcht verbunden sind oder auf andere Weise vom Ego verzerrt wurden, nennen die Ishayas in dieser Lehre die Ursprüngliche, Erste Kraft üblicherweise den Ascendant.

Der Ascendant ist die Gesamtsumme alles dessen, was ist. Er ist die Quelle und die Essenz und das Ziel von allem, was lebt. Dieses ganze, enorme Universum mit tausend Milliarden Galaxien (die alle einen Durchschnitt von hundert Milliarden Sternen enthalten) ist ein Teil – ein kleiner Teil – des Ascendant. Jede Pflanze, jedes Tier, jedes Sandkorn, jeder Energiepartikel, jeder Impuls eines vernunftbegabten Gedankens, jede Emotion, jedes Einzelteil auf allen Ebenen der Schöpfung ist im Ascendant eingeschlossen. Es gibt keine Ausnahmen. Alles, überall, zu jeder Zeit, vergangen, gegenwärtig oder zukünftig, ist Teil des Ascendant. Es gab niemals irgendwo irgend etwas, noch wird es das jemals geben, das nicht Teil des Ascendant ist.

Die meisten Menschen können zumindest intellektuell ein solches Konzept begreifen. Aber die meisten haben es auch schwer, sich vorzustellen, was das wirklich bedeutet. Und doch, falls ein Individuum das tun könnte, auch nur für einen Moment, fände dieses Individuum sein oder ihr Leben auf immer verändert.

Die moderne Physik beginnt zu demonstrieren, daß eine ultimative, abstrakte Universale Realität existiert. Alle Materie kann zu Energie reduziert werden; auf den reinsten Ebenen der Schöpfung ist Energie unendlich machtvoll und überall gegenwärtig. Der Grundzustand der Quantenphysik ist universal, allgegenwärtig, zum Bersten mit unendlicher, kreativer Energie und dem Ursprung alles dessen, was ist, erfüllt. Dieses ganze, enorme Universum kam aus einem Raum mit der Ausdehnung 10-43 cm in einem Augenblick, der 15 bis 20 Milliarden Jahre her ist, oder so wird es uns jedenfalls gesagt.

Die moderne Physik hat uns allerdings nicht eröffnet, daß diese Substanz der Schöpfung tatsächlich für die menschliche Bewußtheit offen ist. Es gibt jetzt nicht, gab niemals und wird niemals einen Menschen geben, der den Ascendant nicht erfahren kann. Der Gesundheitszustand des physischen Körpers ist irrelevant; der Gesundheitszustand des geistigen Körpers – des Intellekts, Verstandes und der Gefühle – ist irrelevant, die Glaubenssysteme, Gewohnheiten und Urteile über das Leben, nichts von diesen ist relevant. Es gibt keine Voraussetzungen für die Erfahrung des Ascendant, dem Universalen Ursprung von allem, was ist.

Und doch erfahren nur wenige bewußt den Universalen Geist. Und wenn jemand das Glück hat, einen flüchtigen Einblick in das Wirken des Ascendant zu bekommen, ist dieser Schimmer normalerweise kurz und schnell verwischt. Wenn der Ascendant überall gegenwärtig ist, und wenn jeder ihn überall und zu jeder Zeit erfahren kann, warum tun es dann so wenige bewußt? Warum haben so viele derer, die an die Existenz des Ascendant glaubten, auch geglaubt, daß er schwer zu erreichen sei? Warum hatten so viele den Eindruck, es brauche Jahre innigen Bestrebens und sogar dann jede Menge Glück, um Erfolg zu haben? Die östliche Literatur ist voll von außerordentlichen Härten, die als notwendig angesehen werden, um Erleuchtung zu erfahren, volle Gemeinschaft mit dem Ascendant. Und im Westen wurde die "dunkle Nacht der Seele" für das übliche Los des christlichen Gottliebenden gehalten – ein seltener und flüchtiger Geschmack des Göttlichen wird vom unvermeidlichen Wiedereintauchen in den tragischen Nebel des Erdenlebens der Sinne gefolgt. Es wird geglaubt, daß es das Los der Wahrheitssucher sei, von irdischen Wünschen verflucht zu sein, versklavt von der Materie und zu einem höchst frustrierenden Leben verurteilt. Kein Wunder, daß nur noch so wenige nach dem Ziel suchen! Warum Jahre auf einer zweifelhaften Suche verbringen, wenn das Endergebnis so unwahrscheinlich ist?

Tatsächlich hat es überall auf dem Globus nur selten den voll realisierten Weisen gegeben, die erleuchtete Zauberin, den Nagual, Priester, Magier, Heiligen – die Namen für diejenigen in bewußtem Kontakt mit dem Ascendant sind in verschiedenen Traditionen verschieden gewesen, aber die Realität ist universal.

Und doch ist die Tatsache, daß einige Erfolg *hatten*, eine Hoffnung und Inspiration für uns alle. Oder wenigstens könnte sie es sein. Was hilft, ist die Erkenntnis, daß die „Peak"(Gipfel)-Erfahrung, wie von dem Psychologen Abraham Maslow definiert, *universell* ist. Sie schlägt irgendwen ganz ohne Warnung zu den ungewöhnlichsten Zeiten – beim Sterngucken in den Bergen, beim Hören der Brandung des Ozeans zum Sonnenuntergang, beim Joggen, kurz vor dem Einschlafen, in der frühen Kindheit, an einem überfüllten Schreibtisch, beim Spaziergang eine verlassene Straße entlang in den frühen Stunden vor der Dämmerung, während der Geburt eines Kindes – die Liste dieser magischen

Momente ist so ausgedehnt wie die menschliche Gattung selbst. Plötzlich tun sich die Tore der Wahrnehmung auf, und die Welt wird vollkommen anders gesehen. In diesen seltenen, wertvollen Momenten schießt ein großes Aha-Erlebnis durch unsere Seele; wir erkennen, daß das Universum doch benutzerfreundlich ist, daß das Leben gut und schön ist, daß vielleicht, wenn auch nur vielleicht, doch eine Bedeutung hier existiert.

Da diese Erfahrung universell ist, besteht große Hoffnung. Da sie jeden überall zu jeder Zeit treffen kann, gibt es zumindest die Hoffnung, daß sie systematisch werden kann, daß sie regelmäßig erfahren werden kann, daß wir alle sie teilen können, nicht nur die Besonderen, Begabten oder die Glück haben.

Diese Annahme, daß Gipfelerfahrungen eine gewöhnliche Lebenserfahrung werden könne, mag überraschend erscheinen. Es ist hier notwendig, unser Glaubenssystem ein klein wenig zu entspannen. Ich schlage nicht vor, daß Sie irgendeine Ihrer Überzeugungen ablegen sollen, aber damit Sie einen Vorteil von diesem Text über Ascension haben, ist es erforderlich, den Glauben, daß diese Suche unmöglich oder nichts für Sie sei – ein klein wenig – in Frage zu stellen. Was haben Sie denn schon zu verlieren durch den Gedanken, daß es vielleicht einen Weg, Ihr Leben zu leben, geben könnte, der eine stete Erfahrung von Freude, Brillanz, Kreativität, Gesundheit und Liebe bewirken kann? Wenn Sie das haben könnten, würden Sie es nicht haben wollen?

Es hat in der Geschichte jene gegeben, die Erfahrungen höherer Bewußtseinszustände beschrieben haben. Diese Beschreibungen sind oft so verschieden, daß sie uns das Gefühl geben, es würden verschiedene Realitäten beschrieben. Wenn sich Nachfolger starr an die Worte ihrer Lehrer halten, ohne die Erfahrung der bewußten Absorption in den Ascendant zu teilen, dann ist Verwirrung unvermeidlich. Dies ist die Tragödie des Wissens: an den harten Felsen der Ignoranz in kleine Scherben zu zerbrechen.

Wenn beide voll entwickelte, menschliche Wesen sind, gibt es keinen Unterschied zwischen der Erleuchtung des Sufi-Moslem und der Absorption in Gott des christlichen Heiligen. Ein voll realisierter Hindu im Nirvikalpa Samadhi lebt nicht in einem andern Bewußtseinszustand als der vollkommen geweihte Taoist, der im Nirvana, oder als ein Zen-Buddhist, der im ständigen Satori ist. Wir mögen an der Oberfläche unterschiedlich erscheinen, unser Glaube und unsere Sprachkonzepte mögen so weit voneinander entfernt sein, daß wir einander kaum verstehen können, aber die wesentliche, innere Realität des Bewußtseins ist dieselbe.

Sogar im normalen Alltagsbewußtsein, im Wachzustand, sind wir einander viel ähnlicher als wir von einander verschieden sind. Die einfache Erkenntnis, wie gleich wir alle sind, ist höchst nützlich für unser Verständnis der Natur des Universums und unserer selbst.

Wir alle sind Gefäße des Bewußtseins, des Lichts des vollkommenen Ascendant, dem Ursprung von allem, was ist. Es ist nicht besonders schwierig, das intellektuell zu verstehen; die gute Botschaft ist, daß es nicht besonders schwierig ist, diese Realität als eine kontinuierliche, 24 Stunden am Tag anhaltende, bewußte Erfahrung zu erkennen. Das ist, was mit „Beten ohne Unterlaß" gemeint ist. (Beten ohne Unterlaß ist ganz entschieden *nicht*, den Verstand mit kontinuierlichen, verbalen Gebeten zu hypnotisieren, und dabei erschöpft zu werden!) Der natürliche Zustand des Menschen ist, in kontinuierlicher Erfahrung des Ascendant gegründet zu sein. Dies ist der höchste Stand des Betens als auch der höchste Bewußtseinszustand.

Die einfache Wahrheit ist, daß es viel einfacher ist, in diesem Zustand der andauernden Bewußtheit des reinen Bewußtseins eingesetzt zu sein, als es nicht zu sein. Es erfordert eine Unmenge mentalen und daher physischen Bemühens, *nicht* erleuchtet zu sein! Diese verschwendete Energie altert und tötet den Körper letztendlich; wie wir bereits beobachtet haben, ist genau das der Grund, warum wir des nachts so lange schlafen und so oft am Tage krank oder furchtsam sind. Wir quälen uns so sehr, das Unendliche zurückzuhalten! Es ist tatsächlich viel schwieriger, die innere Bewußtheit des Ascendant zu verleugnen, als sie zu erfahren! Denken Sie darüber nach. Wenn das möglicherweise wahr sein könnte, würden Sie nicht bei weitem vorziehen, daß es so sei?

Glücklicherweise ist es so: daher müssen alle, die erklärt haben, es sei schwierig, zu meditieren oder den Einen Gott anzubeten, diese fundamentale Wahrheit des Lebens verpaßt haben. Wenn der Ascendant überall anwesend ist, einschließlich in Ihnen selbst, wie kann es überhaupt schwierig sein, das zu erfahren? Lagern Sie einfach das Niveau Ihrer Anerkennung der Realität um, und Sie sind da.

Möglicherweise ist der Glaube an Schwierigkeiten das Ergebnis der wahrgenommenen Schwierigkeiten, Glaubenssysteme, die uns nicht länger dienen, loszulassen. Uns wird gesagt und wir haben gelernt, daß es schwierig sei, unsere Gewohnheiten zu brechen. Wir kämpfen, wir stöhnen, wir beschweren uns, wenn wir uns entscheiden, daß wir etwas tun „müßten", das gut für uns ist, oder aufhören, etwas zu tun, das schlecht für uns ist, was auch immer das „Müßte" sein mag: wir *müßten* uns mehr bewegen, wir *müßten* aufhören zu rauchen, wir *müßten* aufhören zu trinken, wir *müßten* aufhören, zu viel zu essen, wir *müßten* aufhören, uns selbst oder unsere Frau oder unsere Angestellten oder unsere Kinder zu mißhandeln.

Das bedeutet, das Pferd von hinten aufzuzäumen. Sie müssen einen Hund nicht verprügeln, damit er an Ihrer Tür sitzen bleibt. Sie brauchen ihn bloß gelegentlich zu füttern, und der Hund wird niemals weglaufen! Genauso mag es der Verstand nicht, gezwungen zu werden. Aber wenn eine neue Erfahrung eingeführt wird, folgt ihr der Verstand nach, ein dienstbarer Knecht Ihrer Wünsche.

Der Verstand ist oft mit einem Affen verglichen worden, der von Ast zu Ast hüpft. Die Befürworter der Konzentration halten daran fest, daß der einzige Weg, den Verstand zu stillen, ist, ihn in Gehorsam zu prügeln. Steinig ist dieser Pfad und schwer zu gehen, auch für die Ausdauernden. Was oft verpaßt wird, ist, daß der Affe von Baum zu Baum springt, *weil er eine ideale Banane sucht.* Der Verstand bewegt sich, einfach weil er seine Arbeit tut, nach mehr und mehr Freude und Erfahrung zu suchen; wenn wir ihn mit der idealen Erfahrung der unendlichen Glückseligkeit des

Ascendant versorgen können, wird er natürlicherweise bleiben, vollkommen still und die Erfahrung genießen.

Was beim Wachstum eines Menschen geschieht, ist dies: das Kind wird vornehmlich als ein leeres Blatt geboren. Die Prägung beginnt bereits im Mutterleib. Die Verhaltensmuster und Überzeugungen, die wir annehmen, sind oft nicht bewußt ausgedacht – wir beobachten sie und sind ihnen ausgesetzt, bis wir sie als unsere eigenen annehmen. Welche Wahl haben wir schon? Unsere Eltern sind unsere Götter. Es braucht eine seltene Seele, die tief verwurzelten Gewohnheitsmuster zu durchbrechen, um das Leben frisch, unschuldig und frei anzusehen.

Aber warum sollte es schwierig sein, zu wissen, wer wir sind? Kann es sein, daß unsere Gewohnheiten tiefer eingegraben sind, als wir es uns bisher vorstellen? Oder gibt es eine Art Sinn, der uns tiefer und tiefer in die Materie treibt, bis an den Tag, wenn wir in diesen menschlichen Körpern erwachen, im einundzwanzigsten Jahrhundert auf dem Planeten, den wir Erde nennen? Wie wir an diesem Punkt angelangt sind, ist ein faszinierendes Thema, eines, das wert ist, in der Zukunft analysiert zu werden, ist aber jetzt im wesentlichen irrelevant dabei, die Antwort auf die Frage zu finden, „Wie kommen wir von hier weg?" Denn dies beinhaltet unsere unmittelbare Not.

DIE TÜR ZU ALLEM

Die Welt scheint ein schrecklich angsterregender Ort zu sein. Wir Menschen liegen irgendwo immer im Krieg mit uns selbst; die Risiken menschlichen Lebens sind mannigfach und allgegenwärtig. In jedem Moment kann der Körper zerdrückt, verbrannt, erfroren, explodiert, zerstört werden; er kann krank werden, versagen, sterben. Wir arbeiten unser ganzes Leben lang, um für unseren Lebensabend zu sparen, und dann kommt eine Teuerung, oder die Grundstückspreise fallen, oder wir machen eine schlechte Investition, oder wir fangen Krieg an, oder irgend eine Naturkatastrophe schlägt zu, und unser Lebenswerk ist verschwendet. Oder sogar wenn nichts dieser Art geschieht, stellen wir uns so oft nicht gut auf den veränderten

Lebensrythmus und die neuen Anforderungen des Ruhestandes ein, und wir welken einfach dahin und sterben. Dieses Leben ist immer unsicher. Wer von uns hat keinen engen Freund oder Verwandten, der uns durch das mysteriöse Tor verlassen hätte, das wir den Tod nennen? Wo sind sie hingegangen? Warum haben sie uns verlassen? Wie viele von uns sind von entstellenden Unfällen geschlagen oder mit einer schrecklichen Krankheit oder Sucht? Dies ist eine furchtbare, gefährliche, gräßliche Welt. Oder sie scheint jedenfalls so.

Aber es gibt einen andern Weg der Wahrnehmung. Unter dem immerwährend wechselnden Tumult der physischen Welt liegt ein weites Meer veränderungslosen Friedens. Wenn wir uns mit den stetig steigenden und fallenden Wellen der physischen Welt identifizieren, werden wir uns abwechselnd freuen und leiden, und wir werden mit Sicherheit sterben. Aber glücklicherweise ist es möglich – und offensichtlich höchst erstrebenswert – sich stärker mit den immer friedvollen Tiefen des Lebensozeans zu identifizieren als mit der sturmgepeitschten Oberfläche des Meers der Veränderungen.

Unendliche Stabilität, unendlicher Friede, ständige innere Ruhe sind das Ergebnis dieser Verlagerung unserer Identifikation. Das soll nicht bedeuten, daß ein passives Leben wünschenswerter sei als ein aktives! Es ist nicht wahrscheinlicher für den Mönch als für den Familienvater, Erleuchtung zu erlangen. Der Unterschied zwischen einem Leben in Ignoranz und einem Leben in bewußter Erkenntnis der inneren Wahrheit ist auf *nichts* gegründet, das außen ist. Strenge Gelübde sind nicht erforderlich. Im Ascendant auf Dauer eingesetzt zu sein, bedeutet, daß keine Aktivität, wie dynamisch sie auch sein mag, die innere Stille überschatten kann und die dauernde, friedliche Stabilität innerer Wachheit. In diesem Zustand wird es wahrhaft möglich, in diesem Leben effektiv zu sein.

Bevor diese Veränderung eintritt, werden wir vom Wind des Lebens hin- und hergeblasen, umhergestoßen von dem Streß der Veränderungen, wie ein Blatt im Herbststurm. Es gibt wenig Frieden und noch weniger Stabilität. Unser Leben wird in Reaktion auf das Leben und Handeln anderer gelebt, nicht wirklich kreativ, nicht gegründet in der Freiheit und Auswahl, die das Leben im gegenwärtigen Augenblick mit sich bringt. Wenn wir erleuchtet sind, *reagieren* wir nicht. Wir *agieren*. Frei von selbstzerstörerischen Verhaltensmustern, Glauben und Urteilen, handeln wir und erschaffen makellos aus der direkten Wahrnehmung des Bedürfnisses des Moments. Dies ist Freiheit; dies ist fehlerlos richtige Aktion. Dies ist Leben im gegenwärtigen Augenblick: der Verstand ist nicht mehr gefangen von Reue für die Vergangenheit oder Sorge über die Zukunft.

Wir haben nichts davon, wenn wir unsere vergangenen Erfahrungen, Entscheidungen und Handlungen bereuen. Die Vergangenheit ist vorbei; sie existiert nicht hier und jetzt. Wenn wir die Vergangenheit uns leiten lassen, werden wir von unseren früheren Wahrnehmungen und Überzeugungen versklavt.

Haben Sie jemals eine Person getroffen, die sie sofort mochten? Oder haben Sie sich jemals von einer neuen Bekanntschaft auf den ersten Blick abgestoßen gefühlt, aus keiner bekannten Ursache? Das ist Leben in der Vergangenheit. Ein Gesicht oder ein Körper löst in uns eine tiefe Erinnerung an jemand anderen aus, den wir geliebt oder abgelehnt haben; die neue Person wird verurteilt und sofort in eine Schublade gepackt, gegründet auf dieser uralten Erinnerung.

Die Erleuchteten haben nur eine innere Antwort auf alle, und die ist Freude. Es ist immer dieselbe, vollkommene Akzeptanz, die bedingungslose Liebe manifestiert. Dies mag oder mag nicht in der Außenwelt von jemandem wahrgenommen werden: es gibt keine „Benimmregeln" für die Erleuchteten, es gibt keine festgesetzten Muster für Leben, Kleidung, Ernährung, Handlung und keinen Glaubenssatz. Was bei allen dasselbe ist, ist die volle Bewußtheit des inneren, unendlichen Lichts; und, als Helfershelfer dieser internen Strahlung, voller und vollkommener innerer Friede.

Der Ascendant ist allgegenwärtig, er ist universal. Er existiert in jedem menschlichen Herzen, in jedem menschlichen Geist, in jedem Sandkorn und in jeder Sonne. Er erfüllt den gesamten Raum und alle Zeit mit seiner wunderbaren Strahlung; es gibt keinen Ort, an dem er nicht gesehen und vollkommen erkannt werden kann. Unsere Aufgabe als selbstbewußte Wesen ist es, uns auszusuchen, zuerst nach dem Licht des Ascendant zu suchen.

Das größte aller Geheimnisse ist dies: wenn wir den Ascendant in unseren Herzen mit ganzer Seele suchen, werden nicht nur wir selbst, sondern auch alle anderen geheilt werden. Das ist so, weil die scheinbaren Grenzen zwischen uns nicht real sind. Wir sind alle eins, ganz wörtlich. Meine Rettung ergibt eure: ich kann nicht im Frieden sein und euch nicht mit Frieden anstecken. Einige moderne Physiker haben gesagt, daß die Fliege, die an meiner Wohnzimmerwand entlang läuft, auch auf dem Mars läuft, sowohl am Beginn der Zeit als auch an ihrem Ende läuft. Die Wahrheit ist glücklicherweise, daß das wortwörtlich viel genauer wahr ist, als ihnen selbst vielleicht klar sein mag

Wenn ich meinen Bruder verdamme, wen verdamme ich? Wenn ich meine Schwester lobe, wen lobe ich? Wenn wir in uns dunkle Gedanken hegen, können wir von einer Tatsache ganz überzeugt sein: wir werden draußen Dunkelheit sehen. Wenn wir innen ganz licht sind, wird es unmöglich sein, draußen etwas anderes als Licht zu sehen. Das Universum ist unser Spiegel: es ist zu uns, wie wir zu ihm sind.

Dies mag für manche unsinnig klingen. Daran zu glauben, daß die Welt eine Scheibe sei, macht sie nicht zur Scheibe. Aber worüber ich schreibe, ist nicht auf Glauben gegründet; ich schreibe über die direkte, persönliche Erfahrung des Ursprungs von allem, was ist. Die Welt reflektiert, was wir sind, nicht mehr und nicht weniger. Die Welt ist so wie wir. Wir sind unsere Aufmerksamkeit.

Es gibt eine alte Geschichte, die diesen Punkt beschreibt.

Ein junger Schüler wollte einst die Selbstverwirklichung seines Meisters testen. Er hatte ihn oft sagen hören, daß das reine Herz nichts Böses in der Welt sehen könne, und er entschloß sich, herauszufinden, ob das für seinen Meister wortwörtlich wahr sei, oder ob es eher eine Art idealen Glaubens sei.

Dieser Schüler führte seinen Meister eine verlassene Gasse entlang an einem Haufen Müll vorbei, worin der verfaulende

Kadaver eines Hundes lag, der das Opfer einer Mangelkrankheit geworden war. Einen häßlicheren Anblick konnte sich der Schüler kaum vorstellen. Als er seinen Meister dort entlang leitete, sagte er ziemlich zittrig, „Wie ekelhaft, dieses verrottende Tier! Du hast mir gesagt, das ganze Leben sei mit Wahrheit und Schönheit erfüllt für jene, deren Augen sie sehen können. Aber was kann an diesem widerlichen Kadaver Wahrheit oder Schönheit sein?"

Sein Meister wandte ihm seine freudeerfüllten Augen zu und erwiderte lachend, „Siehst du nicht die funkelnden, weißen Zähne des Hundchens? Wie sie leuchten und im Mondlicht tanzen! Sind sie nicht die am göttlichsten geformten Perlen, die du je gesehen hast?"

In einigen Versionen dieser Geschichte ist des Meisters Sicht so stark, daß der Hund auf der Stelle gesund und munter ins Leben zurückkehrt.

Lassen Sie uns nicht Erleuchtung mit Blindheit verwechseln. Der vollkommen Erleuchtete allein kann wirklich sehen. Es gibt keine Vorurteile oder Verurteilungen oder vergangene Lebenserfahrungen, die die Realität dessen, was genau jetzt *ist*, verschleiern könnten. Und was genau jetzt ist, ist die Vollkommenheit des Lichts des Ascendant. Dies wird klarer werden, wenn wir fortschreiten; günstigerweise ist es nicht notwendig, daran zu glauben, um sich fortbewegen zu können. Es ist in der Tat nicht nötig, irgend etwas von dem zu glauben, was hier geschrieben steht, um erfolgreich zu Ascenden. Ascension und Evolution im allgemeinen sind nicht auf Glauben basiert. Glücklicherweise! Realität ist nicht auf der Grundlage menschlichen Glaubens oder menschlicher Zustimmung gebaut. Es wäre eine ziemlich seltsame Welt, wenn Realität von unserer Zustimmung abhinge!

Die voll Erleuchteten sind nicht mehr von linearem Ausdruck gefangen, als sie von linearen Wahrnehmungen gefangen sind. Zum Beispiel kann der Erleuchtete (nach allen äußeren Anzeichen) voller Wut erscheinen – *falls* das Bedürfnis der Umwelt es erfordert. Manchmal wird keine sanftere Stimme als die des Zorns ausreichen, besonders dichte Schüler über ihre Glaubenssysteme hinaus zu bewegen. Aber was sich niemals ändert, ist die innere Stabilität, die innere Stille der individuellen Seele die in kontinuierlicher Bewußtheit des Ascendant eingesetzt ist.

Nicht alle erleuchteten Individuen entscheiden sich, Meister zu werden. Der freie Wille wird dominanter, nicht schwächer, nachdem höheres Bewußtsein stabilisiert ist. Viele sind damit zufrieden gewesen, ein Leben der Stille zu führen, entfernt von den wahnwitzigen Umtrieben des weltlichen Lebens. Aber bei manchen entscheidet der Universale Geist, daß er in der Welt durch eine besondere Person wirken will; diese wird zum Lehrer. Wie wohlbekannt oder wie populär ein Lehrer wird, ist nicht ein Maßstab für innere Erkenntnis. Die Größten könnten mit einer winzigen Gruppe von Schülern zufrieden sein. Oder vielleicht nicht. Es ist alles ein großartiges kosmisches Spiel.

In der Tradition der Erleuchteten hat etwa die Hälfte das Leben eines Einsiedlers gewählt, hat sich von der Welt zurückgezogen und nur eine Handvoll ihrer engsten Nachfolger mitgenommen; die andere Hälfte ist in das Drama des Erdenlebens eingetreten und hat neue Lehren begründet. Es hängt vom Bedarf der Zeit ab – und von der Empfänglichkeit der Menschen an diesem speziellen Punkt in der Geschichte. In unserer Welt ist eine profunde Intelligenz am Werk; jeder Aspekt des Universalen Geistes entfaltet sich haargenau so, wie es sein muß.

Zum Beispiel waren die weißen, roten und schwarzen Ishaya-Meister aus der Zeit der Ordensgründung durch den Apostel Johannes damit zufrieden, ein Leben in der Stille in einer der abgelegensten Gegenden im Himalaja zu führen. Sie entschieden sich, die siebenundzwanzig Techniken von Ascension für die moderne Welt zu schützen und aufzubewahren, und hielten sie bis zum Anbruch des dritten Jahrtausends verborgen und geheim. Genauer gesagt: die Ishayas wurden von der unendlichen Intelligenz angewiesen, bis jetzt Ascension in Stille und Zurückgezogenheit zu bewahren.

Und es ist auch wahr, daß den Ishayas gesagt worden ist und sie erkannt haben, daß die lang erwartete Zeit gekommen ist. Was lange versagt wurde, wird jetzt freigegeben: Ascension soll jetzt in die Welt eintreten. Einer aus ihrer Zahl, ein Schwarzer Ishaya der Weisheit, Barmherzigkeit und Macht gründete diese Lehre im Westen zum Wohle aller.

Glücklich sind jene, die die Autorität dieser alten Lehren erkennen und sich mit ihnen in Übereinstimmung bringen: ihr Leben wird sich in Weisen verändern, die schwer vorstellbar ist. Volle Erleuchtung wird für sie dämmern, als ihre uralten Gewohnheiten des Kompromisses und des Mangels an voller Integrität wegfallen und durch die kontinuierliche Moment-zu-Moment-Erfahrung des Einen, Unwandelbaren im Zentrum ihres Wesens ersetzt werden. Ein vollkommenes Leben der Seligkeit und unendlicher Bewußtheit wird für jene tagen, die ohne Mühe dem Pfad der Ascension der Ishayas folgen.

Und wissen Sie was? Glaube ist nicht erforderlich. Er ist absolut nicht erforderlich. Ascension ist eine Reihe mechanischer Techniken, die keinen Glauben verlangen, um zu beginnen oder zu üben. Ist das nicht schön?

VIII. Die ewige Wahl

Die Welt ist, wie du bist

Weiter oben sagte ich, daß es unsere fortdauernde, von Moment zu Moment getroffene, Entscheidung sei, die uns vom ewigen, inneren Licht getrennt und den unaufhörlichen Problemen des relativen Lebens zugewandt hält. Dies bedarf weiterer Erklärung. Wir glauben normalerweise nicht, daß wir uns den ganzen Tag lang wieder und wieder dafür entscheiden, nicht erleuchtet zu sein! Und doch werden wir, auch wenn wir ein gewisses intellektuelles Verständnis für das höhere Bewußtsein haben, seine Verwirklichung weit in die Zukunft oder die Ferne stellen, niemals ins Hier und Jetzt. Unsere ursprüngliche Entscheidung liegt so weit zurück, daß die unendliche Bewußtheit nur eine ganz vage Erinnerung sein mag, die selten in uns aufflackert, mit uns in unseren Träumen spielt, hinter den Sonnenstrahlen am Strand tanzt oder magisch, wenn auch kurz, an die Oberfläche tritt, wenn wir in die Augen unseres geliebten Menschen schauen.

Die Blockaden gegen unendliche Bewußtheit können entfernt werden, indem wir systematisch unsere früheren Entscheidungen auflösen. Eine Methode dafür ist zu lernen, was genau alle diese Entscheidungen beinhalteten. Diese uralten Entschlüsse haben inzwischen einige extrem hartnäckige Verhaltensmuster geformt, die uns vom Ascendant abhalten, also eine Methode ist, die endgültige Ursache unserer Leiden zu finden, sich einiger der mehr offensichtlichen Muster bewußt zu werden, die uns gefangen halten. Dann können wir durch Rückschlüsse erkennen, was die genaue Ursache für alle die falschen Muster ist, und dadurch lernen, uns auf Dauer davon abzuwenden. Wenn die Wurzel verödet ist, werden die Manifestationen der Wurzel sicherlich sterben. In anderen Worten, es ist nicht notwendig, sich damit abzumühen, ein Verhaltensmuster zu ändern, wenn die Grundlage der

Entscheidung, mit der Gewohnheit fortzufahren, aus unserem Geist gelöscht ist.

Ein Gedanke, der vielen eine Menge Ärger verursacht, ist der Glaube, daß andere in irgendeiner Weise dafür verantwortlich sind, wie wir uns fühlen. Wir glauben, daß wir glücklich oder unglücklich sind wegen der Art und Weise, in der andere uns behandeln. Wenn andere uns zu übervorteilen scheinen, ist das ausreichender Anlaß für uns, unglücklich zu sein. Wenn eine bestimmte Person etwas tut, das uns nicht paßt, werden wir auf diese Person wütend; wenn wir annehmen, daß seine oder ihre Handlungen unsere Sicherheit bedrohen, mögen wir Schritte gegen ihn oder sie unternehmen. Oder wir ziehen uns in einem Versuch, ihm oder ihr zu entkommen, in uns selbst zurück.

Es gibt zwei Probleme, wenn ein einzelner oder eine Gruppe als Feind angesehen wird. Erstens wird denjenigen, denen wir unsere negative Energie zuwenden, durch unsere Haltung nicht geholfen, sich zu ändern. Tatsächlich mögen sie noch unnachgiebiger in ihrem Anstoß erregendem Verhalten fortfahren. Dies ist eine merkwürdige, aber sehr universale Einstellung des menschlichen Wesens. Wenn wir sie zwingen, sich so zu verhalten, wie wir es wollen, mögen sie das tun, aber sie werden es niemals mit frohen Herzen oder willig tun. "Ein Mann, der gegen seinen Willen überzeugt wurde, ist immer noch der ursprünglichen Meinung" ist ein englisches Sprichwort. Alle Wesen lehnen es zutiefst ab, gezwungen zu werden, und werden sich früher oder später gegen den Willen des Diktators auflehnen.

Zweitens ist, selbst, wenn wir durch unsere Überlegenheit eine Zusammenarbeit oder erwünschte Handlung erzwingen können, der Schaden an uns selbst durch unsere Aktion sicher. Wie ein Querschläger fliegen unsere Handlungen aus jeder Ecke des Universums auf uns zurück. Das schlimmste Resultat davon ist, daß unsere Bewußtheit, anstatt immer universaler zu werden, mehr und mehr durchtränkt mit Liebe und Licht, immer behinderter und gebundener wird. Dadurch, daß wir Feinde in unserer Welt erkennen, beginnen wir, Scheiben von unserem Universum abzuschneiden, fangen an, Teile unseres Kosmos als irgendwie schlecht, böse oder unserer Liebe unwert abzustempeln.

Wenn dieser Prozeß fortschreitet, beginnt unser Körper, sich zu zersetzen. Wir fangen vielleicht an, vornüber gebeugt zu gehen, erschöpft vom Tragen der Last, daß andere uns verurteilen. Oder wir verzerren vielleicht unser Gesicht in gewohnheitsmäßige Falten oder Blicke der Verachtung für die minderwertigen Wesen, die diese kranke Welt bewohnen. Oder wir lassen uns selbst verhungern bis an den Punkt der Anorexie, oder wir blasen uns auf wie ein Popanz im stillen Protest gegen die Ungerechtigkeiten des Lebens.

Intern sind die Wirkungen dieses Funktionsstils sogar noch zerstörerischer, noch tödlicher. So, wie wir immer größere Teile der Bevölkerung zu Tod und Verdammnis verurteilen, werden unsere Herzen immer verknöcherter, unsere Gesundheit versagt immer schneller, was üblicherweise fast universell zu einer absurd kurzen Lebensspanne von mageren siebzig Jahren etwa führt.

Es gibt einen anderen Weg. Die Immanenz des himmlischen Königreichs wird seit Tausenden von Jahren diskutiert, und es ist inbrünstig daran geglaubt worden. Aber die meisten haben die Tatsache, daß das himmlische Königreich von innen kommt, nicht verstanden oder ignoriert oder vergessen. Zu allererst wächst es im menschlichen Herzen. Und einer der ersten Schritte in diesem Prozeß ist es zu erkennen, daß alles Leben ein Teil von uns ist: jedes Lebewesen ist unser Bruder oder unsere Schwester; jedes Lebewesen ist eine Erweiterung unseres vollkommenen Geistes.

Jeder einzelne auf dem Planeten ist ein Stück des Ascendant. Jeder reflektiert das Unendliche Licht. Das bedeutet notwendigerweise, daß jeder gleichermaßen unserer Liebe wert ist. Die Handlungen anderer, so grauenhaft von uns verdammt, wenn wir glauben, daß wir verletzt oder zu Opfern werden können, werden erstmals entweder als Ausdruck der Liebe, gefiltert durch ihr individuelles Nervensystem, gesehen oder als Hilfeschreie. "Bitte zeig mir, daß du mich liebst! Bitte zeig mir, daß du mich immer noch mögen wirst, auch wenn ich durch Chemie durchfalle oder Georg heirate oder entlassen werde! Bitte zeig mir, daß du mich immer noch lieben wirst, sogar, wenn ich dich verletze!"

Die Tiefe der Gefühle von Einsamkeit, Isolation und Furcht, kombiniert mit dem Ausmaß des Gefühls, ein Opfer zu sein bestimmt das Ausmaß der "negativen" Handlung, die von einer Seele unternommen wird, die nach dem Beweis der Liebe in einem grausamen Universum sucht. In jedem Fall ist es ein Ruf nach Unterstützung. "Ich ertrinke hier auf der Erde! Kann mir niemand helfen? Du sagst, du liebst! Du wagst zu sagen, daß Du mich liebst! Beweise es mir! Ich bin böse, so sehr, sehr böse, weil niemand mich wirklich liebt. Du mußt es mir beweisen!"

Dies alles bedeutet, daß es auf der Erde nur zwei Arten von Handlungen gibt, nur zwei Arten von Gedanken, nur zwei Arten von Gefühlen -- solche, die auf Liebe gegründet sind und solche, die auf Angst gegründet sind -- Angst, allein zu sein, verloren, ungeliebt. Daher verdienen alle "negativen" Handlungen oder Gefühle oder Worte nur unser mitfühlendes Verständnis, niemals Strafe, Rache oder Verurteilung von uns. Sie sind Rufe nach Hilfe, um Liebe. "'Mein ist die Rache', spricht der Herr" ist eine Tatsache. Es ist nicht Aufgabe von Menschen, andere zu verurteilen. Es gibt nur ein Urteil, und das ist, daß alle der Liebe wert und der Liebe wert und der Liebe wert sind. Gott sagt nur ein Wort zum Menschen, und das ist 'ja'. Es ist unsere Aufgabe hier zu versuchen, solch eine Tiefe von bedingungsloser Liebe zu meistern.

Dies mag anfangs nicht besonders einfach zu tun sein. Unsere übliche Gewohnheit ist, die Welt als mehr oder weniger feindlichen Platz anzusehen, an dem wir oft (oder immer) Opfer von Umständen, Personen oder Orten werden. Wir sind oft veranlagt zu fühlen, daß wir übervorteilt werden. Wir fühlen oft, daß andere uns zu kontrollieren oder zu manipulieren versuchen. Wir treiben dies oft ins Extrem und glauben, daß es dunkle Kräfte im Universum gebe, die darauf aus sind, unsere Seele zu zerstören. Wir fühlen, daß Energie auf uns zu fließt, die uns kontrollieren oder zum Opfer machen will -- entweder das anderer Personen oder Satans oder eines eifersüchtigen, rächenden Gottes oder vielleicht des gleichgültigen und achtlosen Naturgesetzes.

OPFER - BEWUSSTSEIN

Wir fühlen uns normalerweise so:

In diesem Zustand fühlen wir, daß alle uns zu allen Zeiten ansehen, daß wir die Hauptbühne unseres Universums sind.

Das ist natürlich wortwörtlich wahr, aber nicht so, wie wir es empfinden und glauben in diesem Zustand des Opferbewußtseins. Wenn Erleuchtung etabliert ist, wissen wir, daß wir das Zentrum des Universums sind (genau wie alle anderen); wir fühlen uns nie als Opfer. Unsere Erfahrung anderer ist nun so:

Dies ist ein Zustand des ständigen Gebens von Liebe, Freude und Licht, nicht des Nehmens. Wenn die Glühbirne angeschaltet ist, strahlt sie Licht aus. Es gibt kein Potential, Schatten zu erfahren, weil es nirgends Schatten gibt, wenn wir das Leben aus dieser Perspektive sehen. Dies ist Sehen, dies ist die effektivste Weise, die Dämonen aus unserem privaten Universum auszutreiben.

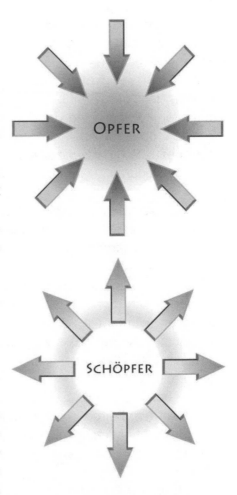

Eine Eigenschaft des Opferbewußtseins ist zu glauben, daß das Leben Ihnen angetan wird, zu fühlen, daß Sie nicht der oberste Beweggrund im Universum sind, zu fühlen, daß andere Kontrolle über Ihre Gefühle, Stimmungen und Erfahrungen haben. Dieser Glaube führt oft zu einem Verlangen, zuerst anzugreifen, zuzuschlagen, bevor andere es tun. Dies kann physisch vorkommen -- ein militärischer Präventivschlag ist das extremste Beispiel, aber jede Aktion, die darauf angelegt ist, jemand anderen zu verletzen, qualifiziert als diese Art Gewalt. Dies kann auch emotionell vorkommen -- Drohungen, Betteln und Zorn sind offensichtliche Beispiele.

Wenn wir glauben, daß wir von anderen verletzt werden können, ist es nur natürlich für uns zu glauben, daß wir zuerst angreifen könnten (und vielleicht sollten!), um uns vor drohendem Schmerz oder vor Zerstörung zu bewahren. Tatsächlich neigt das aber dazu, Schmerzen zu vergrößern, sowohl in uns selbst, als auch im anderen, in dem Maße, wie unser Gegner sich als Opfer fühlt.

Die Alternative ist, einen Bewußtseinszustand zu kultivieren, in dem es unmöglich ist, sich jemals betrogen zu fühlen, denn es ist unmöglich, jemals betrogen zu werden.

Wenn wir uns selbst als Körper ansehen, können wir selbstverständlich betrogen werden. Uns kann Schaden zugefügt werden -- wir können geschnitten, geschlagen, erschossen oder zerrissen werden. Und wir können offensichtlich uns selbst schaden: wir können uns Bluthochdruck geben, Herzkrankheiten, Krebs oder Schnupfen; wir können Selbstmord begehen; wir können verrückt werden.

Aber wenn wir Geist sind, ist es unmöglich, jemals zu betrügen oder betrogen zu werden. Uns kann nichts schaden. Wir können nicht geschnitten, geschlagen, erschossen oder zerrissen werden. Wir sind ganz wörtlich unbesiegbar, unzerstörbar, unsterblich.

Einige haben das intellektuell erkannt, und andere haben versucht, diesen Bewußtseinszustand zu leben, indem sie daran glaubten, dadurch, daß sie ihn Erlösung oder Gnade oder Erleuchtung nannten und zu einem Lebensstil machten: "Da ich logischerweise weiß, daß Geist allgegenwärtig ist, glaube ich, daß ich in keiner Weise verletzt werden kann. Meine Krankheit muß eine Illusion sein. Ich werde sie folglich auflösen."

Leider klappt das nur selten. Dies ist die Verwechslung des Weges zum Ziel mit dem Ziel selbst. Der einzige Vorteil dieser Veränderung der Perspektive liegt darin zu verstehen, daß es einen anderen Weg gibt, das Universum anzusehen. Wenn das einmal erkannt ist, werden wir natürlich begierig, anzufangen, diese Lebenserfahrung zu entwickeln, denn sie bedeutet unendliche Freiheit, grenzenlose Freude, makellose Liebe. Als eine Erfahrung, nicht nur einen Glauben.

DER PFADLOSE PFAD

Was beinhaltet der Weg zu voller Bewußtheit? Zuerst die Erkenntnis, daß es möglich ist, mehr vom Leben zu erleben. Es ist nicht notwendig zu glauben, daß es möglich sei, dauerhaft einen höheren Bewußtseinszustand zu erwerben, aber es ist notwendig zu glauben, daß wir besser sein können -- glücklicher, gesünder, energiegeladener, intelligenter. Dies ist nicht notwendig, damit Ascension funktioniert (das wird es eh tun), aber der 'Glaube an die Möglichkeit' ist normalerweise erforderlich, damit jemand mutig genug ist und die Übung beginnt. Gut begonnen ist halb vollendet. Der Impuls wird uns vorwärts tragen nach dem ersten Schritt, aber um anzufangen, alte Gewohnheiten und Glaubenssysteme zu brechen, ist dieser erste Schritt erforderlich: Wir müssen erkennen, daß Veränderung nicht nur möglich, sondern auch erstrebenswert ist.

Der aufrichtige Wille, sich zu verändern, hilft auch. Manche von uns geben gerne vor, sie seien willens, sich zu verändern, aber in Wirklichkeit betrügen sie sich nur selbst -- in Wirklichkeit würden sie viel lieber an den wohlbekannten alten Grenzen festhalten, sogar wenn diese Grenzen uns umbringen, als einer unbekannten Zukunft zu begegnen. Wir haben so viel Angst vor dem Unbekannten! Und doch können wir niemals Angst vor dem Unbekannten haben, sondern nur vor dem Bekannten. Und das Bekannte, das wir fürchten, ist auch nur eine Illusion -- an der

Realität gibt es nichts zu fürchten, nur an den illusorischen Hüllen, die wir darüber geworfen haben.

Ascension liefert eine systematische Reihe von Vorgängen, die unsere Bewußtheit vom Opferbewußtsein zur Erleuchtung bringen. Dies sind einzelne, mechanische Schritte, die geübt werden müssen, bis sie beherrscht werden. Ein Zweck dieses kurzen Textes ist es, ein intellektuelles Verständnis dieser Wachstumsstufen zur Erleuchtung zu vermitteln. Die tatsächliche Technik kann nur durch persönliche Instruktion von qualifizierten Lehrern gelehrt werden. Dies ist vor allem so, weil es nicht möglich ist, die Korrektheit der Übung ohne persönliches Feedback zu bestätigen.

Von den Tausenden, die ich in Meditation unterrichtet habe, ist jeder einzelne erfolgreich in seinem Leben voran gekommen. Diejenigen, die am dramatischsten vorankommen, sind jene, die am meisten zur Veränderung bereit sind. Mühe, die darauf verwendet wird, Zeit zum Ascenden zu finden, wird reichlich belohnt. Die Übung ist extrem einfach, fast mühelos und vollkommen natürlich. Und Ascension kann mit offenen oder geschlossenen Augen geübt werden.

Nach den kurzen täglichen Perioden des Übens ist es sicherlich möglich, das Wachstum zu beschleunigen. Bewegung kann nützlich sein. Ernährung kann nützlich sein. Wissen kann nützlich sein, aber alles Wissen im Universum wird Ihnen nichts nützen, wenn Sie es nicht anwenden. Wie ich erwähnt habe ist das der Grund, warum dies ein kurzes Buch ist. Ein weiterer Text, der im Regal verstaubt, ist ein ärmlicher Ersatz für die direkte Erfahrung des unendlichen Ascendant.

IX. Universale Akzeptanz

Wenn ich andere so akzeptiere, wie sie sind,
verändern sie sich.
Wenn ich mich selbst so akzeptiere, wie ich bin,
verändere ich mich.
--Carl Rogers

Ascension ist universell -- solche Menschen, die irgendeinen religiösen Hintergrund haben, können und werden diese Übung erlernen. Die Lehrer von Ascension halten alle religiöse Traditionen aufrecht und ehren alle religiösen Führer, vergangene und gegenwärtige. Alles und je der Versuch, dem Ascendant näher zu wachsen, ist wohltätig, und alles und jeder vergangene Versuch hat zum menschlichen Leben sehr stark beigetragen. Wir ehren alle und verdammen keinen, denn wir wissen, daß in der tiefsten Essenz ein jeder Mensch ein Funke der göttlichen Flamme ist. Die äußeren Unterschiede, die so offensichtlich im Erdenleben sind, sind ganz oberflächlich im Vergleich zum unendlichen, sich nie verändernden Lichts, das allem zugrunde liegt. Dieses innere Licht akzeptiert alle, schmeichelt niemandem, verdammt niemanden. Wie könnte es? Es ist die essentielle Realität von allem, von jedem, überall, immer.

Diese Haltung der universalen Akzeptanz kann künstlich kultiviert werden -- es ist schließlich nur eine mentale Gewohnheit, die uns anleitet, andere zu verdammen. Jede Gewohnheit kann verändert werden. Wenn es möglich ist, urteilsvoll über uns selbst und andere zu denken, ist es sicherlich möglich (und definitiv einfacher) ohne Urteile zu denken, mit perfekter Akzeptanz für uns selbst und alle anderen.

Wie oft haben wir andere verurteilt? Wie oft beschimpfen wir uns für einige unserer Gewohnheiten, die wir als wertlos verurteilt haben? Aber es gibt einen Teil in uns, der damit fortfahren wird, unsere "schlechten" Gewohnheiten zu stärken, unseren Willen Schritt um Schritt auszubooten, Energieaufwand um Energieaufwand, denn es gibt einen Teil unserer Seele, der darauf besteht, daß wir uns selbst lieben, unabhängig von unseren verdammten Gewohnheiten. Es gibt einen Punkt tief in uns, der aus absoluter Rücksichtslosigkeit besteht, aus perfekter Mitleidlosigkeit. Unser höheres Selbst ist dem ergeben, daß wir alles lernen, was notwendig ist zu lernen. Wir werden unserem niederen Selbst alles antun, das nötig ist, damit wir lernen. Alles. Verstümmelnde Krankheit. Früher Tod. Verkrüppelte Körper. Furchtbare, zerstörerische Gewohnheiten. Einfach alles. Und alles, um zu wachsen.

Es ist ähnlich mit unserer Einstellung anderen gegenüber. Andere wünschen sich, so geliebt zu werden, wie sie gerade sind. Sie wollen sich nicht ändern, um unseren Wünschen zu passen: warum sollten sie? Scheint die Sonne etwa nicht auch für sie? Hat der Sauerstoff aufgehört, ihre Zellen zu nähren? Wenn das Universum damit fortfährt, sie zu akzeptieren und zu lieben, wie sie gerade sind, warum sind wir weniger großzügig?

Dies mag eines der schwieriger zu verstehenden Prinzipien sein, denn wir haben große Mengen unserer Energie darauf verwendet, unseren Glauben zu unterstützen, daß einige Verhaltensstandards besser seien als andere. Wir haben eine tiefe Neigung, wie Herdentiere zu denken -- Aktionen sind "okay", so lange wie andere sie auch tun oder sie akzeptieren. Warum gibt es ein Drogenproblem in diesem Land? Ein Grund ist, daß die Meinung und Gefühle unserer Altersgenossen viel wichtiger sind als unpersönliche Autoritätsfiguren, auch wenn die Autoritäten endlose Unterstützung durch Logik und Wissenschaft für ihre Meinung haben.

Gibt es dann keinen universellen Verhaltensstandard? Vom Standpunkt des Ascendant hat oder wird (und könnte sogar) niemand jemals das unendliche Bewußtsein verlassen. Aber von der Perspektive des Wesen, die alles vom Ascendant vergessen haben -- sogar die Tatsache seiner Existenz -- ist es offensichtlich, daß einige Handlungen uns länger davon abhalten werden, uns daran zu erinnern, wer wir sind, als andere. Bestimmte Handlungen werden uns in die Richtung, die selbtverursachten Blocks zu entfernen, die uns von der Erfahrung des

Ascendant abhalten, vorwärtstreiben, während andere die Hindernisse vermehren.

Bestimmte Nahrungsmittel nähren den Körper mehr als andere. Bestimmte Turnübungen sind nützlicher als andere. Bestimmte Denkweisen sind wohltuend, andere sind es nicht. Bestimmte Überzeugungen sind nützlich für unsere Evolution, andere sind es nicht. Bestimmte Gewohnheiten und Handlungen beschleunigen unseren Fortschritt, andere behindern unser Wachstum und das Wachstum anderer. Solche Handlungen sind keine "Sünden", wir werden nicht dafür bestraft, daß wir unsere eigene Evolution oder die anderer verlangsamen, aber wir erfahren weniger Glück, wenn wir Wachstum behindern, und in diesem Sinne leiden wir und wären glücklicher, wenn wir wieder wählen wollten, um die bestimmten Entscheidungen, die Schmerzen verursachen, wieder zu treffen.

Dies ist die Anwendung des Gesetzes von Ursache und Wirkung in der menschlichen Sphäre -- das Gesetz des Karmas, als das es im Osten bekannt war, das Gesetz der Vergeltung, wie es von Emerson und anderen im Westen genannt wurde, das fundamentale Credo jeder Religion, die goldene Regel, die am besten vielleicht vor fast 2000 Jahren in Galiläa ausgedrückt wurde -- "Tue anderen, wie du willst, daß sie an dir tun." Und "Wie du säst, so sollst du ernten." Wenn wir Samen der Angst, des Mißklangs und der Disharmonie säen, werden wir sicherlich eine Ernte des Unglücks haben. Wenn wir Samen der Liebe säen, werden die unbesiegbaren Kräfte der Natur antworten, dadurch, daß sie eine reiche Ernte der Freude und Liebe in unsere Welt bringen.

Das ist der Grund, warum es wichtig ist, daß wir andere so behandeln, wie wir behandelt werden wollen. Nicht, weil wir sie oder uns selbst dauerhaft verletzen könnten -- da wir alle ewige Lebensimpulse sind, ist das einfach unmöglich. Körper können und werden verloren gehen, Seelen niemals. Aber wir können die Rückkehr anderer zu ihrem Ursprung verlangsamen -- oder wir können ihn beschleunigen. Und so, wie wir die Rückkehr anderer beschleunigen oder verlangsamen, so wird unsere Rückkehr beschleunigt oder verlangsamt, denn die anderen in unserem

Universum sind, in der letztendlichen Analyse, nur Ausdehnungen unserer Selbst.

Wenn wir an materiellen Gewinn oder materiellen Besitz hingegeben sind, ist unser Fokus auf etwas, das vergehen wird. Wenn unsere Energie zu diesen veränderlichen Dingen geht, und nicht zu dem, das niemals vergeht, dann wird unser Leben unausweichlich Tod und Verwesung begegnen. Wenn wir auf der anderen Seite unsere Existenz dem hingeben, das sich niemals ändert, wird unser Leben damit antworten, daß es mehr und mehr von den dynamischen und unschätzbaren Qualitäten des Ascendant durchdrungen wird.

Vom Standpunkt der Ewigkeit aus, was macht es schon für einen Unterschied, ob ein unsterblicher Impuls des ewigen Lebens einen Tag braucht oder ein Jahr oder ein Hundert Millionen Jahre, um sich daran zu erinnern, daß er ein unsterblicher Impuls des ewigen Lebens ist? Wieviel Unterschied macht jegliche Zahl im Vergleich zur Unendlichkeit? Überhaupt keinen. Aber vom Standpunkt des vergeßlichen Impulses aus scheint ein Tag in der Tat unterschiedlich zu sein von ein Hundert Millionen Jahren! Es ist eine Frage der Perspektive.

Wenn wir klein sind, und ein Arm unserer geliebten Puppe bricht, erfahren wir schrecklichen Schmerz und mögen uns in Tränen auf den Boden werfen. Unsere weise und liebevolle Mutter trocknet unsere Tränen, repariert den Arm der Puppe oder kauft uns eine neue und bessere Puppe oder erweitert unseren Horizont auf eine andere Weise. Vom Gesichtspunkt des reifen Erwachsenen aus sind die Probleme des Kindes im allgemeinen leicht zu lösen. Nur Erwachsene, die selbst noch emotional Kinder sind, haben Probleme mit diesen Situationen.

Viele mögen es schwierig finden, dies einen Schritt weiter zu treiben, aber es ist sicherlich nützlich. Wenn unser Universum bis auf die Grundfesten erschüttert wird durch den Tod eines geliebten Menschen oder durch eine schreckliche, verstümmelnde Krankheit, oder durch einen anderen der zahllosen Schicksalsschläge des Erdenlebens, ist es nur menschlich, die Faust gegen unseren Schöpfer zu erheben, Wut, Schmerz und Leiden zu fühlen. Es ist nur menschlich, aber es ist nicht göttlich.

Nicht nur ist es nicht notwendig, in diesem menschlichen Leben zu leiden, es ist niemals nötig oder auch nur nützlich, gegen die natürliche Strömung unseres Lebens anzukämpfen. Wir mögen nicht immer verstehen oder uns erinnern, wohin wir gehen. Wir mögen nicht immer verstehen oder uns daran erinnern, warum wir unser Leben so erfahren, wie wir es tun, aber das heißt nicht, daß wir es niemals verstehen werden oder uns daran erinnern. Manchmal ist ein bißchen mehr Geduld alles, was erforderlich ist; manchmal ist ein kleiner Unterschied darin, wie wir unser Leben oder Welt ansehen, alles, was nötig ist. Und manchmal müssen wir uns selbst demonstrieren, daß wir wirklich selbst diejenigen sind, die unsere Welt genau so geschaffen haben, wie sie ist.

Dieses Konzept mag auf den ersten Blick recht erstaunlich erscheinen. Wir glauben normalerweise, daß ganz willenlos in ein Universum geworfen sind, das wir ganz bestimmt *nicht* erschaffen haben. Wir fühlen, daß unsere Eltern uns Unterhalt schulden dafür, daß sie uns gemacht haben. Schließlich haben wir nicht darum gebeten, geboren zu werden, nicht wahr?

Es wird von uns erwartet, daß wir in dieser anfangs feindlichen Welt etwas aus unserem Leben machen -- es wird von uns erwartet, daß wir Erfolg haben, vorwärts kommen, gedeihen und verantwortungsvolle Erwachsene und Mitbürger sind. Das unpersönliche Schicksal (oder ein zorniger Gott) mögen uns ein schwieriges Blatt ausgeteilt haben -- wir mögen behinderte Körper haben oder unsere äußeren Umstände mögen von Geburt an extrem schwierig sein. Wir mögen krank oder mit einer körperlichen Abhängigkeit geboren sein; wir mögen mit einem schwachen Herzen oder schwacher Leber geboren worden sein. In diesen Fällen wird von uns erwartet, daß wir das Beste aus unserem Leben und unserer Welt machen -- durchzuhalten und Erfolg zu haben trotz unserer Not. Wir glauben an so viele "Sollte"s und "Sollte-Nicht"s hier auf Erden!

Ich will damit nicht sagen, daß es falsch sei, sich um Größe zu bemühen. Ich will nicht sagen, daß es falsch sei, andere für unsere physische, mentale, emotionale Realität oder die Umwelt zu beschuldigen. Dies ist nicht falsch in dem Sinn, daß es

Schaden zufügt, es ist falsch in dem Sinn, daß es eine Zeitverschwendung ist, denn es unterstützt ein fehlerhaftes und einschränkendes Glaubenssystem, das uns nicht dient.

Falls Menschen aus früheren Zeitaltern magisch in die Gegenwart transportiert werden könnten, würden sie zweifellos viele unserer modernen Annehmlichkeiten, die wir für gegeben ansehen -- Fernseher, Autos, elektrisches Licht, Telefon, Flugzeuge -- als Wunder ansehen, entweder göttlich oder satanisch. Es ist eine allgemein menschliche Reaktion auf das Unbekannte, die Hände zu heben und irgendeine Art mysteriöser, übernatürlicher Agentur anzurufen. Wenn wir etwas nicht verstehen, sagen wir, "Es muß Gottes Wille sein" oder "Es ist Schicksal" oder "Es ist einfach Glück" oder "Der Teufel hat es getan". Wir haben eine bequeme Schublade für alles, was wir nicht verstehen, so daß wir nicht darüber nachdenken müssen. *Warum mußte mein bester Freund in seinem privaten Flugzeug sterben, wo er doch so glücklich und klug und erfolgreich war? Warum mußte mein Vater in meinen Armen sterben, als ich vierzehn war? Warum wurde mein Sohn blind geboren? Warum ist mein Chef so bösartig? Warum hatte meine Frau Krebs? Warum ist das Leben so sinnlos? Warum ist Gott so grausam? Warum, Gott, warum?*

Es ist wahr, daß es unwahrscheinlich für jeden von uns ist, jemals alles zu wissen, was es zu wissen gibt. Wer wollte das schon? Mir persönlich ist es egal, wie viele Sandkörner in der Sahara sind. Ihnen auch? Aber es ist wirklich möglich, irgendetwas zu wissen. Wenn unsere Lebensphilosophie oder unser Glaubenssystem ständig in eine Wand rennt, wo es keine Zuflucht gibt, außer einen großen Teil unserer Erfahrung unerklärt zu lassen oder sich auf Gottes Willen oder ein unpersönliches Schicksal zu berufen -- dann wäre es weise, uns zu fragen, ob vielleicht unser Denksystem direktes Verstehen durch Glauben ersetzt. Wenn uns gesagt wird, daß wir etwas "glauben müssen", weil "manche Dinge für menschliches Verstehen zu hoch" seien -- Achtung! Wir können unser ganzes Leben in dieser intellektuellen Sackgasse verbringen, und wenn es zu Ende ist, sind wir genau da, wo wir angefangen haben -- beim Versuch zu verstehen, warum das Universum so ist, wie es ist.

Bitte nehmen Sie nichts, was die Ishayas lehren, aus Glauben an! Blind die Philosophie eines anderen zu akzeptieren, ist der sicherste Weg, gründlich im Opferbewußtsein stecken zu bleiben. Machen Sie Ihr eigenes Lebensexperiment: untersuchen Sie Ihren Verstand und Erfahrung, nehmen Sie nichts als gegeben hin, vom Gewöhnlichsten bis hin zum höchst Wunderbaren. Nur hierin liegt Fortschritt.

Das ist der Grund, warum Ascension auf direkter Erfahrung beruht. Es ist nicht notwendig, irgend etwas darüber zu glauben. Versuchen Sie es selbst. Wenn sich Ihre Überzeugungen und Gewohnheiten mit Ihren wechselnden Lebenserfahrungen verändern, fragen Sie mehr und mehr gründlich danach, was wahr ist und was nicht. Nur daher kommt Freiheit.

Ein großer Teil davon, die Meisterschaft über unser eigenes Leben zu übernehmen besteht darin, damit aufzuhören, andere auf ein Podest der Autorität zu heben. Es ist auch schwierig oder unmöglich, Herrschaft über unser eigenes Leben zu erwerben, wenn wir anderen oder den "Umständen, auf die wir keinen Einfluß haben", die Schuld daran geben, wie unser Leben geht. Es ist unmöglich, frei zu sein, wenn wir die mentalen Ketten der vergangenen oder gegenwärtigen Verdammung oder sklavischen Anbetung aufrecht erhalten. Erkennen Sie das jetzt, und Sie haben einen großen Schritt vorwärts auf Ihre sofortige Befreiung zu getan. Erkennen Sie das jetzt, und Sie haben ein grundlegendes Geheimnis des menschlichen Lebens entdeckt -- es gibt niemanden zu beschuldigen, niemandem zu danken, niemanden als uns selbst.

Der nächste Schritt mag auf den ersten Blick gleicherweise schwierig nachzuvollziehen sein, aber er ist genau so wichtig und ist sogar noch befreiender von vergangenen, selbstzerstörerischen Überzeugungen, Urteilen und Gewohnheitsmustern. Es ist dies: jedes unserer Leben ist perfekt, genau jetzt. Alles und alle in unserem Universum sind aus einem guten Grund da -- sie sind da, um uns zu helfen, unsere wahre Natur zu erkennen. Dies ist immer so, ohne Ausnahme, jemals.

Alles und jeder einzelne Moment ist unfehlbar, unbefleckt, makellos in jeder Hinsicht, weil er mit dem unendlichen Licht des Ascendant gesättigt ist.

Dies Konzept ist nur revolutionär, weil wir die Gewohnheit haben, alles und jeden, jeden Gedanken, jedes Gefühl und jede Erfahrung als entweder "gut" oder "schlecht" zu beurteilen. Manche Menschen mögen wir, andere verabscheuen wir. Einige Emotionen sind positiv, andere negativ. Manche Erfahrungen sind wunderbar, andere sind schrecklich. Und so weiter. Wir glauben an eine Welt der Dualität -- aus heiß und kalt, trocken und naß, Wohlgefühl und Schmerz.

GUTER ASCENDANT CONTRA BÖSER ASCENDANT

Lassen Sie uns die Alternative betrachten, die uns am grundlegendsten gegenübersteht. Es gibt wirklich nur zwei Möglichkeiten -- entweder der Ascendant ist gut, oder der Ascendant ist böse. Ist das nicht so? Wenn der Ascendant böse ist, dann ist ein sinnloses oder zumindest schmerzvolles Universum vollkommen logisch und konsistent. Aber wenn der Ascendant böse ist, warum sollte das Universum logisch oder konsistent sein? Darum, wenn der Ascendant böse ist, wäre das Universum am wahrscheinlichsten grundsätzlich chaotisch. Unser Universum erscheint in der Tat täglich recht chaotisch zu sein, aber nur in vereinzelten Ereignissen. Grundsätzlich kann keine Frage bestehen, daß grundlegende, durchdringende Ordnung in jedem Partikel der Schöpfung gefunden werden kann: diese fundamentale Ordnung hält die Atome in einer sehr konsistenten und einheitlichen Weisezusammen, in unserer Sonne, in Ihrem Hund, in Ihrem Körper. Was für ein Ascendant würde als Fundament eine perfekte, makellose Ordnung einrichten?

Der Ascendant könnte böse sein und so pervers, dass eine perfekte Ordnung überall einem Chaos an der Oberfläche zugrundeliegt. Dies könnte eine Definition für die Hölle sein: perfekte Ordnung versteckt sich gleich unter der Oberfläche, aber alles, was erfahren werden kann, ist dunkel, schmerzhaft, wahnsinnig.

Die meisten Menschen sind ganz schön wütend auf ihre Idee des Ascendant, ihre persönliche Idee Gottes. Viele, die tiefen Glauben vorgeben, sind nichtsdestoweniger tief innen aufgebracht, dass sie so tief verletzt und betrogen wurden. Dies ist eine der Wurzeln des Opferbewusstseins -- statt dass wir unsere Eltern beschuldigen oder unseren Ehegatten oder unsere Umwelt oder unsere persönliche Geschichte, beschuldigen wir das höchste Wesen als den letztendlichen Grund unseres Elends. Einige, die insgeheim wütend sind, haben außerdem schreckliche Angst, dass ihr Gott sie für ihren Ungehorsam oder ihre sündhafte, rebellische Natur gegen die Gesetze des Chaos, die ihnen von ihrem Gott aufgezwungen wurden, bestrafen wird, oder dafür, dass sie im geheimen zornig auf ihren Gott sind.

Wenn der Ascendant wahrhaftig böse ist, dann haben diese Leute und alle, die ähnlich sind, allen Grund, vor ihrem rachevollen, gehässigen Gott entsetzt zu sein. Ein solches Wesen hätte sicherlich keine Bedenken, leben in unzählbare Trillionen Wesen einzuhauchen, ihnen unmögliche Aufgaben zu stellen, sie alle langsam und schmerzreich zu töten und sie dann alle entweder dem Nichts oder der ewigen Verdammnis zu überlassen. Falls solch ein Gott existierte, wären wir alle -- oder fast alle -- in ernsten Schwierigkeiten: wer von uns hat nicht die meisten, wenn nicht alle der vielen Gesetze des Erdenlebens gebrochen?

Diese Art Gott ist nicht nur böse, er ist außerdem garantiert auch wahnsinnig. Welches gesunde Wesen würde Leben erschaffen, nur um es wieder zu zerstören? Oder unsterbliches Leben erschaffen, nur um es auf ewig zu bestrafen? Diese Konzepte sind so unglaublich absurd, so offenkundig lächerlich, dass die einzige, wahrhaft erstaunliche Tatsache in Bezug auf sie ist, dass so viele Menschen sie so viele Jahrhunderte lang so glühend vertreten und verteidigt haben.

Lassen Sie uns die Alternative betrachten. Wenn der Ascendant gut ist, wie ist es möglich, dass es Schmerzen oder Leiden in der Welt geben kann? Viele haben gesagt, dass der Ascendant gut ist, aber dass es andere, mächtige Kräfte gibt, die es nicht sind. Diese anderen Kräfte stehen dem Willen des

Ascendant beständig und machtvoll entgegen. Manche sagen, dass der Ascendant nur Gutes erschuf, aber einige Kreaturen entschieden sich zu versuchen, größer als der Ascendant zu sein, und rebellierten in einem großen Krieg, der das Universum stark dezimierte und beinahe die Schöpfung selbst zerstörte. Die Argumente, die dem Ascendant´ Mangel an Voraussicht und merkwürdig eingeschränkte Allmacht verteidigen, sind wahrhaft faszinierend, aber alle gehen auf einen Gott zurück, der gut ist, aber nicht ganz perfekt. Oder wenigstens nicht ganz allwissend oder allmächtig.

Ein Gott, der nicht ganz perfekt ist, ist ein schlechter Gott. Was der Fall zu sein scheint, ist, dass Menschen, die einfach nicht verstehen können, wie das Universum fehlerhaft sein kann, eine Ursache für diese Fehler finden müssen. Dies ist Projektion im reinsten Sinne. Ich finde, dass das Universum unvollkommen ist, darum muss sein Schöpfer unvollkommen sein -- oder er muss von einem fast genau so mächtigen, unvollkommenen Wesen bekämpft werden, was dasselbe in anderen Worten sagt. Denn wenn es ein zweites Wesen geben kann, das fast, aber nicht ganz so weise ist wie Gott, und das fast, aber nicht ganz so mächtig ist wie Gott, und das fast, aber nicht ganz so gut ist wie Gott, dann muss es einen Ort im Universum geben, wo Gott nicht ist. Wenn Gott nicht allwissend, allmächtig, allgegenwärtig ist, nicht besonders liebevoll, freundlich oder nachsichtig, klingt er kaum so wie eine Art Gott. Er klingt mehr wie unsere eigene, projizierte, größte Angst. Wenn wir solch einen Gott anbeten oder zu versöhnen versuchen, beten wir unsere eigene Angst an und versuchen sie zu versöhnen, unsere eigene, dunkle Natur. Daher: *wir beten unsere eigenen Egos an!*

Ein fast allmächtiges, aber zorniges Wesen, das in der Lage ist, uns wie lästige Insekten zu zerquetschen, mehr als willens, uns zu einem endlosen Leben voller Schmerz und Qual zu verdammen, wenn wir uns nicht an seine vielen Regeln halten -- warum würden wir an ein solches Wesen glauben wollen? Ein Grund könnte sein, uns zu zwingen, dass wir uns recht verhalten -- denn ein Teil von uns glaubt oft, dass wir, wenn wir uns nicht zwingen, das Richtige zu tun, wild, selbstsüchtig, anormal werden und bald uns selbst und anderen schaden. Und wenn wir nicht einmal uns selbst vertrauen, "gut" zu sein, wie können wir auch nur davon träumen, anderen zu vertrauen? Als ein Werkzeug, von uns selbst und anderen Gehorsam zu erzwingen, wird ein böser, wahnsinniger Gott ein wertvoller Verbündeter.

Der Ärger damit, die Wahrheit bewusst oder unbewusst zu unterdrücken, um Einheitlichkeit zu erzwingen, ist, dass das früher oder später zu Rebellion führen wird. Und je stärker wir versuchen, die Revolte zu unterdrücken, desto mehr Kraft wird die Revolution bekommen. Unsere Kirche wird sich spalten, als immer größere Gruppen der Menschheit zu ewigem Höllenfeuer verdammt werden, denn die Definition davon, was es genau ist, das Gott fordert, wird immer strenger gezogen. Wenn wir sterben, werden wir Sorge tragen, dass wir in dem Friedhof neben *unserer* Kirche beerdigt werden -- wir würden nicht einmal unseren toten verwesenden Leichnam mit diesen Heiden und Sündern verbunden sehen wollen, die unzweifelhaft von Ewigkeit zu Ewigkeit im Feuer der Hölle rösten werden. Friede sei solcher Narretei! Die Wahrheit des Ascendant ist gleichermaßen in allen oder in keiner.

Wenn der Ascendant wahrhaftig vollkommen gut ist, vollkommen allmächtig, gegenwärtig überall, dann ist die einzige Alternative, unsere früheren Wahrnehmungen in Frage zu stellen, und die Schlussfolgerungen, die auf diesen Wahrnehmungen beruhen. Wenn Sie das Unmögliche ausschließen, dann muss das, was übrig bleibt, so unwahrscheinlich es auch scheinen mag, die Wahrheit sein. Wir haben gesehen, was geschieht, wenn wir unsere Schmerzen und Leiden nach außen projizieren -- Gott wird grausam, ohnmächtig, böse, wahnsinnig oder mindestens gleichgültig. Aber was ist, wenn unsere Wahrnehmungen falsch sind? Angenommen, um der Diskussion willen, der Ascendant sei in Wahrheit vollkommen gut, allmächtig, allgegenwärtig, vollkommen liebevoll und um uns alle und jeden einzelnen Seiner/Ihrer Schöpfung besorgt. Lassen Sie uns einen guten Ascendant als Startpunkt nehmen und sehen, was sich für ein Universum aus dieser Voraussetzung ergibt.

Wenn der Ascendant wahrhaftig vollkommen gut ist, wie kann es dann Schmerz oder Leiden irgendwelcher Art geben? Wenn der Ascendant vollkommen Liebe ist, wie kann irgendeine Ebene der Schöpfung leiden? Und wenn der Ascendant Leiden nicht zulässt oder gutheißt und Teile der Schöpfung leiden trotzdem, beweist das nicht, dass es einen zweiten, bösartigen Willen in der Schöpfung gibt, der den Willen des Ascendant bekämpft?

Es gibt eine andere Möglichkeit. Dies ist ein uralter Gedanke, aber er ist fast in der ganzen Welt unmodern geworden, weil das Verständnis fehlt, wie er etwas anderes als ein besonders faszinierender Gedanke sein kann. Wir *können* als Voraussetzung annehmen, dass der Ascendant allgegenwärtig ist, vollkommen gut und allmächtig, *wenn wir unsere Schlussfolgerungen und Wahrnehmungen in Frage stellen, dass Leiden und Böses existiert.* Wenn wir aus einem Traum erwachen, was geschieht mit den Traumgestalten? Was mit den Traumschmerzen, den Traumüberzeugungen? Sie verschwinden, als ob es sie nie gegeben hätte.

ZWEI ARTEN BÖSES

Es gibt zwei Arten Böses, oder so glauben wir wenigstens oft -- das, was letztlich zu Gutem führt, und das, was rein zerstörerisch ist ohne positiven Effekt. Die zweite Art ist die einzige wirkliche Herausforderung für das Verständnis der allguten Natur des Ascendant, denn die erste Art, die letztendlich Gutes hervorbringt, muss einfach gut sein, und nur unser eingeschränktes Verständnis von Ursache und Wirkung lässt es uns anders deuten. Jemand könnte erklären, dass es schlecht ist, dass Knospen sterben, aber warte nur einen ganz kurzen Moment -- bald erscheint die Blüte. Wer beweint nun den Verlust der Knospe? Also ist diese Art Böses nur missinterpretiertes Gutes, allein wegen des eingeschränkten Ausmaßes unserer Sinne und Einsicht.

Die glückliche Wahrheit ist, dass die zweite Art Böses, die Art, die das reine Böse ohne positive Nebenwirkungen ist, streng genommen nur eine mentale Fabrikation der bizarrsten Sorte ist. Die einfache Wahrheit ist, dass alle Dinge immer für das Gute zusammen arbeiten. Es ist nur unsere Perspektive, die eingeschränkt ist; es sind nur unsere Augen, die gelernt haben, falsch zu sehen. Dies ist ein wunderbarer Gedanke, sogar wenn er nur für einen Moment unterhalten werden kann. Wenn alles Böse letztlich für das Gute arbeitet, was ist dann böse? Es muss ein Werkzeug des Ascendant sein! Die Raupe stirbt; aus einer Perspektive ist das schlecht, aber schau, was als Ergebnis davon geschieht: ein Schmetterling wird geboren! Wenn wir übermäßig an die Raupe gebunden wären, könnte ihr Tod für uns böse erscheinen, schrecklich, grauenhaft. Aber schau auf die Schönheit, die sich daraus ergibt.

Ich bin sicher, dass Sie sich leicht Gegenbeispiele zu dieser Theorie ausdenken können, Tausende Male in der Geschichte unserer Welt und Ihres Lebens, wenn schreckliche Dinge geschahen, die nichts Gutes erbrachten. Einige von Ihnen haben vielleicht schon dieses Werk beiseite gelegt und dabei vor sich hin geschimpft, dass dies bloß eine andere Form Mystizismus sei oder etwas ähnlich nutzloses für das tägliche Leben. Oder vielleicht hat es bereits Ihre religiösen Empfindsamkeit zutiefst verletzt, die Sie so schmerzreich erworben haben, und Sie lesen nur weiter, um weitere Beweise und Demonstrationen zu finden, dass diese Lehre ungültig sei oder satanisch oder in einer anderen Weise schädlich. Und vielleicht fahren einige von Ihnen, einen großen Hunger im Herzen, nur unter größter Reserviertheit fort. So viel der menschlichen Erfahrungen scheint sinnlos, schmerzerfüllt. Wir fühlen, dass wir schon so oft betrogen worden sind. Was ist, wenn die Ascension Techniken der Ishayas nur eine weitere Enttäuschung sind? Sicherlich ist es besser, nicht daran teilzuhaben. Sicherlich ist es besser, sicher zu sein, als wieder verletzt zu werden.

Ich stimme zu, dass Leiden die *scheinbare* Wahrheit ist. Ich stimme zu, dass diese Wahrheit ganz unveränderlich erscheint, dass Böses, Schmerz und Agonie die ewigen Helfershelfer unseres kurzen Erdenlebens zu sein scheinen. Aber ich möchte Sie bitten, einen Moment lang zu erwägen, was es bedeuten würde, könnten Sie die Alternative sehen. Was wäre, wenn dieses Leben nicht zum Leiden gemacht wäre? Was, wenn in Wirklichkeit Leben ganz Freude, Liebe, Fortschritt und Glück sein sollte?

Es gibt einen wunderbaren, alten Film, vielleicht haben Sie ihn gesehen, er heißt "Es ist ein wundervolles Leben". Dem Hauptdarsteller, James Stewart, der über die Nutzlosigkeit seines Daseins unglücklich ist, wird gezeigt, was aus der Welt geworden wäre, hätte er nie gelebt. Die ganze Stadt, alles im Leben seiner Familienmitglieder und Freunde wäre viel schlechter daran gewesen ohne ihn. Die Schlussfolgerung war wundervoll: aus unserer menschlichen Perspektive ist es extrem schwierig zu bewerten, was für einen Effekt wir auf das Universum haben.

Wir könnten dies einen Schritt weiter treiben, denn die Abwesenheit auch nur eines Lebewesens ist unmöglich: alle Dinge sind Teil des großen, kosmischen Designs. Dass es nicht oft so scheint, ändert nichts an der Tatsache, dass es so ist. Es ist immer noch wahr, dass Realität weder jetzt demokratisch ist noch jemals sein wird.

EINE NEUE LEBENSART

Denken Sie nach, was die Erfordernisse für das Wachstum von Glück und Gesundheit sind. Wenn unsere alte Weltanschauung überholt ist, wenn sie uns nicht alles gibt, das wir verlangen, wenn wir krank oder nicht mit andauernder Lebensfreude erfüllt sind, ist es notwendig, eine neue Art der Wahrnehmung, eine neue Ebene des Bewusstseins in unser Leben einzuführen. Damit das geschehen kann, müssen wir unseren alten gehegten Glaubenssätzen erlauben, sich zu verändern. Denn es sind gerade unsere Glaubenssätze, die unsere Wahrnehmungen und unsere Welt strukturieren. Es ist unwahrscheinlich, dass Pfirsiche auf Apfelbäumen wachsen. Wenn wir mit Äpfel unzufrieden sind und Pfirsiche wollen, müssen wir eine andere Art Baum pflanzen. Wenn es Stellen in unserem Leben gibt, in denen wir nicht in vollkommener Erfüllung, perfektem Frieden und grenzenloser Freude leben, und wenn wir das ändern wollen, ist es notwendig, eine andere Art, unser Leben und unsere Welt anzusehen, anzunehmen.

Wenn wir voll Verdammnis auf uns selbst oder andere sehen, tragen wir zu einer Erniedrigung der Schwingungsrate des Universums bei. Das bedeutet nicht, dass wir versuchen sollten, unsere negativen Gefühle zu unterdrücken, wenn wir sie haben! Unterdrückung von Negativität ist eine der Hauptursachen für den Zusammenbruch unserer mentalen, emotionalen und physischen Gesundheit. Es tut uns nicht gut, negative Gefühle über jemanden oder etwas zu haben, und uns dann zu zwingen, diese zu ignorieren. Sie werden auf jeden Fall ihre Wirkung haben, und die Wirkung wird umso stärker sein, je mehr Energie wir ihnen durch Unterdrückung zukommen lassen. Aber es ist möglich, einen Bewusstseinszustand zu kultivieren, in dem wir alle Zeit mit göttlichem Mitgefühl auf die Welt blicken. Anstatt hinauszuschauen und überall Sünde zu sehen, schauen wir hinaus und sehen, dass alle Menschen versuchen, das Beste zu tun, das sie können.

Dies ist die Wahrnehmung des Erleuchteten – alle Menschen tun das Beste, das sie können immer und überall. Keine Ausnahmen. Wir mögen sagen, da das Beste einer Person das Schlimmste einer anderen sein mag – aber das ist Vergleich, Verurteilung, Verdammung, nicht Liebe und Vergebung. Es ist besser für unseren eigenen Seelenfrieden, nur eine Schlussfolgerung über die Welt zu haben, dass jeder zu jeder Zeit das absolut Beste tut, das er oder sie kann. Dies ist die unmittelbare und praktische Folge der Erkenntnis, dass der Ascendant vollkommen gut ist, dass der Ascendant vollkommene Liebe ist, überall gegenwärtig, allwissend.

Eine andere Weise, dies auszudrücken, ist zu sagen: "Zu allen Zeiten gibt es nur Gutes." Was für eine Erleichterung für einen müden Verstand, solch einen einfachen Gedanken zu denken! Diesen einen Gedanken zu hegen, fordert uns heraus, das Gute in den Dingen zu sehen, die unser Oberflächenverstand als böse oder wertlos verurteilt hat. Diesen einen Gedanken zu hegen, befördert uns tiefer und tiefer in das Wachstum unseres individuellen Bewusstseins hinein. Diesen einen Gedanken zu hegen, inspiriert uns, von dem Guten in allen Dingen zu lernen.

X. ERLEUCHTUNG

Es gibt keine Distanz zwischen Dir und Dem Guten.

Was genau ist Erleuchtung? Jeder spricht seit Jahren darüber, aber was ist es? Ist es verschieden von der Erlösung der christlichen Tradition? Ist es dasselbe für Buddhisten, Hindus, Taoisten, Sufis, Moslems, Christen, Agnostiker und Atheisten? Was genau ist die Stimme Gottes? Kann irgend jemand sie erfahren? Kann es moderne Propheten und Weise geben, oder waren sie nur ein historisches Phänomen, niemals in der modernen Welt zu finden? Oder gab es sie überhaupt jemals? War ihre angebliche Existenz nur historische Vergrößerung? Sind Wunder wirklich, oder sind sie reine Phantasie?

Bewegen diese Fragen Sie zutiefst? Wenn sie Ihnen unpraktisch erscheinen, oder wenig Bezug zu Ihrem Leben und Ihrer Welt zu haben scheinen, interessieren sie Sie wahrscheinlich nicht sehr. Wenn dies für Sie so ist, was fasziniert Sie dann? Was interessiert ein modernes, menschliches Wesen? Sind wir alle zufrieden mit der Qualität unseres Lebens? Kümmern wir uns überhaupt darum, was die mögliche Bandbreite der menschlichen Erfahrung ist? Oder sind wir zu sehr an unserem finanziellen und sozialen Status interessiert, um uns noch um irgend etwas anderes zu sorgen? Was wäre, wenn die Ausdehnung des Bewußtseins zu größerem Erfolg in jeglichem Bereich Ihres Interesses führte? Und was wäre, wenn es wahrhaftig möglich wäre, alles zu tun, was wir wollten, einfach alles? Wären wir dann interessiert?

Für einige von uns mag gelten, daß wir früher einmal interessiert waren, daß wir dann aber über einen Lehrer oder eine Lehre oder einen Pfarrer oder eine Kirche oder eine Wissenschaft stolperten, und daß wir nun vollkommen zufrieden damit sind, unsere Antworten von anderen zu erhalten, und selten oder nie nach unserer eigenen inneren Wahrheit suchen. Oder es mag sein, daß wir daran verzweifelten, jemals Antworten zu erhalten, und unsere Suche aufgegeben haben.

Eine andere Methode, keine Antworten zu finden ist, ein bißchen von allem, was es gibt, zu probieren, und nichts in der Tiefe zu erfahren. Gelegentlich kommen solche Leute und lernen etwas von den Ishaya-Techniken. Sie haben die Gewohnheit, alles, was sie finden, auszuprobieren, sich wie wild herumzuwerfen, überall nach der Wahrheit zu suchen und sie nirgends zu finden. Dieser Sammeltaschenansatz zur Erleuchtung ist niemals erfolgreich. Nur, wenn man tief in sein eigenes Herz eintaucht, kann Fortschritt geschehen. Nur, wenn man innen sucht, kann man jemals Antworten finden. Das Glaubenssystem von jemand anders zu übernehmen, ist keine Lösung. Blind wieder einer neuen Lehre oder einem neuen Lehrer zu folgen, ist letztendlich zwecklos. Der wahre Lehrer wird immer den Finger des Verstehens zurück in das Herz des Suchenden richten. Nur dort ist Fortschritt möglich. Der wahre Lehrer sucht immer Unabhängigkeit in seinen / ihren Nachfolgern, niemals sklavische Ergebenheit. Wachstum kommt immer von innen nach außen. Immer. Immer.

In uns allen liegt eine Schatztruhe unentdeckten Reichtums. Größere Schönheit, als je das menschliche Auge erblickt hat, ist in unserem Herzen verborgen, größere Weisheit, als je ein menschlicher Verstand erfaßt hat, ist in der geheimen, mit Edelsteinen besetzten Kammer in unserer Brust versteckt. Sicherheit, Freiheit von Angst jeder Art liegen dort, so wie die Erfüllung jedes Verlangens, Ruhe in jedem Sturm, eine liebende Hand, um jede Träne zu trocknen, ein friedevoller Balsam, um jeden Schmerz zu lindern.

Was kann getan werden, um unseren verborgenen Genius zu befreien? Sogar die moderne Psychologie erklärt, daß der Durchschnittsmensch nur einen erschreckend kleinen Prozentsatz des möglichen mentalen Potentials benutzt – die meisten stimmen überein, dass nur 5 - 10 % unserer menschlichen Kapazität vom durchschnittlichen Erwachsenen benutzt werden. Was für eine tragische Lebensverschwendung, daß so viel unseres inneren Vertandes niemals benutzt wird, auf immer unangezapft, ungewürdigt, unbekannt!

In jedem von uns liegt ein herrliches Reservoir von Kreativität und Brillanz. Es ist nicht schwer zu lernen, diese innere Fundgrube anzuzapfen. Was im Weg steht, ist bloß Gewohnheit. Es ist Gewohnheit, der die Benutzung unseres Verstandes einschränkt; es ist Gewohnheit, die uns im Glauben an ein begrenztes Leben von Auf und Ab hält, von Wohlgefühl und Schmerz, von Erfolg und Versagen. Jede Gewohnheit kann gebrochen oder geändert werden. Es ist unser Glaube, der den Verstand an einen winzigen Bruchteil seines vollen Potentials gekettet hält, dieser Glaube kann geändert werden.

Ascension ist eine systematische Prozedur zur Umänderung des Verstandes, so daß er sich von Urteil und Verdammung befreit. Dies ist ein völlig automatischer Prozeß; wenn er einmal begonnen hat, geht er ziemlich von allein weiter. Der Verstand kann mit einer Schallplatte verglichen werden – es gibt Rillen in unserem Gehirn, Neuronenverbindungen, die von wiederholten Erfahrungen und Gedanken gebildet werden. Je mehr wir eine bestimmte Handlung durchführen oder einen bestimmten Gedanken haben, desto tiefer werden die Rillen in unser Gehirn geschnitten. Dies ist so etwas wie ein Fluch, soweit lebensschädigende Gewohnheiten betroffen sind, aber es ist natürlich auch ein großer Segen: das Leben wäre extrem unpraktisch, wenn wir jedes Mal, wenn wir einen Schritt machen wollten, versuchen müßten, uns zu erinnern, wie man geht, zum Beispiel.

Es ist möglich, den Verstand umzutrainieren, so daß die tiefsten Rillen solche sind, die zu Bewußtseinserweiterung führen, zu Befreiung. Jede Konzentrationstechnik versucht dies durch Gewalt zu erreichen; jeder Psychologe und Psychiater versucht, wie blind auch immer, die tiefsten Verhaltensmuster aufzulösen und sie mit einem größeren Maß an holistischer Autonomie zu ersetzen; jeder gute religiöse Führer hofft, eine Minderung der negativen Verhaltensmuster seiner Nachfolger durch eine Einführung höherer, spiritueller Kraft zu erreichen.

Wir ehren und respektieren alle nützlichen Ansätze, die menschliche Bewußtheit zu transformieren, vom Feld der Probleme zum Feld der Lösungen, der Quelle alles dessen, was ist. Aus unserer Erfahrung ist es klar, daß es nicht schwierig ist, das Leben zu ändern – es ist in der Tat vollkommen einfach.

Lassen Sie mich ein Beispiel geben. Wenn Sie Sachertorte lieben – und angenommen, Sie fühlen sich nicht zu dick, machen gerade keine Diät, haben keine gesundheitlichen Probleme oder Bedenken, Zucker oder Fett zu essen, gar keinen Grund irgendeiner Art, Sachertorte nicht zu genießen, und Sie sind hungrig, und jemand bietet Ihnen ein Stück an, wäre es schwierig, es anzunehmen, zu essen und zu genießen? Aber was passiert, wenn Sie sich zu dick fühlen, eine Diät machen, besorgt wegen Ihres Cholesterinspiegels oder Ihres Blutzuckerwertes sind, wenn Sie gerade ein siebengängiges Mahl hinter sich haben, oder Sie jeden Cent umdrehen und das Stück kostet € 13,50? Wenn Sie sich entscheiden, es zu essen, werden Sie es genau so sehr genießen?

Wie oft tun wir uns genau das an? Wir investieren eine riesige Menge unserer emotionalen, spirituellen und intellektuellen Stärke in die Erfüllung eines Verlangens, während wir die ganze Zeit unsere Bemühungen mit einem kontinuierlichen Chor von Zweifeln und entgegengesetzten Wünschen unterminieren. Einige von diesen Stimmen sind oft so angewöhnt oder so gut verborgen, daß wir nicht einmal merken, was wir uns selbst antun, bis es zu spät ist.

Der menschliche Verstand ist ein faszinierendes Werkzeug. Er ist komplex genug, um alles zu tun, einfach alles. Die Zahl der möglichen Kombinationen und Permutationen der Neuronen im menschlichen Gehirn ist größer als die Zahl der Atome im gesamten Universum. Dies ist eine wahrhaft erstaunliche, nahezu unendlich komplexe Maschine, fähig, jede Wahrheit zu erkennen, jegliche Erfahrung zu haben. Das menschliche Gehirn ist subtil genug, daß es sogar Bewusstsein selbst erfahren kann, die abstrakteste Essenz von allem.

Wenn diese bemerkenswerte Maschine in einer vollkommen vereinten Manier handeln kann, ist die Macht ihrer Gedankenstärke stark genug, alles zu tun. Das ist es, wovon Christus gesprochen hat, als er erklärte, daß, wenn unser Glaube so groß wie ein Senfkorn sei, wir Berge versetzen können. Die

Macht des perfekt konzentrierten Verstandes ist ganz wörtlich grenzenlos.

Aber die Macht des geteilten Verstandes ist gering, uneffektiv. Wenn wir uns etwas wünschen, liegt der Trick darin, den Wunsch zu erfüllen, das Verlangen nicht mit einer Myriade von gegensätzlichen Wünschen zu untergraben. Noch einmal, dies ist eine Gewohnheit. Der Verstand kann trainiert werden, auf einen Fokus konzentriert zu denken, oder er kann weiterhin so denken wie die meisten Menschen, in Konflikt und Verschiedenheit. Der einfache Vorschlag von Ascension ist, daß dieser Prozeß des Umlernens nicht nur mühelos ist, sondern einfach, vollkommen natürlich und extrem schnell.

Ein Teil des Geheimnisses ist, den Verstand während jeder Phase dieser Transformation zu bezaubern. Der Verstand ist immer gierig nach mehr Erfahrung, mehr Liebe, mehr Frieden, mehr Stimulation, mehr Wissen – immer *mehr*. Es ist ein glücklicher Umstand, daß das meiste dieses Feldes bereits innen liegt – der Verstand muß nur lernen, wie der richtige Winkel zu nehmen ist, dann ist der gesamte Vorgang vollkommen automatisch. In der Tat wird es unmöglich sein, die neuen Rillen im Gehirn daran zu hindern, tiefer und intensiver zu werden, bis die alten Rillen überschattet und schließlich ausradiert werden.

Der Grund dafür ist, daß das natürliche Stadium des menschlichen Bewußtseins Erleuchtung *ist*! Der menschliche Verstand möchte eher mit makellosem und auf einen Fokus konzentrierten Verlangen funktionieren als auf irgend eine andere Art. Er würde eher permanent seinen am meisten ausgedehnten Zustand erleben als jegliche mehr eingeschränkte Qualität seines Seins. Dies erfordert nur eine ganz geringe Modifikation in der Weise, wie ihm beigebracht worden ist, sich selbst und die Welt zu betrachten; diese wunderbare Transformation geschieht automatisch.

Vor allem sind es Schuld und Angst, die den Verstand im Glauben festhalten, er sei nicht erleuchtet. Dies mag nicht unmittelbar offensichtlich sein, aber eine sorgfältige und ehrliche Untersuchung Ihres eigenen Verstandes wird offenbaren, daß es normalerweise nur zwei Arten von Gedanken gibt – solche, die auf Liebe aufgebaut sind und verbinden, und jene, die in Angst gegründet sind und trennen. Wenn Sie Ihren Verstand auch nur fünf Minuten lang genau beobachten, werden Sie wahrscheinlich ziemlich erstaunt über die Myriade sinnloser und sich gleichzeitig widersprechender Gedanken und Wünsche sein, die Sie erfahren. Wir haben die unglaublichste Maschine im Universum in unserem Besitz, die fähig ist, jede Realität zu erleben, kompetent, jede Wahrheit zu entdecken, ausgerüstet, jeden Wunsch zu erfüllen. Was wird typischerweise mit dieser Maschine getan? Der Standardbetriebsgang ist, zwischen sich widersprechenden Gedanken und Wünschen dutzende Male in jeder Minute hin- und herzuschalten! Wenn der Verstand ein Radio wäre, wäre das so, als ob es jede Sekunde oder so auf einen neuen Sender eingestellt würde – das gäbe einen lauten, unangenehmen Empfang, schwer zu verfolgen. Er wäre in der Tat so schwer zu verfolgen, daß Sie erschöpft wären, nachdem Sie versucht hätten, ein paar Stunden lang zuzuhören, Sie würden sich gezwungen fühlen, auszuschalten und für eine Weile mal gar nichts zu hören.

Dies ist unsere Erfahrung im normalen Wachzustand. Der Verstand ist ein Empfänger von Eindrücken, Bildern und Gedanken; sie marschieren in endloser Reihe hindurch, bis er so erschöpft ist, daß er abschalten muß, um seine stark entladenen, molekularen Batterien und subtilen Kräfte wieder aufzuladen. Daher schlafen wir.

Der Verstand ist nicht nur ein Empfänger sinnlicher Informationen. Er ist subtil genug, sich direkt mit dem Urverstand zu verbinden, der der fundamentale Baustein des Universums ist – der Verstand ist eine Maschine, die Sie, das Individuum, mit dem universalen Ursprung von allem verbindet, mit dem Ascendant. Wenn der Verstand auf einen Fokus konzentriert ist, wenn seine Energien als Eines konzentriert sind, dann ist es dazu fähig, nicht nur den Ascendant zu erfahren, sondern auch seine Wünsche in den Ascendant hinein zu senden.

DER ASCENDANT

Wenn wir die äußere Welt empfinden, sehen wir unsere Definitionen von Formen und Objekten, aber nicht das zugrunde liegende, vereinte Feld, in dem sie erscheinen. So ähnlich stopfen unsere Gefühle und Gedanken in unserer inneren Welt unsere Bewußtheit voll, aber die Bewußtheit der Bewußtheit an sich ist unbekannt. Der Ascendant ist der Raum, in dem die Dinge existieren; er ist die Essenz, aus dem alles gemacht ist: Gedanken, Gefühle, Computer, meine Tante Emma.

Dies ist nicht ein Nichts, wie manche behauptet haben, dies ist nicht eine leere oder negative Realität. Vielmehr ist der Ascendant ein positives Stadium der Fülle, der unendlichen, potentiellen Energie, aus der alles kommt. Da der Ascendant allem in der Schöpfung zugrunde liegt und alles durchdringt, wird er allgegenwärtig genannt. Alles kommt von ihm und existiert nur seinetwegen. Nichts kann oder wird in Isolation existieren. Alles ist aus dem Ascendant zusammengesetzt, fließt kontinuierlich in und aus Manifestation heraus.

Der Ascendant kann nicht gemessen oder definiert werden. Wir können ihm einen Namen geben, wie das Unendliche oder das Grenzenlose oder das Absolute, aber all diese implizieren alle, er sei *etwas*. Jeglicher Name für oder Glaube über den Ascendant ist *nicht* die Erfahrung des Ascendant. Erst wenn wir aufgeben, darauf zu bestehen zu versuchen, das Grenzenlose durch Zuweisung von Konzepten des Wachzustands zu begrenzen, daß das unendliche Licht der ersten Welt innen aufdämmern kann. Befreit von mentalen Fabrikationen über die Natur der Realität, wird Bewußtheit als absolut und identisch mit allem, was ist, erfahren.

Der Ascendant ist ohne vorherige Ursache, er ist sein eigener Grund; er ist immer derselbe, unveränderlich. Wie das Wasser, wird er nicht verändert, egal, wieviel Dreck hinzugefügt wird: nur seine Klarheit ist verschleiert, während seine essentielle Natur dieselbe bleibt. Der Ascendant ist perfekte Stabilität – er ist der Urgrund allen Grundes. Es gibt keine Erfahrung von Dualität im Ascendant, es gibt keinen Unterschied zwischen dem Selbst und dem SELBST. Es gibt keine Trennung. Wie in einer Erfahrung von Einheit während man malt, schreibt oder Musik komponiert, gibt es keine Subjekt-Objekt-Dualität. Es gibt keine Gedanken im Ascendant, es gibt keine Gefühle, es gibt nichts anderes als Stille, ewig, unabhängig.

Der Ascendant ist die ultimative Realität, aus der alles gekommen ist, und in der alles auf ewig fortfährt zu existieren. Dies als unsere wahre Natur zu erfahren, *ist* Erleuchtung; dessen unkundig zu bleiben, bedeutet, von den Bereichen der Illusion gefangen zu sein, Leben nach Leben, gefangen auf dem Rad der Samsara, der zyklischen Wechsel. Durch ascenden wird der Ascendant als unsere eigene essentielle Natur erfahren, als Bewußtheit der Bewußtheit an sich, als reines, grenzenloses Bewußtsein. Dies ist die Erfahrung unendlicher Freiheit. Dies ist Befreiung von den Grenzen des Egos. Da der Ascendant der Ursprung von allem ist, bedeutet die Erkenntnis, *„ich bin das"*, daß ich erkenne, daß ich all-durchdringend bin. Dies ist der Zustand des Istseins, frei von all und jeder Dualität, befreit vom Sinn des Meinseins oder sogar des Ichseins. Der Ascendant *ist* einfach. Und *Das* bin ich.

Obwohl die Erfahrung des Ascendant unmöglich in Worten zu definieren ist, *ist* es eine reale Erfahrung. In der Tat ist die Erfahrung des Ascendant *realer* als jede Erfahrung des Wachzustands. Die Erfahrung des Unbegrenzten ist unendlich abstrakt und doch unendlich konkret. Wenn wir dies einmal klar geschmeckt haben, kann das Leben nicht dasselbe bleiben. Es gib kein vorheriges Verhaltensmuster oder Urteil, keine Gewohnheit oder Überzeugung, die der Kraft der unbegrenzten Bewußtheit widerstehen kann, denn der Ascendant ist die Wurzel von *allem*.

Wenn der Verstand die Stille des Ascendant erfährt, gibt es keine Gedankenbewegung. Wie ein vollkommen stiller See, unberührt vom Wind, gibt es keine Wellen, kein Plätschern, keine Bewegung irgendwelcher Art, wenn der Verstand der Erfahrung des Ascendant geöffnet ist. Dieser Zustand *ist* durch den Enzephalographen meßbar: Kohärenz der Gehirnwellen ist die objektive Messung der subjektiven Erfahrung des Ascendens.

Der Verstand verbraucht sehr viel weniger Energie, wenn er im Ascendant schwebt; daher senkt sich der Körper zu seinem tiefstmöglichen Ruhezustand. Im perfekten Zustand der unendlichen Stille gibt es keine Notwendigkeit zu atmen: das Individuum erhält sich am Leben durch die Erkenntnis, daß er oder sie Teil des Universalen Lebens ist, in keiner Weise unterschieden oder getrennt von der ewigen Existenz. In anderen Worten, das Leben geht weiter, weil Leben die Essenz des Ascendant ist. In diesem Zustand ist kein Verfall möglich, keine Krankheit, kein Tod, kein Leiden, kein Schmerz.

TRÄUMEN

Eine der faszinierendsten Tatsachen über den Ascendant ist, daß jeder Energieimpuls, der sich dorthin bewegt, darin unmittelbar reagiert, um Form zu manifestieren. Unsere Träume in der Nacht reagieren unvollkommen mit dem Ascendant und produzieren Visionen unwahrscheinlicher Ereignisse über alles und jedes. Weil wir üblicherweise nicht sehr bewußt sind, während wir schlafen, haben wir wenig Kontrolle darüber, wie unsere Verstandesmaschine mit dem Ascendant interagiert. Darum fühlt es sich selten so an, als ob wir unsere Träume leiten. Dies kann durch Üben geändert werden. Es gibt potentiell einen großen Gewinn daraus, Träume zu studieren.

Da der Ascendant die Quelle der unendlichen Intelligenz ist, und da viele unserer Hemmungen darüber, Kontakt mit dem Ascendant aufzunehmen, entspannt sind, während wir schlafen, liegt ein hohes Maß an subtiler Ordnung unseren Träumen zugrunde. Verstehen, was sie uns sagen, Lernen, welche Botschaften von unserem höheren Selbst zu uns kommen bildet ein faszinierendes Studienfeld. Die reine Kreativität der Träume zu meistern, kann die Tür zur Meisterung der Fähigkeit, alles Gewünschte zu schaffen, öffnen.

Träumen galt in vielen, alten Zivilationen als heilig. Es wurde geglaubt, daß Träume uns den Wohnsitz der himmlischen Mächte öffnen; daher ignorierte keine intelligente Person den Rat, der aus den übernatürlichen Reichen in die Träume einging. Einige hoch entwickelte Gesellschaften bauten Tempel, in den Individuen zum Träumen gingen, um den Rat der Götter zu bekommen – zum Beispiel hatten das alte Ägypten und Griechenland viele Hunderte davon. Sogar heute noch halten einige Eingeborene daran fest, daß der wichtigste Bewußtseinszustand das Träumen ist. Ein allgemeines Merkmal dieses Glaubens ist, daß unsere Welt des Wachbewußtseins in Wirklichkeit von jemand anders geträumt wird. Dieses Verständnis wird auch im alten Indien gefunden: Narayana (Vischnu) schläft auf der Schlange Sescha (dem Behältnis aller früheren Universen) auf dem kosmischen Ozean (dem Ascendant). Seine Träume erschaffen Universen in Name und Form, von denen wir eines bewohnen.

Dies spiegelt die Wahrheit: das Wachzustand des Bewußtseins ist nicht absolut. Unsere Lebenserfahrung ist nicht solide oder unveränderlich, sondern wird von unseren Überzeugungen und Urteilen gebildet. Wenn wir wollen, können wir unsere Meinung ändern; das gibt uns notwendigerweise eine andere Perspektive über das Leben. Leiden ist im Wachen nicht notwendiger als im Träumen – wir können unsere Erfahrungen und Empfindungen ändern durch die Änderung unserer Überzeugungen. Wir müssen nicht an unsere räumlichen, zeitlichen, kulturellen, familiären oder vergangenen Interpretationen der Welt gebunden bleiben. Und doch *erscheinen* die Gebote der empirischen Vernunft und Rationalität für die meisten, besonders jene, die sich nicht zu höheren Bewußtseinsebenen fortentwickeln, als absolut: es ist schwierig, wenn nicht sogar unmöglich, den lebenslangen Traum, der unser Drama im Bewußtseinszustand ist, umzuschreiben.

Aber der Traumzustand ist für alle frei von Einschränkungen, was der Grund dafür ist, warum viele so einen schweren Stand dabei haben, die Symbole, die in Träumen versteckt sind, zu verstehen. Jeder Traum kann als eine Quelle der Heilung oder Einsicht dienen; Träumen integriert unsere Erfahrung der äußeren Welt mit unserem uralten, inneren Wissen, das wir in zahllosen Leben gesammelt haben. Es gibt im Traumzustand keine Barriere zu Vergangenheit und Zukunft; daher ist der Gesamtinhalt und die Verschiedenartigkeit der

Informationen, die die Träume bringen, ehrfurchtgebietend. Einige dieser Informationen schließen direkten Kontakt mit unserem höchsten Selbst ein, Vorkenntnis, Erfahrungen aus vergangenen oder zukünftigen Leben, mythologische Dramen, Kommunikation mit himmlischen Wesen, Analyse und Erforschung der Realität des Wachzustands, tiefverwurzelter Streß, Angst, wilder Humor und Phantasien. All dies ist in metaphorische und symbolische Erfahrungen eingewickelt, die vielleicht oder vielleicht nicht für den Verstand des Wachzustands jemals einen Sinn ergeben.

Da wir in unseren Träumen von den Hemmungen und Verboten unserer angenommenen Weltanschauung befreit sind, können sie ein exellenter Weg zur Selbsterkenntnis sein. Es gibt keine akzeptierten, gesellschaftlichen Standards, keine Familiengebote, keine eingefleischten Veteidigungen von unseren Glaubenssystemen; volle Kenntnis der spirituellen Wahrheit ist daher beim Träumen weniger vor uns verborgen.

Die ernsteste Konsequenz unseres Wachzustanduniversums ist der Streß, der in unseren subtilen Körpern steckt; dieser wird während des Ascendens und des Träumens frei gesetzt. Während des Träumens zu Ascenden ist eine kraftvolle Methode, diesen Prozeß zu beschleunigen. Jeglichen erwünschten Traum zu haben, Träume in jegliche erwünschte Richtung zu bewegen, ist das natürliche Ergebnis der Bewußtseinserweiterung. Dies kommt natürlicherweise vor, wenn man während des Schlafs wach ist in den höheren Stadien der Erleuchtung; vorher entwickelt sich diese Fähigkeit bis zu dem Grad der Bewußtheit, die aufrecht erhalten werden kann, wenn man einschläft.

Aufzuwachen, während man schläft (erkennen, daß Sie schlafen und träumen) ist ein Zeichen der sich entwickelnden Zeugenqualität des andauernden Bewußtseins. Diese Form des Träumens, luzides träumen, kommt am häufigsten im REM-Schlaf vor, der spät in der Nacht nach einer vollständigen Nachtruhe vorkommt. Sich auf die Basis des Kehlkopfes zu konzentrieren, während man einschläft, kann luzides Träumen hervorrufen: die Bewußtheit sammelt sich typischerweise während des Tiefschlafs an der Basis der Wirbelsäule oder im Herzen und am Solar Plexus oder am Kehlkopf während des Träumens.

WACHSTUM IN DIE FREIHEIT

Traumanalyse, richtig angegangen, kann mit der Zeit zu vollkommener Erleuchtung führen.

Aber es gibt schnellere Wege. Wenn wir doch nur lernen könnten, mit unserem wachen Verstand mit dem Ascendant zu interagieren! Dann wäre die Erfüllung unserer Wünsche unvermeidlich. Und augenblicklich.

Der Ascendant ist der Ursprung von allem. Nichts liegt außerhalb von ihm; nichts ist aus etwas anderem als ihm gebildet, nichts kann für den kürzesten Bruchteil eines Moments außerhalb von ihm existieren. Er ist der bewußte Teil des Bewußtseins, er ist der Teil der Existenz, der existiert. Er ist alles, das jemals war, alles, das jemals sein wird; Ihnen mit Ihrem menschlichen Nervensystem ist bei der Geburt das endgültige Geschenk gegeben worden – eine Maschine, die nicht nur den Ascendant erfahren kann, sondern ihn auch lenken kann in jede Richtung, die Sie wollen.

Tatsächlich lenken Sie den Ascendant schon die ganze Zeit. Aber wenn Ihr Verstand nicht kontinuierlich nur auf einen Wunsch auf einmal konzentriert ist, heben sich Ihre gleichzeitigen, gegensätzlichen Wünsche und Gedanken gegenseitig auf. Nicht ganz natürlich, denn sonst wären Sie ein Fall katatonischer Schizophrenie – Sie täten nichts weiter als dasitzen und in die Luft starren. Da Sie diesen Text lesen, ist es zulässig anzunehmen, daß Sie nicht so sehr selbstwidersprüchlich sind, als daß Sie im Boot Ihres Verstandes in vollkommen nutzlosen Kreisen herumsegelten.

Der Verstand im Kontakt mit dem Ascendant ist wie ein völlig stiller See. Gedanken und Wünsche sind wie Steine, die in den See fallen. Wenn ein Stein hineinfällt, verbreiten sich vollkommen konzentrische Kräusel wunderschön über das Wasser und erreichen das ferne Ufer. Wenn zwei Steine hineinfallen, entstehen Kämme und Täler, die einander überschneiden, einige verstärken, andere aufheben. Wenn eine ganze Handvoll Steine das Wasser auf einmal trifft, ist das Ergebnis Chaos – es ist keine Ordnung mehr übrig. Die Spiegelung im See wird in eine Myriade von unvollkommenen Scherben zerbrochen. Oben drüber kann der volle Mond still dahin segeln, aber der See wird nur frenetische Bewegung zeigen.

An einem Sandstrand bestimmt die Art und Qualität der Wellen sehr stark die Form des Sandes. Die Art und Qualität unserer Gedankenwellen bestimmt sehr stark die Gesamtform unseres Verstandes.Die Wellen, die von unseren Gedanken und Wünschen verursacht werden, produzieren sowohl sofortige (oberflächliche) als auch Langzeit- (zugrunde liegende) Effekte. Wenn das Denk- und Wunschmuster chaotisch ist, wird das Ergebnis notwendigerweise aus abnormalen Erfahrungen bestehen – mental, physisch oder emotional – und abnormalem Verhalten. Der Umfang des chaotischen Denkens bestimmt direkt das Ausmaß der Unordnung im Leben. Wenn das Denk- und Wunschmuster geordnet ist, ist das Ergebnis Gesundheit, Glück, Freude, Fortschritt, Kreativität und Erfüllung.

Dies mag intellektuell leicht zu verstehen sein in bezug auf das individuelle Leben: wenn mein Denken ungeordnet ist, werden meine Aktionen und mein Leben ungeordnet sein. Aber da der Ascendant der Ursprung von *Allem* ist, ist es auch wahr, daß mein chaotisches Denken mit allen Teilen des Universums zu allen Zeiten und an allen Orten reagieren wird. Wie Lachse, die an ihren Geburtsort zum Ablaichen zurückkehren, gibt es keine Zufälle des Schicksals, es gibt nur unsere eigenen Gedanken, die zu ihrem Ursprung in unserem individuellen Verstand zurückkehren.

Es gibt ganz wörtlich niemanden zu beschuldigen, niemanden zu verdammen, niemanden wie auch immer zu verurteilen. Meine Wünsche haben mein Universum geschaffen, nur für mich; Ihre Wünsche haben Ihr Universum geschaffen, nur für Sie; Die Tatsache, daß so viele unserer Universen so ähnlich erscheinen und so viele gemeinsame Merkmale haben, ist ein glücklicher oder ein nützlicher Zufall, der unser gemeinschaftliches Menschsein definiert. (Jene, deren individuelles Universum stark von der Synchronie mit der Mehrheit der Menschheit abweicht, neigen dazu, in der Nervenheilanstalt zu enden. Oder im Gefängnis.) Dies beinhaltet, daß die beste Heilung für alle Krankheit, mental oder physisch, dieselbe ist – den individuellen Verstand bewußt mit dem Ascendant wieder zu verbinden.

Der menschliche Verstand ist so unendlich flexibel, daß er sich in seiner Erfahrung vom höchst Konkreten bis zum höchst Abstrakten erstrecken kann – von der physischen Realität, die von unseren Sinnen erfahren wird, bis zur abstrakten, internen Realität des Bewußtseins an sich.

Der rote Faden des Lebens ist Liebe. Vom äußerst Abstrakten zum äußerst Konkreten, auf jeder Existenzebene, auf jeder Erfahrungsebene verläuft dieser schlanke Faden. Er scheint empfindlich, ein zerbrechliches Ding, leicht verloren oder zerrissen, doch ist das nicht so. Er ist dauerhafter als Granit; er kann niemals zerrissen werden, niemals verringert werden, niemals verloren gehen; und er wächst immer, vor allem dadurch, daß er gegeben wird. Wir können nicht herausfallen, obwohl wir manchmal fälschlicherweise glauben, daß wir es tun. Was statt dessen geschieht, wenn wir fühlen, daß wir uns entlieben, ist, daß unsere gleichzeitigen, gegensätzlichen, projizierten Wünsche es für unsere Beziehung unmöglich gemacht haben, für weiteres Wachstum zu sorgen. Dies ist die freundlichste und genaueste Beschreibung. Denn allen unseren Wünschen – dem Gemisch gegensätzlicher Impulse, die wir in das stille Wasser des Ascendant werfen – zugrundeliegend bleibt für immer unsere ursprüngliche Intention, kristallin, makellos und rein, die unser Wesen durch Situation auf Situation führt, durch Leben auf Leben, durch Welt auf Welt. Und was ist diese ursprüngliche Intention? Zu unserem Ursprung zurück zu kehren. Wir haben und werden hier niemals eine Heimat haben; wir werden immer fühlen, daß wir die vertriebenen Wanderer der Zeit sind. Das ist es, was wir in Wahrheit sind. So wie Pellinor in den Legenden um König Artus haben wir unser König(innen)reich verloren, wandern ziellos umher und verrosten langsam, denn unsere Heimat ist für uns unsichtbar geworden.

Doch unser Exil ist selbstverursacht. Wir wählten, hier zu sein; wir können wählen, dorthin zurück zu kehren, woher wir gekommen sind, wann auch immer wir wünschen, das zu tun. Nichts kann sich zwischen uns und unsere Wiedervereinigung mit unserem Ursprung stellen, denn wir haben den Ascendant in Wahrheit niemals verlassen. Wir dachten nur, daß wir es taten; wir sind in unserer Vorstellung überaus weit gereist, aber das ist reine Phantasie. Der Ascendant wird geduldig darauf warten, daß wir uns erinnern, in alle Ewigkeit, sollte das nötig sein. Denn wir *sind* der Ascendant. Ganz egal, wie lange wir diese einfache Tatsache vergessen, ganz egal, wie lange wir leidenschaftlich leugnen, daß dies wahr sei oder damit fortfahren, falsche Träume und seltsame Glaubenssysteme aufzubauen, der Ascendant wartet geduldig auf uns. Es gibt keinen Gedanken, den wir denken könnten, keine Handlung, die wir begehen könnten, die jemals diese simple Tatsache ändern könnte. Der Ascendant ist die Wurzel alles dessen, was wir sind, er ist der vollendetste Ausdruck alles dessen, was wir jemals sein können; er ist der Ursprung nicht nur von uns selbst, sondern auch von allem überall zu allen Zeiten. Daher ist das Leben extrem leicht zu verstehen.

Falls dies schwierig zu verstehen scheint, kann das nur daran liegen, daß irgendein Stück davon nicht richtig verstanden worden ist. Es kann nur sein, weil es immer noch einige dunkle Gebiete in unserer Persönlichkeit gibt, die noch nicht angesprochen wurden. Wie können wir das ändern? Auf jede Weise, die funktioniert!

XI. Drei Stadien der Befreiung

Was immer Du tun kannst oder glaubst,
tun zu können, beginne es.
Kühnheit trägt Genie und Macht und Magie in sich.

ANDAUERNDES BEWUSSTSEIN

Es ist nicht ausreichend, den Ascendant nur während stiller Meditation mit geschlossenen Augen zu kosten. Die volle Entwicklung des Bewußtseins erfordert einen Umzug des Ascendant in das tägliche Leben. Um dies zu erreichen, wird das Leben selbst zum Lehrer. Jeder Wunsch, jeder Konflikt, jedes Problem ist eine Gelegenheit, die von diesem makellosen und wunderbaren Lehrer präsentiert wird, um uns von den falschen Grenzen des Egos zu befreien, und zu lernen, daß der Ascendant die zugrunde liegende Realität von allem ist. Wenn wir erst einmal anfangen, Wachstum aktiv zu betreiben, zeigt uns jede Erfahrung genau, welche Wünsche und Abneigungen unsere früheren destruktiven Verhaltensmuster aufrecht erhalten. Jede Lebenslage wird zur Gelegenheit, auf Erleuchtung zu zu wachsen. So wie wir geschickt darin werden, die früheren, mentalen Entwürfe abzulehnen, entwickeln wir von Natur aus ein Stadium des Gleichmaßes, das uns glatt über und durch die Trugbilder des Erdenlebens trägt.

Dauerhafte Ablehnung der Egoentwürfe verändert unsere Erfahrung der Welt radikal. Wir sind nicht länger Sklaven vergangener, destruktiver Verhaltensmuster. Da der Verstand von der Dominanz der Gedanken über die Vergangenheit und Zukunft befreit ist, erfahren wir auf natürliche Weise und handeln spontan in der Gegenwart zum Guten aller Geschöpfe. Leben wird außergewöhnlich in seiner Einfachheit – die Antwort auf alles, was uns begegnet, ist dieselbe: Annahme, Mitgefühl und bedingungslose Liebe.

Der gebräuchlichste Name in unserer christlichen Tradition für diesen Zustand ist „Beten ohne Unterlaß". Man verliert niemals diesen unendlichen, inneren Frieden der vollkommenen Erkenntnis, man ist immer mit dem inneren Ursprung verbunden. 1897 nannte Dr. Bucke diesen ersten Zustand der Erleuchtung „Kosmisches Bewußtsein". Da dieser Name im folgenden Jahrhundert eher schlecht behandelt wurde, ziehen wir es heute vor, ihn „andauerndes Bewußtsein" zu nennen. Andauerndes Bewußtsein bedeutet, daß die Bewußtheit des Ascendant bleibend oder andauernd ist.

Ein uralter Name für dieses erste Plateau der Erleuchtung ist *Nirvana*. Nirvana kommt von dem Wort *nirva*: ausblasen, im Sanskrit. Das Feuer der Unwissenheit des Egos ist ausgeblasen worden, denn seine Nahrung der alten Überzeugungen ist aufgebraucht. Wie eine Kerze, die ausgepustet wurde, sind all die internen Programme gelöscht worden. Wünsche hören auf zu fesseln, wenn jede Handlung mit vollkommenem Bewußtsein ausgeführt wird, wenn jeder Augenblick des Lebens spontan im gegenwärtigen Moment gelebt wird. Dies ist ein natürliches Beiprodukt des Lebens, das vollständig in der Bewußtheit des Ascendant eingerichtet ist.

Ein anderer Name für andauerndes Bewußtsein ist *Nirvikalpa Samadhi*. Nirvikalpa bedeutet dauerhaft; Samadhi heißt „das Endgültige" oder „makellose Gleichmäßigkeit". Das Leben wird völlig glatt und mühelos, wenn die Individualität damit aufhört zu versuchen, jeden Aspekt der Existenz zu kontrollieren oder manipulieren. Dies ist das natürliche Ergebnis davon, die Bewußtheit ständig im Unendlichen etabliert zu haben.

Eine essentielle Charakteristik des andauernden Bewußtseins ist im Sanskrit als *Prajna (pragya)* bekannt. Prajna ist die Macht des Intellekts, die das *Bezeugen* schafft.

Das Nervensystem ist ausreichend flexibel, um die kontinuierliche Stille des Ascendant und gleichzeitig die relativen Stadien des Bewußtseins zu erfahren: Wachen, Träumen und Schlafen. Diese Dualität der Bewußtheit oder des Bezeugens ist das erste Stadium der Erleuchtung. Daher wird Prajna die Mutter der Weisheit genannt.

Der Verstand kann mit einer Gruppe Vögel verglichen werden, die sich ständig in der Form und Richtung verändern und doch ihre Formation erhalten. Wenn wir beginnen, das bezeugende Bewußtsein zu kultivieren, sehen wir manchmal die Vögel fliegen; manchmal sind wir die Vögel. Wenn wir beides zu jederzeit gleichzeitig sind, haben wir prajna voll entwickelt.

Im Wachzustand ist die allgemeine Erfahrung: „ich denke", „ich fühle", „ich handle". Dies ist eine Verwirrung der Realitätsebenen. Wenn unsere Bewußtheit erst einmal dauerhaft im Ursprung etabliert ist, im Ascendant, erkennen wir, daß alle Handlungen, Gedanken und Gefühle außerhalb des Selbsts liegen. Das Leben geht ziemlich so weiter wie zuvor, aber jetzt mißversteht das Individuum den Ursprung der Gedanken, Gefühle oder Handlungen nicht mehr als das individuelle Selbst. Diese Erfahrung des Bezeugens kann sehr verwirrend für den Anfänger sein, besonders, wenn niemand mit ausreichend Wissen zur Verfügung steht, um zu erklären, was geschieht. In extremen Fällen ist sie mit Wahnsinn verwechselt worden.

DIE DREI GUNAS

Wenn man erfährt, daß Gedanken, Gefühle, Empfindungen und Handlungen weitergehen, ohne vom Selbst verursacht zu werden, stellt sich natürlich die Frage „Wer denkt, fühlt und handelt?" Die Antwort ist, daß die fundamentalen Kräfte der Natur, im Sanskrit die *Gunas* genannt, verantwortlich für alles in der Schöpfung sind. Ich sagte zuvor, daß der Ascendant der Ursprung ist von allem, was ist. Das ist wahr, aber der Ascendant verläßt seinen unendlichen, erhabenen Status niemals, um das Universum zu erschaffen. Wo kam dann das Universum her? Die Antwort ist, daß es von den drei Gunas kam – den drei fundamentalen Kräften, die alles bewirken, was existiert.

SATTVA

Die erste Guna ist die Kraft der Reinheit, die Kraft der kreativen Intelligenz oder Evolution. Alles im Universum wächst, reift, wird komplexer. Sattva ist die unendliche, kreative Kraft, die dies bewirkt. Im Taoismus wird das Yang genannt. Yang ist positiv, maskulin, expansiv, himmlisch, nach außen gerichtet. Die ursprüngliche Kraft von Sattva manifestiert sich im individuellen Leben als Klarheit der Gedanken und Reinheit der Intention. Wenn die Guna Sattva die Sorge für ein individuelles Leben übernimmt, entwickeln sich Glück und Gesundheit automatisch. Die weißen Ishayas nehmen sich die Repräsentation dieser Guna Sattva oder die absolute Reinheit als ihren Pfad auf Erden zum Vorbild.

Die Guna Sattva manifestiert sich in jedem Aspekt der Schöpfung. In bezug auf die drei relativen Bewußt-seinszustände ist Sattva am stärksten im Traum. In bezug auf die drei erleuchteten Bewußtseinszustände, entspricht Sattva am meisten dem gehobenen Bewußtsein, dem zweiten Stadium der Erleuchtung. Sattva ist dominant in bestimmten Nahrungsmitteln, in bestimmten Getränken, in bestimmten Empfindungen, in bestimmten Handlungen, in bestimmten Gefühlen und in bestimmten Gedanken. Dadurch, daß wir sanft unser Essen, Trinken, Empfinden, Handeln, Denken und Fühlen umstellen, können wir unser Leben mehr und mehr in die Richtung von Sattva drehen. Sattva nimmt ganz natürlich zu, wenn man ascendet, und bringt tiefen, inneren Frieden, Stille, Klarheit, Kreativität, Freude und vollkommene Gesundheit mit sich. Sattva wird von der ursprünglichen Kraft des Ascendant geleitet, die die evolutionäre Richtung des Universums aufrecht erhält, die im Sanskrit Narayana genannt wird. In der christlichen Tradition wird die sattvische Kraft vom heiligen Geist repräsentiert.

TAMAS

Das Gegenteil von Sattva in jeder Hinsicht ist die Guna, die als *Tamas* oder Beharrung bekannt ist. Tamas ist das Yin zu Sattvas Yang – es ist negativ, feminin, kontrahierend, irdisch, nach innen gerichtet. Yin ist die ultimative Empfänglichkeit, die perfekte Ergänzung zur unendlichen Kreativität von Yang. So wie Sattva licht und weiß ist, ist Tamas dunkel und schwarz. Tamas wird unter den Ishayas von den geheimnisvollen, schwarzen Ishayas vertreten, die selten im Kloster auftauchen, sondern in

Abgeschiedenheit leben und von Zeit zu Zeit kommen, um die Richtung der Ascension des Johannes auf dem Kurs ihrer ursprünglichen Intention zu halten.

Tamas ist verantwortlich für Weisheit, Intuition und die nach innen gerichtete Bewußtseinsführung, die so notwendig für das Bewußtseinswachstum ist. Dies ist der Grund dafür, daß der Aspekt des Ascendant, der Tamas beherrscht, Ischa, im Sanskrit Yogiraj genannt wird – „der König der Yogis" – Tamas ist notwendig, um Unwissenheit zu zerstören. Diese ursprüngliche Kraft muß zu unseren Gunsten sein, wenn wir wünschen, in vollkommenes Bewußtsein aufzusteigen. In der christlichen Tradition wird Tamas durch den Christusaspekt der Trinität repräsentiert. Christus zerstört die Unwissenheit der Welt und ersetzt sie mit der Wahrheit der reinen, bedingungslosen Liebe, der reinen Glückseligkeit.

Gerade so wie vermehrtes Sattva Glück und Kreativität bringt, bringt ein Ungleichgewicht von Tamas auf der Erde Unglück, Depression, Krankheit und Trägheit. Wie bei Sattva gibt es bestimmte Nahrungsmittel, Getränke, Empfindungen, Handlungen, Gedanken und Gefühle, die Tamas vermehren. Wenn diese im Leben vermehrt werden, wird das Leben krank, depressiv, traurig. Übermäßiger Schlaf bringt ein Ungleichgewicht von Tamas mit sich, den von den drei relativen Bewußtseinszuständen ist Tamas am stärksten im Schlaf. In den drei absoluten Bewußtseinsstadien ist Tamas am stärksten im höchsten Grad der Erleuchtung, in der Einheit: in diesem Stadium sind alle Empfindungen der Dualität zerstört worden.

RAJAS

Sattva und Tamas arbeiten immer zusammen: nichts kann sich verändern oder entwickeln oder sogar geschaffen werden, bis der vorige Zustand zerstört ist. Eine Knospe stirbt, damit eine Blume blühen kann; ein Knabe stirbt, damit ein Mann geboren werden kann. Das Bindeglied zwischen Sattva und Tamas ist die Guna, die als *Rajas* bekannt ist. Die unendliche Spannung zwischen reiner Schöpfung und reiner Zerstörung schafft die dritte

Guna, die Guna der Energie: Rajas. Rajas ist neutral in der Richtung, bis sie auf Schöpfung oder Zerstörung gerichtet wird. Sie ist verantwortlich für den Wachzustand, denn Wachen *ist* Aktivität. Sie ist auch im andauernden Bewußtsein dominant, denn die äußere Welt geht mehr oder weniger genau so, wie sie war, in diesem ersten Erleuchtungszustand weiter. Nur die innere Realität hat sich der Empfindung des Ascendant geöffnet: die Außenwelt geht weiter.

Unter den Ishayas wird Rajas von den roten Ishayas repräsentiert, die die meiste Verantwortung für die Lehre von Ascension in der Welt haben werden. Die aktiven, roten Ishayas, geführt von der Reinheit der Weißen und zusammengeschlossen durch die Weisheit der Schwarzen werden die Welt heilen. Im Sanskrit ist die ursprüngliche Kraft von Rajas in Prajapati repräsentiert, dem Schöpfer. In der christlichen Tradition verkörpert Gott, der Vater, die Qualitäten von Rajas.

So wie bei Sattva und Tamas gibt es bestimmte Nahrungsmittel, Getränke, Empfindungen, Handlungen, Gedanken und Gefühle, die Rajas im Leben vermehren. Ein Ungleichgewicht von Rajas führt zu Leidenschaft, zu Zorn, zu Gewalt. Wenn Rajas von Sattva gezähmt ist, schenkt es die Energie, die notwendig ist, um alles im Leben zu erreichen – einschließlich natürlich der Energie, um zu Erleuchtung aufzusteigen. Das ist der Grund, warum gesagt wird, daß Aktion das Mittel ist, andauerndes Bewußtsein zu entwickeln, aber daß Stille das Mittel ist, um die subtileren Erleuchtungszustände zu entwickeln.

Die menschliche Welt ist die Welt von Rajas: Wir als Menschen stehen auf der Schwelle von Sattva und von Tamas, fähig, uns in beide Richtungen zu bewegen. Durch unsere Gedanken und Handlungen machen wir Himmel oder Hölle aus unserem Leben. Wir stehen an der Grenzlinie von Sichtbarem und Unsichtbarem – zwar leben wir in materiellen, physischen Körpern, doch sind wir trotzdem aus Geist gemacht. Durch unsere Wahl beleben wir die himmlischen Qualitäten von Sattva oder die irdischen Qualitäten von Tamas. Durch unsere Wahl steigen unsere Leben auf zu Freude und Gesundheit oder fallen herab zu Unglück und Tod.

„SEI OHNE DIE DREI GUNAS"

Die Erfolgsformel im Leben ist, sich vom Einfluß der drei Gunas frei zu machen. Wie wird das gemacht? Durch Ascenden – durch Bringen der Bewußtheit zu seinem Ursprung im Ascendant. Wenn dies geschieht, erlebt man, daß Gedanken, Gefühle, Eindrücke und Handlungen weitergehen: sie werden seit jeher von den Aktionen und Interaktionen der fundamentalen Naturkräfte verursacht, aber jetzt gibt es keine Einmischung des Egos mehr, es gibt nicht mehr den Gedanken, daß „ich denke, fühle, empfinde, handle". Die Gunas, die mit den Gunas spielen, lassen Gedanken aufsteigen; die Gunas, die mit den Gunas spielen, lassen Gefühle aufsteigen; die Gunas, die mit den Gunas spielen, lassen Eindrücke aufsteigen; die Gunas, die mit den Gunas spielen, lassen Handlungen aufsteigen. In diesem Maße ist das gesamte Feld des menschlichen Lebens, subjektiv und objektiv, unter der Vorherrschaft der Gunas.

Im Wachzustand nehmen wir fälschlicherweise Autorenschaft für unsere Gedanken, Gefühle, Eindrücke und Handlungen an. Dieser Fehler wird im andauernden Bewußtsein korrigiert: in jeder Erfahrung, in jedem Gedanken, in jeder Handlung erkennt der Erleuchtete: „ich handle überhaupt nicht". Alles kommt von den Gunas, die wegen der Gunas handeln; wenn das verstanden ist, nicht als trockenes, intellektuelles Konzept, sondern als eine lebendige, direkte Erfahrung, dann ist andauerndes Bewußtsein stabilisiert.

Andauerndes Bewußtsein ist vollkommene Freiheit: da wir erkennen, daß es nur die Handlungen der Natur sind, die unsere Gedanken und Erfahrungen verursachen, können wir unser Leben in jede Richtung, die wir uns aussuchen, dirigieren. Da wir nicht länger den alten, destruktiven internen Programmen verfallen sind, schaffen wir jegliche neue Gewohnheits- und Glaubensstruktur, die wir wollen. Der Verstand, nicht länger von egohaftem, angstvollem Denken gefangen, ruht in völliger, innerer

Freude. Wir sind nicht länger an vergangene Erfahrungen und zukünftige Sorgen gekettet: das Leben wird kontinuierlich im gegenwärtigen Moment gelebt. Das Leben entfaltet sich in Vollkommenheit, denn wir glauben nicht mehr, daß unser rationaler Verstand irgend etwas kontrollierte. Genau so, wie wir im Wachzustand wenig Kontrolle über das Hämoglobin haben, das Sauerstoff in unsere Zellen bringt, und nur geringe Fähigkeit haben, bewußt all die Myriaden elektrischer und chemischer Prozesse im Körper zu verändern, gerade so werden im andauernden Bewußtsein alle unsere mentalen Prozesse – Gedanken, Gefühle, Eindrücke, Handlungen – vollautomatisch. Weil wir aufgehört haben, das perfekte Fließen des Lebens aus dem Ascendant zu unterminieren, wird alles in bezug auf unser individuelles Leben erfolgreich und höchst erfüllend. Leben wird in Vollkommenheit gelebt.

Maharishi Patanjali, einer der frühesten Begründer der Yogaphilosophie, schrieb in seinen Yoga Sutras vor fast fünftausend Jahren, „Heyam duhkham anagatam". Das bedeutet, daß das Leiden, das noch nicht gekommen ist, verdient, vermieden zu werden. Wie geschieht das? Es ist ein natürliches Ergebnis davon, die individuelle Bewußtheit dauerhaft im andauernden Bewußtsein zu etablieren. Wenn wir aufhören, die Autorität der drei Gunas uns anzumaßen, fließt das ganze Leben perfekt für uns; in diesem Zustand ist kein Leiden möglich.

Patanjali bemerkte auch, daß, wenn wir uns in Asteya, Nicht-Stehlen, etablieren, aller *ratna*, unschätzbarer Reichtum, sich automatisch bei uns einfindet. Wenn wir aufhören, die Autorität für unsere Gedanken, Gefühle, Empfindungen und Handlungen von der Natur zu stehlen, haben wir Asteya vervollkommnet. Alle guten und wunderbaren Dinge kommen zu jenen, die in andauerndes Bewußtsein aufgestiegen sind, nicht das geringste unter diesen ist das Freikommen von unfreiwilliger Wiedergeburt.

Andauerndes Bewußtsein entwickelt sich außergewöhnlich schnell als ein Ergebnis regelmäßigen Ascendens. Es braucht längst nicht so lange, die internen Programme umzuschreiben, wie es dauerte, sie zuerst einmal zu schaffen. Glücklicherweise!

Wenn wir all die Schrecken, die wir in unserem Verstand und in unserer Welt geschaffen haben, wieder erleben oder bewußt auflösen müßten, wer hätte den Mut, auch nur damit anzufangen? Glücklicherweise ist das nicht notwendig. Durch Ascension radieren wir elegant, sogar ohne daß es uns bewußt ist, all die alten Überzeugungen, Gewohnheiten und Urteile aus, die das Leben an den Wachzustand des Bewußtseins gebunden halten.

Das typische Ergebnis von fünf bis acht Jahren regelmäßigen Ascendens ist, daß andauerndes Bewußtsein in jeglichem Nervensystem aufdämmert, egal, wie gestresst es am Anfang war. Dies hängt letztlich von vier Faktoren ab:

1) Wie regelmäßig das Individuum bei seiner oder ihrer Ausübung ist. So wie bei der Schwerkraft eine gewisse Beschleunigung nötig ist, um der Anziehungskraft der Erde zu entkommen ($9,8$ m/sec^2), so ist auch ein gewisses Maß an Beschleunigung nötig, um den alten, destruktiven Verhaltensmustern zu entkommen. Am einfachsten ist das erreichbar durch eingleisige Hingabe an die Regelmäßigkeit der Übung.

2) Wieviel Streß es im Nervensystem zu Beginn der Übung gibt. Manche Menschen sind ganz schön viel mehr gestresst als andere, was an lebenslangen, unangemessenen und unausgeglichenen Verhaltensmustern liegt. Das Alter ist dabei natürlich auch ein Faktor; die allgemeine Regel ist: je länger das Leben, desto gestreßter der Körper. Die Arterien eines Neugeborenen sehen aus wie biegsame Plastikröhren; die Arterien eines typischen Achtzigjährigen sind mit Ablagerungen und Plaque angefüllt, sie sind brüchig und sehen so ähnlich aus wie alte und harte Wasserrohre.

3) Wieviel Streß das Individuum seinem oder ihrem Nervensystem täglich zuführt. Manche Lebensstile sind stressiger als andere. Egal, wie effektiv ein Filtersystem ist, wenn der Teich jeden Tag mit mehr Giftmüll und Matsch verunreinigt wird als abgebaut werden kann, wird die Qualität weiter abnehmen.

4) Wie stark das Individuum von seinen oder ihren selbstzerstörerischen Verhaltensmustern frei sein will. Je intensiver der Durst nach Veränderung, desto schneller wird die

Veränderung stattfinden. Das ist natürlich für alles wahr. Je mehr man Klavier übt, desto schneller lernt man Klavier spielen.

Aber wenn man alles bedenkt, ist der typische Durchschnitt fünf bis acht Jahre. Es ist ein wenig überraschend, daß es noch so lange dauert. Wohin müssen wir denn überhaupt kommen? Der Ascendant ist bereits in jedem. Der Grund dafür, daß es einige Zeit braucht, ist, daß wir so stark von unseren Gewohnheitszuständen des Denkens, Sehens und Handelns konditioniert sind. Alte Gewohnheiten tendieren dazu, schwer ausrottbar zu sein.

ERHÖHTES BEWUSSTSEIN

Wie ist es möglich, daß es eine Entwicklung jenseits des andauernden Bewußtseins geben kann? Im andauernden Bewußtsein ist die unendliche Bewußtheit des Ascendant fortdauernd etabliert. Wo könnte es da Raum für mehr Wachstum geben? Logischerweise kann das nicht sein. Diese Tatsache hat für viele Individuen in der Vergangenheit dazu geführt, daß sie im andauernden Bewußtsein „stecken geblieben" sind. *Stecken geblieben* ist in Anführungszeichen, weil die ewige Freiheit des andauernden Bewußtseins nicht treffend als ein Zustand der Bewegungslosigkeit beschrieben wird, besonders, wenn man ihn mit der Ignoranz des Wachzustands vergleicht. Aber verglichen damit, was sonst noch erreichbar ist, *bedeutet es*, stecken zu bleiben, wenn man bis zu seinem Tode im andauernden Bewußtsein bleibt.

Der Verstand ist im andauernden Bewußtsein erfüllt, denn die Blockaden für die individuelle Bewußtheit, sich daran zu erinnern, daß sie unendlich ist, sind entfernt worden. Der Verstand sieht daher kein Potential für weiteres Wachstum. Aber das Herz ist nicht zufrieden. Vorher, im Wachzustand, gab es wenigstens so eine Art Einheit mit dem geliebten Menschen oder Objekt. Was verloren gegangen war, war die Bewußtheit des grenzenlosen, inneren Selbsts, aber wenigstens gab es eine Ebene des Vergnügens in dieser Pseudoeinheit.

Jede Ebene der Schöpfung hat ihre entsprechende Ebene des Glücks, sogar der Wachzustand. Deshalb, wenn im andauernden Bewußtsein der Verstand mit dieser unendlichen Dualität zwischen dem Selbst und allem anderen zufrieden ist, fühlt sich das Herz unzufrieden, denn die frühere Einheit ist verloren gegangen. Der Verstand sagt, „Logisch, da kann nicht mehr sein", aber das Herz antwortet, „Warte ein Weilchen ab und sieh". Es gibt ein altes, englisches Sprichwort, „Das Herz kennt keine Vernunft". Es mag vollkommen unvernünftig sein, daß ein Wachstum jenseits der Erkenntnis, daß wir unendlich sind, möglich sein soll, aber das Herz gibt sich nicht so leicht geschlagen, nicht einmal vom Absoluten!

Unendlichkeit mag vor den Wünschen des Herzens stehen, aber das Herz wird die Zitadelle der Ewigkeit stürmen, wenn es muß, um sich wieder mit seinen entfernten Geliebten zu vereinigen. Und der Verbündete des Herzens hierin ist natürlich, daß die letztendliche Realität von Allem die Liebe ist.

Das Herz liebt. Das Individuum, befreit von allen destruktiven, internen Programmen, versucht nicht mehr, in der Vergangenheit oder der Zukunft zu leben, und sabotiert nicht länger die natürlichen Impulse der Liebe. Im Wachzustand steigt Liebe nur empor, um von Zweifel, Angst, Projektion und Mißverständnissen verfinstert zu werden. Es gibt keine Konsistenz der Liebe in diesem Bewußtseinszustand, denn das Egoselbst ist niemals konsistent. Da das Individuum nicht im gegenwärtigen Moment lebt, wird es oft von Reue, Sorge und Angst gefangen genommen; es gibt wenig Raum für vollkommene, bedingungslose Liebe. Aber Liebe für Alle und Alles erblüht spontan für jemanden, der in der Gegenwart lebt ohne Urteile aus der Vergangenheit oder Angst vor der Zukunft. Da Liebe spontan fließt, wird es leichter und leichter, alle und alles zu lieben. Dieses Stadium der automatisch sich vermehrenden Liebe beginnt, unsere Wahrnehmungssinne zu verändern: wir fangen an, immer subtilere Ebenen in jedem Gegenstand zu erleben.

Sogar im Wachzustand ist die Erfahrung, daß, wenn wir lieben, wir die Grenzen und Einschränkungen des Lebens nicht so sehr wahrnehmen. Wir sind zu sehr damit beschäftigt, die Wellen der Freude zu reiten. Diese Qualität der wachsenden Würdigung öffnet uns ganz natürlich die Fähigkeit, inniger zu lieben – Würdigung und Liebe nähren einander immer leichter und gründlicher, wenn die untergrabenden Tendenzen des alten Glaubenssystems zum Stillstand gekommen sind.

VERFEINERTE WAHRNEHMUNG

Der Körper hat in seine wundervolle Struktur die Mechanismen von viel subtileren Funktionsstilen eingebaut. Schätzungsweise 90% des genetischen Codes zum Beispiel ist mit keiner bekannten Funktion im Wachzustand ausgestattet. Dies ist eines der größten Mysterien der modernen, genetischen Forschung: warum ausgerechnet in der DNA ist die Natur, sonst typischerweise so rücksichtslos in ihrer Effizienz, so verschwenderisch mit über neun Zehnteln der Bausteine? Eine Antwort ist, daß viele dieser Leerstellen des Codes nur in den relativen Bewußtseinszuständen funktionslos sind, im Wachen, Träumen und Schlafen. In den drei erleuchteten Zuständen beginnen Teile der DNA zu arbeiten, um Proteinmoleküle zu schaffen, die in den relativen Zuständen keinen Sinn und Zweck haben. Zwei der wichtigsten von diesen heißen *Soma* und *Amrita* in der alten Literatur.

Soma wird „der Klebstoff des Universums" genannt: dieses Molekül erlaubt uns, Wahrnehmungen auf der subtilsten Ebene der Schöpfung zu entwickeln, jener Realitätsebene, die alles mit dem Ascendant verbunden hält. Wenn Soma sich im Körper vermehrt, verbessern die Wahrnehmungssinne nach und nach ihre Fähigkeiten. Alles fängt an, in seinem himmlischen Wert erfahren zu werden – die am meisten verfeinerte Ebene der relativen Struktur. Dies ist wahr für das Sehvermögen: Soma erlaubt uns, alle Objekte mit unendlichem Licht erfüllt oder daraus gemacht zu sehen, aus reinster Schönheit. Dies wahr für das Hören: Soma erlaubt uns, die subtilsten Ebenen des Tons zu hören; jeder Ton ist erlesen in seiner Perfektion. Dies ist wahr für unseren Geruchssinn: jeder Geruch atmet duftendes Wunder. Dies ist wahr für den Tastsinn: jede physische Emfindung übersteigt das Wunder der weichsten Seide. Dies ist wahr für den Geschmack: jeder Bissen ist süßer als der süßeste Zucker, ein Wunder kaskadenartigen Entzückens.

Ein wesentliches Ergebnis dieser zutiefst verfeinerten Wahrnehmungsebene ist es, das Leben überaus erfreulich zu machen. Ein weiteres Ergebnis kann auch die Fähigkeit sein, Wesen, die auf den subtileren Realitätsebenen leben, zu sehen und mit ihnen zu kommunizieren: Engel, Himmlische, Devas, Elementargeister, Götter. Dieser Zustand ist die Inkarnation der Herrlichkeit: jeder Moment wird im Höchstmaß erlebt. Soma transformiert unsere lehmartigen Körper in Tempel des Gotteslichts. Himmlische Wahrnehmung ist die Regel in der erhöhten Wahrnehmung. Jede Wahrnehmung *ist* Wunder. Wahrheit, Schönheit und Liebe sind die Gehilfen hierbei, dem zweiten Zustand der Erleuchtung.

Amrita ist das Molekül, das physische Unsterblichkeit zubilligt. Es ist nichts in den genetischen Code eingebaut, das darauf bestünde, das menschliche Wesen müsse altern und sterben. Es gibt kein absolutes Gesetz, daß der Schaden, der von den freien Radikalen, die unseren Körper durchstreifen, verursacht wird, nicht für immer vollkommen wiedergutgemacht werden kann. Statt dessen möchte sich jede Zelle perfekt reproduzieren. Warum geschieht das nicht? Streß. Radioisotopische Studien haben nachgewiesen, daß jedes Jahr *98%* der Moleküle in unserem Körper ersetzt werden. Einige Teile werden sehr viel häufiger ersetzt: zum Beispiel ist die Magenwand, soweit es die Moleküle betrifft, die die Zellen bilden, *alle fünf Tage* vollständig neu. Eine neue Leber haben wir alle sechs Wochen, ein neues Skelett alle sechs Monate, einen völlig neuen Körper, 100% ersetzt, alle zwei Jahre. Sogar die Nervenzellen, die selbst nicht ersetzt werden nach der Geburt, werden jedes Jahr durch die Atome erneuert, aus denen sie zusammengesetzt sind.

Das Problem ist, daß wir im normalen Wachzustand daran festhalten, den Körper in genau derselben Weise wieder herzustellen: wenn wir einer alten Verletzung wegen ein verformtes Knie haben, ersetzen wir fortwährend die Atome im

Knie in derselben Weise, so daß wahre Heilung niemals stattfindet. Es gibt keinen Grund, daß dies so sein muß; es gibt keinen Grund, daß das Leben mit fünfundsiebzig zu Ende sein muß. Das ist einfach Glaube. Wir erkennen ihn normalerweise nicht als Glauben, da er so tief im kollektiven Unbewußten verankert ist, aber es ist dennoch Glaube. Wenn wir unsere Meinung tief genug ändern, können wir mit dem Meisterprogrammierer vertraut werden, dem Impuls unseres Bewußtseins, der genau bestimmt, wo diese Glaubenssysteme aufrecht erhalten werden. Eine Charaktereigenschaft des erhöhten Bewußtseins ist die Fähigkeit, all die alten Glaubenssysteme umzukehren, einschließlich des Glaubens an den Tod. Amrita ist das physische Molekül, das uns befähigt, unseren Körper unbegrenzt zu regenerieren.

EINHEIT

Der letzte Wachstumsschritt des menschlichen Bewußtseins kommt, wenn der verfeinerte Wert der himmlischen Wahrnehmung mit kontinuierlicher Bewußtheit des Ascendant *draußen* verschmolzen ist. Dies ist die höchste Ebene der Erleuchtung und ist als vereintes, andauerndes Bewußtsein oder Einheit bekannt. Vereintes, andauerndes Bewußtsein klingt aus der Perspektive des normalen Wachbewußtseins unmöglich: wie kann das Unendliche gesehen, gehört, berührt, geschmeckt, gerochen werden? Es macht nur vom Standpunkt desjenigen Sinn, der zur Bewußtheit des inneren unendlichen Bewußtseins aufgestiegen ist, in das andauernde Bewußtsein. Nur dann wird es eine durchführbare Aufgabe. Es gibt keine Auflösung der Sehnsucht des Herzens, bis jedes Objekt als dasselbe, unendliche Selbst erfahren wird, das wir drinnen kennen.

Wie kommt dieses letzte Stadium des Wachstums zustande? Durch einen Akt der intellektuellen Unterscheidung erfährt das erleuchtete Individuum, wie das himmlische Licht in die Unendlichkeit schmilzt; diese Unendlichkeit, die als draußen wahrgenommen wird, wird als dieselbe erkannt, die wir drinnen kennen. Anders gesagt, das Individuum entdeckt, daß sein

Kosmisches Geliebtes sein eigenes Selbst ist. Lustigerweise deutet alle Liebe zurück auf das Selbst. Sie ist nicht auf das begrenzte Selbst des Wachzustands gerichtet – dieses Selbst kann nichts und niemanden dauerhaft lieben – die Liebe weist zurück auf das universale, kosmische Selbst des erleuchteten Geistes. Dies führt zur vollen Bewußtheit, daß alle und jeder ein Funken der göttlichen Flamme ist, daß alle und jeder derselbe unter den oberflächlichen Unterschieden ist.

Was löst diese letzte Erkenntnis aus? Bestimmte Abhandlungen über das Thema der Einheit wurden von Individuen in Einheit geschrieben: die *Brahma Sutras* von Badarayana, die *Upanischaden*, das *Maharamayana*, (Yoga Vasishtha) von Valmiki, *Ein Kurs in Wundern*. Die gesamte Vedantaphilosophie (wörtlich: Ende des Veda) des alten Indien war für jene im zweiten Stadium der Erleuchtung bestimmt, dem erhöhten Bewußtsein, um zur Einheit aufzusteigen. Alle diese Texte sind nicht nur völlig nutzlos im normalen Wachzustand, sie sind potentiell extrem verwirrend.

Ein anderer Katalysator dieser Transformation können die direkten Worte des völlig Erleuchteten an den Aspiranten sein, der am letzten Tor vor der Einheit steht: „Du bist Das", „All dieses ist Das", „Es gibt nichts anderes als Das". *Das* bezieht sich natürlich auf den Ascendant. Im geeigneten Augenblick vernichten diese großen Worte (*Mahavakyas*) unwiderrufbar den letzten Anflug von Begrenzung im Geist der sich entwickelnden Seele. Oder diese Transformation kann auf unzählige andere Weisen geschehen; die Natur selbst schafft die notwendigen Bedingungen, so daß sie geschehen *muß*.

Wie funktioniert individuelles Leben weiterhin in Einheit?

Karma (Handlung) ist in zwei Typen geteilt: diejenige, die wiederkehrt, unabhängig von unseren gegenwärtigen Handlungen, und diejenige, die wie schlafend liegt – schlafend, weil sie keine Chance hat, uns in diesem Leben zu erreichen. Die Ergebnisse unserer vergangenen Taten können mit Samen verglichen werden. Ein winziger Teil dieser Samen ist bereits aufgegangen und hat Wirkungen in diesem Leben. Es ist, als ob ein kleiner Anteil des Lagers unseres Karmas dabei sei, eine

Brücke in unsere gegenwärtige Existenz zu schlagen. Jenseits dieser Brücke liegt die riesige Mehrheit unseres vergangenen Karmas, vergleichbar mit Gebirgszügen aus Korn, das die richtigen Bedingungen zu wachsen abwartet. Ascenden ist ein göttliches Feuer, das diese Samen röstet, so daß sie nicht länger die Fähigkeit zu sprossen besitzen. Die Brücke ist verbrannt, es gibt keine Verbindung mehr mit der Vergangenheit; das Karma hat nicht mehr das Potential, wiederzukommen. Die Samen wurden im Feuer der Weisheit geröstet.

Das Karma, das bereits aufgegangen ist, schafft *Leschavidya*, „die letzten Reste des Unwissens". Dies ist es, was Körper und Geist in Einheit in Funktion hält. Das Leben geht weiter kraft der Gewohnheit; die individuelle Essenz wird als eine dünne, fast unsichtbare Membran zwischen zwei Füllen erlebt: das innere Selbst ist unendlich, die äußere Welt ist unendlich; was von der Individualität übrig ist, ist die schwache, durchsichtige Grenze zwischen diesen Füllen. Dies ist, was in den Upanischaden mit *Purnam ida, Purnam idam* gemeint ist: „Dies ist voll, das ist voll." Diese unendliche, unwandelbare, interne Erfahrung der Ewigkeit ist nicht verschieden von der unendlichen, unwandelbaren, externen Erfahrung der Ewigkeit. Diese beiden Füllen werden als eine erfahren. Dies ist, was mein Lehrer meinte, als er sagte, „200% des Lebens ist das Geburtsrecht jedes menschlichen Wesens."

Alle Herrlichkeiten, irdisch und himmlisch, erwarten jene, die intelligent genug sind, Erleuchtung zu suchen.

XII. Letzte Puzzlestücke

„So wie der kleinste Tropfen Weines das gesamte Glas verfärbt,
so färbt das kleinste Partikelchen Wahrheit unser ganzes Leben."
--die Upanischaden

Kann es schwierig sein, das individuelle Leben in einen dauerhaft gelebten Zustand der Perfektion zu erweitern? Es kann kein Problem geben, weder physisch, mental, emotional noch spirituell, das nicht durch die Entdeckung unserer inneren, göttlichen Natur gelöst werden könnte. Das ist keine Glaubenssache, es ist eine notwendige Konsequenz dessen, was unsere innere, göttliche Natur ist. Kein Problem kann dem Wissen über das innere Selbst widerstehen, einfach, weil kein Problem mit ihm koexistieren kann. Wo geht die Dunkelheit hin, wenn wir das Licht anschalten?

RUHM

Was ist Ruhm? Es ist ein Zaubertrick, eine besonders gerissene Phantasie, die häufig die berühmte Person in eine tiefere Ebene des Unwissens bindet. Ruhm bedeutet, daß einige Leute glauben, daß jemand wichtiger oder besser als alle anderen sei. Wie tief sehnen wir uns danach, als wichtig angesehen zu werden! Ist dies nicht ein Hunger nach Liebe? Und wie lebenswichtig ein jeder von uns ist! Aber nicht aus Gründen, die wir typischerweise annehmen. Jeder von uns ist lebenswichtig, weil wir alle ein einzigartiges Stück des Universalen Geistes sind – es könnte gesagt werden, daß der Ascendant unvollständig wäre ohne irgend jemanden von uns. Aber das ist natürlich unmöglich, weil der Ascendant niemals unvollständig sein kann. Darum ist jeder von uns kostbar und notwendig, damit sich das Universum so entwickelt, wie es muß.

Ruhm ist solch ein Betrüger. Wir sind, so denken wir, berühmt wegen *etwas*. Weil wir Tore schießen oder gut singen können oder in Filmen auftreten. Wir sind in den Augen der Welt nicht berühmt wegen unseres innewohnenden Wertes, sondern weil wir etwas gut tun, verglichen mit allen anderen. Wenn wir diese Sache nicht mehr gut tun, verschwindet unser Ruhm wie das Trugbild, das er ist, hinterläßt uns die Erinnerung an Ehre aber sonst nichts. Hier kommen die verschiedenen Abhängigkeiten der Welt herein, um die Sinne zu betäuben und uns zu helfen, unseren verlorenen Augenblick in der Sonne zu vergessen.

Das gesamte zugrundeliegende Glaubenssystem, daß Kulturen, die sich wünschen, einzigartig, besonders, anerkannt oder berühmt zu sein, ist verdreht, nicht wahr. Viele von uns gieren danach zu beweisen, daß wir das Zentrum des Universums sind, daß wir geliebt werden. Aber unglücklicherweise ist der Beweis derart, daß er niemals von außen kommen kann. Jene, die dich heute loben, können dich sehr wohl morgen verdammen; wenn dein Glück oder Selbstwertgefühl auf der Meinung anderer über dich aufgebaut ist, wird dein Glück nie lange halten. Noch wird es jemals wahrhaft befriedigend sein.

Jeder von uns besitzt bereits das wunderbarste Attribut, das man sich nur vorstellen kann – jeder ist ein Stück des unendlichen Ursprungs. Es kann keinen größeren Anspruch auf Ruhm geben; keine Tat der Welt kann lobenswerter sein; kein Wort oder Gedanke kann wichtiger oder bedeutender sein als diese eine Tatsache. Da ist in uns allen die großartigste aller möglichen Realitäten, wie kann irgend etwas Externes noch eine große Rolle spielen? Menschlicher Ruhm kommt und geht mit den Jahreszeiten. Er ist niemals universal. Niemand wird jemals von allen bewundert. Caesar wurde von vielen verachtet. Lincoln gewann nicht einmal die Hälfte der Stimmen seiner Landsleute in seiner ersten Präsidentschaftswahl; viele hatten so eine starke Abneigung gegen ihn, daß seine Wahl den destruktivsten Krieg in der Geschichte des nordamerikanischen Kontinents beschleunigte. Auf der anderen Seite wurden Napoleon und Hitler von einer Mehrheit ihrer Völker bewundert.

Der menschliche Ruhm, gegründet auf den Prinzipien der Trennung und Besonderheit, ist ein Teil des menschlichen Traums, der besonders schädlich ist. Wenn ich besser als du bin, bist du weniger als ich. Und daher ist mein Universum vermindert, denn mein Ascendant ist mehr an einigen Orten und weniger woanders.

Die Wahrheit ist, daß wir alle gleichermaßen einzigartig sind, gleichermaßen besonders; alle verdienen höchstes Lob und Anerkennung von allen. Das Geheimnis hier ist zu lernen, alle anzuerkennen. Dann ehrst du den Teil von ihnen, der ideal ist, der Teil von ihnen, der identisch ist mit dem besten Teil von dir. Laß nicht die oberflächliche Erscheinung dich trügen: die Sinne sind die wichtigsten Agenten des Traums, sie sind zutiefst daran hingegeben, daß er immer weitergeht. Da sie in Übereinstimmung mit ihrer Natur handeln, können sie dafür nicht beschuldigt werden. Die Sinne sind erfunden worden, um Variationen zu entdecken, Kontrast, Unterschied; es ist keine Überraschung, daß manche Farben, Formen, Worte und Töne angenehmer und schöner als andere scheinen. Aber das ist nicht Realität.

DIE INNERE GÖTTLICHE STIMME

Es gibt ein universales Flüstern, das alles in dieser Schöpfung durchdringt. Es ist subtil, still, aber es kann überall von allen gehört werden, sogar von den Tauben. Es ist das Wort genannt worden, die Stimme Gottes, der Tröster, der heilige Geist, das Omega, das Omkara, der Urton. Heute sprechen viele von den Guides oder der inneren Stimme. Der Name ist gleichgültig. Diese Stimme spricht immer zu allen; auf jede Frage, die wir stellen, gibt es immer eine Antwort. Tatsächlich gibt es immer zwei Antworten; Da ist die erste Antwort, die von der eingeschränkten Individualität geschaffen wird. Dies ist die Antwort aus der Perspektive des Egos und ist üblicherweise eine Gerechtfertigung für eine Handlung oder Gedanken, die wir vorhaben, aber in Frage stellen. Die zweite Antwort kommt vom universalen Bewußtsein. Die zweite wird oft Intuition genannt; sie wird auch manchmal als Gewissen interpretiert. Die erste Stimme wird manchmal die Stimme Satans genannt – der Grund dafür ist, daß die beiden Stimmen oft mit ihrem Rat diametral einander entgegengesetzt sind. Wie auch immer sie genannt werden, spricht die eine Stimme typischerweise für die kurzfristige und sinnliche Befriedigung und Erfahrung , und die andere spricht für Universale Liebe.

Jeder kann die innere, göttliche Stimme hören. Zuzeiten redet sie in jedem recht laut. Aber falls wir sie kontinuierlich ignorieren oder versuchen, sie zu verleugnen, wird ihre stille Sprache schwächer zu werden scheinen, bis es scheinen mag, daß da gar keine Stimme sei. Was in diesem Fall passiert, ist, daß unsere Schwingungsrate nach und nach roher, gröber wird; die zweite Stimme sendet auf einem subtilen Kanal; wir verschleiern unsere Fähigkeit, diesen Kanal zu empfangen. Das menschliche Nervensystem hat Schwierigkeiten, auf mehr als eine Station auf einmal eingestellt zu sein; wenn unsere fortwährende Gewohnheit ist, auf die Stimme für Einschränkung zu hören, wird die zweite Stimme verschwinden.

Sie kann niemals ganz verschwinden. Da jeder ein Teil des ewigen Ascendant ist, ist es unmöglich, in Wirklichkeit jemals von ihm getrennt zu sein. Aber wenn wir uns dauernd von den subtilen Erfahrungssebenen abwenden, werden sie wie unsichtbar und still für uns.

Warum ist die zweite Stimme die zweite? Weil wir als Menschen einen freien Willen haben und das Recht, für uns selbst zu wählen, was wir glauben wollen. Die zweite Stimme ist die zweite, weil es keinen Bedarf für *irgendeine* Stimme gab, bis an den Tag, an dem wir zu glauben lernten, wir seien nicht Teil des Ascendant, bis an den Tag, da wir vergaßen, daß die letzte Realität alles durchdringt, unser eigenes Selbst eingeschlossen.

Es gibt eine Reihe von Klassikern, geschrieben von C. S. Lewis, die manchmal für Kinderromane gehalten werden, mit dem Namen *Die Chroniken von Narnia*. In allen diesen Büchern nimmt der Universale Geist die Gestalt eines prachtvollen Löwen an, Aslan. Jene, die noch nicht die Fähigkeit verloren haben, die innere, göttliche Stimme zu hören, hören Aslan deutlich in einer tiefen, warmen, melodischen Stimme sprechen. Jene jedoch, die die Gewohnheit haben, ihren inneren Ratgeber nicht zu hören, hören Aslans Stimme nur als das Brüllen eines riesigen Löwen. Diese Erzählung ist keine Metapher, sie ist ganz wörtlich wahr.

Die Moral erstreckt sich auch in die andere Richtung. Wenn wir uns darin üben, der inneren, stillen Stimme zuzuhören, wenn es unsere Gewohnheit wird, die innere Stimme zu wählen, wird sie deutlicher und deutlicher, bis wir ihre Worte allzeit verstehen können. Sie mag zuerst wie ein weit entferntes Echo klingen, die verschwommene Erinnerung an ein altes, liebliches Lied, das Flüstern fallender Blätter, der halbgehörte Klang eines unmöglich weit entfernten Meeres; aber mit Übung mag sie anfangen, wie die schönste, männliche oder weibliche Stimme zu klingen, die jemals gehört wurde. Und mit der Zeit übersetzt sie sich in ein inneres Wissen, ein Sichersein, das so mächtig ist, daß die erste Stimme auch dahinschwindet, nicht weil wir sie mit widersprüchlichem oder lauterem Rat übertönt haben, sondern einfach, weil sie nicht mehr gebraucht oder gewünscht wird. Für jene mit völlig geläutertem Gehör klingt Aslan niemals wie ein Löwe. Wir stehen vereint mit dem Ascendant in der unbeschreiblichen Schönheit der göttlichen Gegenwart. Keine widersprüchliche Stimme (überhaupt keine Stimme) wird hier gebraucht. Noch sind es Gedanken, noch sind es sogar Wahrnehmungen. Alle Individualität ist wieder in das Verstehen geschmolzen, in reines Sein.

Dies ist kein Verlust des freien Willens oder der Freiheit – dies ist wahre, unendliche Freiheit. Alle Wahl ist erfüllt, hier und jetzt – zum ersten Mal. Anstatt von alten, selbstzerstörerischen Verhaltensmustern und Überzeugungen aus zu handeln, sind wir vereint mit dem Ursprung von aller Kreativität und Schöpferkraft, frei, das Universum in jegliche erwünschte Richtung zu bewegen.

EWIGES LEBEN

Die meisten Menschen glauben auf einer tiefen und subtilen Ebene an ihren eigenen Tod. Sie haben reichlich Beweise, daß er ihnen passieren wird, denn ist es nicht mit allen geschehen in der Vergangenheit? Ich hatte einst eine Freundin, die oft von ihrem Tod sprach. Manchmal erfüllte Sehnsucht ihre Stimme, manchmal Angst. Manchmal fragte sie sich, wie es sein werde zu sterben und was mit ihrem Körper geschehen solle, nachdem er aufgehört hätte. Ich denke, dies ist eine typische Haltung zum Thema und ist vielleicht die häufigste.

Andere Menschen ignorieren ihre Sterblichkeit und handeln, als ob sie glaubten, sie würden ewig leben. Sie glauben nicht wirklich, daß sie für immer leben werden, aber sie hoffen, daß, wenn sie nicht über den Tod nachdenken, er vielleicht weggehen und sie auslassen wird. Wie der sprichwörtliche Vogel Strauß fühlen sie, daß wenn sie alle Gedanken an die Gefahr begraben, diese Gefahr sie in Ruhe lassen wird. Aber der Ärger mit dem Versuch, irgendeinen Gedanken, Glauben oder Gefühl zu verdecken, ist, daß Unterdrückung nur negative, mentale Zustände nährt und sie stärker macht.

Einige wenige glauben an die Möglichkeit der physischen Unsterblichkeit. Manche von ihnen sind Wissenschaftler, die die Grundbestandteile des Lebens analysieren und keinen Grund dafür sehen, daß die DNA sich nicht selbst für immer perfekt reproduzieren können soll. Andere sind Autoren oder Leser von Science Fiction oder Fantasy- Büchern. Und ein paar wenige sind Heilige, Yogis und andere spirituelle Visionäre, die glauben, daß es möglich sei, nach und nach diese groben, physischen Körper in ein Material zu verwandeln, das aus unvergänglichem Licht gemacht ist.

Wenn solch ein Phänomen möglich wäre, wer hätte am wahrscheinlichsten Erfolg damit? Offensichtlich ist die erste Vorbedingung dafür zu glauben, daß es möglich ist. Da unsere Gedanken unsere Zukunft erschaffen, ist es höchst unwahrscheinlich, daß wir eine graduelle Transformation der Natur unserer Zellen erleben, wenn wir nicht wenigstens die Möglichkeit in Erwägung ziehen. Die tief durchdringende Natur des kollektiven Glaubenssystems ist zu ausgedehnt, als daß ihm nur durch Zufall entgegengewirkt werden könnte.

Wenn physische Unsterblichkeit ein von allen erreichbares Ziel in dieser Generation sein soll, was zu allererst erforderlich ist, ist anzufangen, die harten Gewohnheiten von Streß, Verurteilung und Unglauben zu lockern. Als nächstes ist erforderlich, unendlich flexibel in unserer Reaktion auf das Leben zu werden. Wenn es innen nirgends feste Knoten gibt, gibt es keinen fruchtbaren

Boden für das Wachstum von lebensbedrohlicher Krankheit. Gerade so, wie es keinen Raum für Schuld oder Zorn gibt, wenn wir dem Frieden vollständig geöffnet sind, gerade so gibt es keinen Raum für den Tod, wenn wir mit Leben durchtränkt sind. Es ist eine Zeit- und Potentialverschwendung zu sterben; es ist das Ergebnis unseres Verhärtens gegen den natürlichen Fluß der evolutionären Veränderungen. Leute, die alt geworden sind, sind in ihren Körpern und ihrem Glauben steif und starr geworden. Leute, die ihren Körper und Glauben flexibel halten, bleiben viel jünger, egal, was ihr chronologisches Alter ist.

Ernährung ist ein Faktor in physischer Gesundheit, aber viel unwichtiger, als viele denken. Das gilt auch für Bewegung und alle anderen unserer äußeren Aktionen und Verhaltensmuster. Die Wurzel der Unsterblichkeit liegt innen.

Unsterblichkeit ist weder phantastisch noch schwierig zu erwerben. In der Tat ist es viel leichter, am Leben zu bleiben, als zu sterben. Leben ist der natürliche Zustand des Menschen, nicht nur als ein körperloses Lichtwesen, sondern auch als ein inkarnierter Handelnder auf der physischen Ebene. Es gibt bestimmte Lektionen, die wir hier lernen sollen; es gibt keinen Zweifel daran, daß wir sie zuguterletzt lernen müssen. Wenn wir sie gelernt haben, gibt es keinen Zweifel daran, daß wir sie mit anderen teilen sollen. Unter den Ishayas habe ich mehrere Unsterbliche getroffen.

Solange ein Individuum weiterhin Fortschritte macht, ist es nicht nötig, woanders wieder von vorne anzufangen. Nur, wenn das Leben stagniert, manifestiert sich die Notwendigkeit für Krankheit, Unglück oder Tod. Wenn das Leben sich in jedem Moment kontinuierlich entwickelt, ist es nicht notwendig zu sterben. Dies wird dadurch erreicht, vollkommen im gegenwärtigen Augenblick zu sein, dadurch, dauerhaft in voller, menschlicher Bewußtheit etabliert zu sein.

Wie ist es möglich, volle, menschliche Bewußtheit zu erlangen? Wir, jeder von uns, haben schon Bewußtheit – jedes menschliche Wesen hat sie schon. Die einzige Bedingung ist, aufzuhören, sie in ihrer vollen, freifließenden Funktion zu blockieren. Die Sonne scheint schon, aber wenn viele Wolken im

Weg sind, können wir vielleicht nicht erkennen, wie hell und warm sie ist. Die Wolken werden wegziehen. Die Wolken ziehen immer weg. Dies ist die Erde, nicht die Venus. Es ist nicht unser Schicksal, für immer mit Problemen verhüllt zu leben. Es *ist* unser Geschick, aus Freude im goldenen Licht der vollständig aufgegangenen Sonne zu tanzen.

Nichts hängt vom Glauben ab. Die Sonne existiert; ob wir an sie glauben oder nicht, ist einfach nicht relevant. Und doch hängt alles vom Glauben ab. Es ist unser Glaube, der uns in Sklaverei hält. Wenn wir nicht glauben, daß wir uns zum Besseren verändern könnten, welche Motivation sollte es für uns geben, es zu tun?

TOD

Wie so vieles im Leben, ist dies eine Frage der Perspektive. Wir alle sind bereits unsterbliche Seelen; dies ist eine absolute Wahrheit, zu weit jenseits der Macht irgend eines Glaubens, um zu- oder abzunehmen. Aber durch unseren Unglauben sind wir sehr wohl in der Lage, diese Tatsache vor unserer wissenden Bewußtheit zu verbergen. Wenn unser Glaube an unseren unvermeidlichen Tod tief genug sitzt, und wenn wir glauben, daß der Tod nicht nur einfach eine physische Transformation, sondern sichere Vergessenheit bedeutet, ist es ziemlich gut möglich, daß wir für eine ziemlich lange Zeit nach dem Tod unseres Körpers nur eine Erfahrung machen – das ziemlich deprimierende Bewußtsein, tot zu sein.

Unser Leben nach dem Tode könnte wegen unseres tief verwurzelten Glaubens auf andere Weise recht merkwürdig verzerrt sein. Wir mögen eine ganze Welt erschaffen, die von Myriaden von Wesen bevölkert ist, mit denen wir genau so wie hier umgehen, mit dem einzigen Unterschied, daß wenn unsere Aufmerksamkeit nachläßt, sich unsere geistgeschaffene Welt um uns herum auflöst. Jeden Tag gehen wir zur Arbeit und mauern eine Ziegelwand, und merken niemals, daß sich die Ziegel wieder in Geistsubstanz auflösen, wenn wir die Reihe herunter gehen. Da wir im Bilde und in Art des Ascendant geschaffen sind, haben wir alle einen unendlich mächtigen Geist, der einfach alles tun kann.

Oder wir sind so an unseren irdischen Körper oder eine andere Person oder sogar ein Haus oder einen Garten gebunden, daß wir uns weigern, sie zu verlassen. Dies ist der übliche Ursprung von Gespenstern – jene reinkarnierten Geister, die sich noch nicht an ihre Freiheit erinnert haben und immer noch an ihre Vergangenheit gebunden sind.

Aber die gewöhnlichste Erfahrung nach dem Tode ist eine schnelle Rückkehr in eine Welt, die ideale Bedingungen hat für die Beschaffenheit unserer Überzeugungen, als wir starben. Es wird eine himmlischere Welt als diese sein, wenn unsere Gedanken hier himmlischer waren als die Gedanken, die uns hierher gebracht haben. Ähnlich wird es eine schlimmere Welt als diese sein, wenn unsere Gedanken dunkler waren als jene, die unseren gegenwärtigen Körper geschaffen hatten. Es ist nicht notwendig, nach anderen Planeten zu suchen, um eine riesige Vielfalt himmlischer und höllischer Schicksale zu finden. – sie sind bereits hier auf unserer Erde gegenwärtig. Die erstaunliche Zahl verschiedener Zukünfte, die auf Erden erhältlich sind – weit über fünf Milliarden bei der Niederschrift dieses Textes – zeigt die riesige Zahl möglicher Existenzen nur auf diesem kleinen Planeten allein. Und es gibt mehr als zweihundert Milliarden Sonnen allein in dieser Galaxie! Und mindestens Tausend Milliarden Galaxien in diesem Universum, viele wesentlich größer als unsere! Und wer kann schon sagen, wieviele Universen in den unendlichen Regionen des göttlichen Geistes noch existieren mögen?

Ich habe gehört, daß Carl Sagan die Größe unseres bekannten Universums auf diese Weise demonstriert: er nimmt eine Handvoll Sand am Strand auf und sagt, daß die Zahl der Sandkörner in seiner Hand grob der Zahl der Sterne in unserer Galaxie entspricht. Die Zahl der Sandkörner an jedem Strand auf der Erde ist eine grobe Entsprechung zur Zahl der Sterne imbekannten Universum. Es ist weit jenseits des menschlichen Fassungsvermögens. Kein Wunder also, daß die Zahl der möglichen Zustände nach dem Tode in der Tat enorm ist.

Auch kein Wunder, daß ein winziger Prozentsatz einer Möglichkeit nicht gleich Null ist. Es mag sein, daß nur sehr wenige tatsächlich das Erdenleben ausreichend gemeistert haben, um die Notwendigkeit des Todes auszuschließen. Aber sogar ein kleiner Prozentsatz ist nicht dasselbe wie Null, nicht wahr?

DAS JÜNGSTE GERICHT

Heute leben so viele Menschen, wie jemals in der überlieferten Geschichte existiert haben. Eine Stelle in der Bibel sagt, daß alle, die irgendwann in der bekannten Geschichte gelebt haben, auch heute am Leben sind. Wenn das wahr ist, warum ist das so? Logischerweise, so daß das „jüngste Gericht" stattfinden kann. Was ist dieses jüngste Gericht? In Bezug auf diese Erde mag es zum Teil bedeuten, daß jene, die in unsterblichen Körpern hier bleiben wollen, das jetzt tun können. Es mag auch zum Teil bedeuten, daß jene, die wünschen und glauben, daß sie sterben müssen, die Gelegenheit haben, das zu tun. Dieser Planet bewegt sich in eine Phase der Unsterblichkeit. Aber in meines Vaters Garten sind viele Wohnungen; es gibt Platz für alle.

Das Konzept der ewigen Verdammnis ist ein besonders merkwürdiger Glaube des menschlichen Egos, der Macht, die im Westen typischerweise Satan genannt wird. Glücklicherweise ist auch nicht das kleinste Fetzchen Realität daran. Es ist eine bizarre Phantasie, geschaffen vom schlafenden, menschlichen Geist. Das jüngste Gericht hat nicht das geringste mit solch merkwürdigen Träumen zu tun. Gott ist allgegenwärtig und ewig. Wo ist dann das Potential, jemals von Ihm entfernt zu sein? Es gibt keins. Nur unser Glaube kann unsere Wahrnehmung kolorieren, so daß sie dieser einfachen Tatsache nicht bewußt ist. Nur unser Glaube kann uns Schmerz verursachen. Nur unser Glaube kann unseren Tod verursachen.

Meine Hoffnung und mein Glaube ist, daß eine große Zahl sich den Ishayas und anderen Lehrern, die heute auf der Erde wandern, anschließen und wählen wird, hierzubleiben für den Aufstieg in die Vollkommenheit. Warum zu sterben wählen, und alles wieder tun? Warum den Nektar und das Ambrosia verweigern? Warum auf das Lebenwasser der Gegenwart zugunsten der vergifteten Brunnen der Vergangenheit verzichten? Unser menschliches Leben kann mit Schmerz und Hölle erfüllt sein, oder es kann mit Leben und Himmel erfüllt sein. Wir haben freien Willen. Ich bete, daß Sie alle sich uns anschließen werden; zusammen können wir diese Welt im Bilde und in Gleichheit mit dem Ascendant wieder erschaffen. Lassen Sie uns diesen Planeten in dieser letzten Sekunde retten, in diesem letzten Augenblick bevor die Glocke Mitternacht schlägt! Laßt uns Teil der Lösung sein statt Teil des Problems. Laßt uns mit der aufwärts gerichteten Strömung der Schöpfung vereinen und miteinander heilen, statt getrennt zu zerstören. Laßt uns zusammen eins sein. Laßt uns zusammen aufwärts in das Licht der Wahrheit und Freude wachsen.

Kommen Sie mit uns, und lassen Sie uns Ihre Sorge und Ihren Schmerz nehmen und Ihnen Frieden, Freude und Gesundheit geben. Sie haben das ganze Potential Gottes in sich. Wir wollen nicht Ihr Geld, wir wollen nicht Ihren Besitz, wir wollen nichts von Ihnen als daß Sie erkennen, wer Sie sind. Sie sind die Söhne und Töchter des Ascendant. Dies ist keine schwierige Wahrheit zu erkennen; tatsächlich ist es unendlich leichter, dies zu erkennen, als es weiterhin zu verleugnen. Aber Sie müssen den ersten Schritt machen. Sie müssen willens sein, Ihre Vergangenheit loszulassen, Ihren Glauben an Einschränkung und Krankheit und Tod. Sie müssen willens sein, sich im Feuer der Läuterung und des Wissens und der Erfahrung taufen zu lassen, damit Sie sich vorwärts bewegen können.

Dies muß keine schmerzhafte Geburt sein. Sie wird nur in dem Maße schmerzhaft, in dem Sie versuchen, an Ihren alten Überzeugungen und Konzepten festzuhalten. Wenn die Willigkeit erst einmal da ist, *alles* fallen zu lassen, das fälschlich vom Ego geschaffen wurde, wird es eine glatte Reise. Nur wenn Sie versuchen, an Ihrem materiellen Besitz oder Glauben festzuhalten, kann es Schmerz geben.

Lesen Sie dies nicht in einer kleinen oder begrenzten Weise! Es ist möglich, die ganze Welt zu besitzen und erleuchtet zu sein. Es gibt keine Garantie, daß der Mönch, der die Welt abgelehnt hat, höher entwickelt ist, als der König auf seinem Thron. Tatsächlich mag er wesentlich weniger entwickelt sein. Wahre Ablehnung findet im Geist statt. Ob sie auch im Physischen vorkommen muß, wird dadurch bestimmt, wie tief die Wurzeln der Bindung im Innern verbreitet sind. Wenn sie flach sind, muß nichts aufgegeben werden. Wenn sie tief sitzen, mag es auch nicht helfen, alles aufzugeben.

Was hilft, ist Ascension zu üben. In welcher Form auch immer sie ins Leben tritt, ein wahrer Akt der Ascension (des Aufsteigens) zerschneidet die Fesseln der materiellen Welt, zusammen mit den Überzeugungen und Urteilen, die den menschlichen Geist rauh und grob halten. Ein wahrer Akt der Ascension befreit den Geist zur direkten Erfahrung seiner eigenen, essentiellen Natur. Alles, was dies verursacht, ist Ascension, ob es formal von den Lehrern der Ascension unterrichtet wird, die von den Ishayas ausgebildet sind, oder nicht. Befreiung von den Grenzen des Egos ist viel größer als jegliches System innerer Entwicklung, egal wie göttlich inspiriert und klug geschaffen.

XIII. Rückblick: Zwei Arten zu leben

Liebe oder Angst, was wählen Sie?

Es gibt grundsätzlich zwei Arten, die Welt, unsere Beziehung zu anderen und uns selbst zu betrachten. Alle Gedanken, Gefühle oder Wahrnehmungen sind entweder auf Liebe gegründet oder auf Angst. Alle, denen wir begegnen, jede Situation, die wir erleben, jedes Gefühl, das wir haben, wurzelt entweder in Liebe oder in Angst. Dies erstreckt sich von individuellen Reaktionen in uns allen bis zu globalen Realitäten – Krieg, Politik, Wirtschaft, Glaubenssysteme aller Art.

Zum Beispiel werden Nationen, die ihr Denken auf Angst gründen, andere angreifen oder von anderen angegriffen werden. Die meisten, wenn nicht alle, Länder der heutigen Welt operieren vornehmlich von Angst aus. Jedes Jahr wird ein enormer Reichtum den Werkzeugen des Krieges gewidmet – der sich ergebende Verlust in anderen Gebieten menschlicher Unternehmungen ist unabschätzbar. Japan und Deutschland, seit ihrer Niederlage im zweiten Weltkrieg dazu gezwungen, vornehmlich gewaltlos zu sein, haben beispielloses, wirtschaftliches Wachstum erfahren und dominieren heute zu einem großen Anteil den Weltwirtschaftsmarkt. Die Schweiz, üblicherweise im Frieden mit sich selbst und der Welt, seit die ersten Stämme 1291 am Luzerner See zusammenkamen, hat mehr Millionäre pro Einwohner aufzuweisen als jedes andere Land. Wie viel reicher wären wir alle, wenn wir nicht so eine gewalttätige Art gewesen wären?

Aber was ist mit aggressiven Nationen? Ist es nicht unsere Pflicht, die Unschuldigen zu beschützen? Mußten nicht erst die Nazis und dann die Kommunisten konfrontiert, gebunden, geschlagen werden?

Dieses Argument ist wie die Untersuchung eines einzelnen Stücks von einem komplexen Objekt, um zu entdecken, was es ist. Stellen Sie sich sechs blinde Männer vor, die gebeten werden, ihre Hände auszustrecken, ein kleines Stückchen eines Elefanten zu betasten und dann zu beschreiben, was ein Elefant sei. Einer berührt den Rüssel und erklärt, daß Elefant ein anderer Name für einen Speer sei. Ein anderer faßt den Schwanz an und *weiß*, daß Elefanten Seile sind. Der Mann, der das Bein anfaßt, ist sicher, daß Elefanten Bäume sind und so weiter. Jeder ist vollkommen korrekt in seiner Interpretation der spezifischen Information, die er erhalten hat, liegt aber traurig falsch in bezug auf das Ganze.

Gleicherweise der Bezug auf Weltereignisse. Wenn Sie bereits einen Arm abgeschnitten haben, müssen Sie selbstverständlich einen Druckverband anlegen, um zu verhindern, daß der Patient verblutet. Der Punkt ist, daß niemals die Notwendigkeit bestand, einen Arm abzuschneiden.

Hitler und die anderen, politischen Aggressoren der Geschichte haben niemals ohne die Hilfe und Unterstützung anderer gehandelt. Wenn sie versucht hätten, allein zu handeln, hätten die Irrenanstalten sie eingesperrt, lange bevor sie irgend jemand anders Ärger gemacht haben könnten. Die Schwingungsrate der deutsch sprechenden Völker produzierte Hitler. Das kollektive Verlangen oder Rassenbewußtsein der Weltvölker schuf die notwendigen Vorbedingungen für den zweiten Weltkrieg, wie es genau so der Fall war für jeden Krieg, seit Menschen begannen, Kriege zu führen.

Lassen Sie mich eine Geschichte der Ishayas mit Ihnen teilen.

Vor langer Zeit gab es eine bewundernswerte Nation, einen Stadtstaat beispielloser Weisheit und Friedlichkeit. Vielleicht, wenn Sie tief genug in der kollektiven Erinnerung der Menschheit, die Sie in Ihrer DNA herumtragen, suchen, können Sie die süße Erinnerung an diesen Ort berühren. Unsere angenehmsten Mythen der Vergangenheit – Atlantis, Lemura, Bharata, Xanadu, Camelot – sind nicht mehr als die schattenhaften Überbleibsel dieser magischen Heimat. Sie war mehr als schön; vollkommenesGlück und Friede waren die Norm; die Freude des Volkes war, dem höchsten Gut für sich selbst und für andere zu folgen. Es war ein Land des Wohlstands und Fortschritts, unübertroffen in unserer Geschichte oder sogar unseren

Phantasien, und die einfache Wahrheit ist, daß es eine sehr, sehr lange Zeit bestand.

Aber wie das Echo weit entfernten Donners stieg eine Wolke auf am Horizont unseres sagenhaften Paradieses. Ein anderes Volk, jenseits der am weitesten entfernten Grenzen, neidete unserer Zivilisation ihren Reichtum und ihre Schönheit und entschied, sie zu erobern.

Hier machten wir einen entscheidenden Fehler. Wir hätten die Barbaren erziehen und ihnen helfen können. Die Welt war groß genug, wir waren weise genug, sie waren wie Kinder vor unserer Herrlichkeit – aber statt dessen wählten wir, auf sie so zu reagieren, als ob sie uns wirklich hätten schaden können. Wir bauten Mauern, um sie draußen zu halten, und bauten Verteidigungsanlagen an alle unsere Grenzen.

Mit der Zeit, weil wir unsere Stärke dahin gegeben hatten, unsere vollkommene Harmlosigkeit, verfaulte unsere Zivilisation von innen her. Mit der Zeit war das, was wir uns zu schützen bemühten, kaum wert, gerettet zu werden. Mit der Zeit wurden die Barbaren mächtig genug, unsere Verteidigung zu durchbrechen und uns zu zerstören. Vielleicht erinnern Sie sich jetzt, wie dies geschah; wir schufen diesen Fall; wir schufen unsere degenerierende Krankheit; wir schufen unseren Tod.

Dies ist heute eine ständig wiederkehrende Realität. Wie oft fühlen wir uns gequält, mißbraucht, betrogen? Wie oft fühlen wir gerechtfertigten Zorn? Wie oft müssen wir Rache suchen für die schrecklichen Verbrechen, die an uns begangen wurden? Wie oft müssen wir uns selbst schützen, damit wir nicht mehr verletzt werden?

Es gibt eine andere Art zu leben. Der erste Schritt ist zu erkennen, daß wir, jeder von uns, unsere eigene Welt erschaffen. Wir alle entscheiden durch unsere Moment-zu-Moment-Entschlüsse unsere gegenwärtige Realität und unser zukünftiges Schicksal. Dies mag nicht unmittelbar offensichtlich erscheinen. Wie habe ich mein Universum geschaffen, wenn ich zum Beispiel als Kokain-Drogensüchtiger geboren wurde? Wo ist die Liebe in so einer alptraumhaften, süchtigen Geburt?

Wiederum, dies ist ein Fall des Betrachtens eines kleinen Teilchens des Energiestroms, der die Beziehung eines Individuums zum Ascendant ist. Vom Standpunkt des universalen Geistes gibt es keine Strafe, kein Verbrechen, das gesühnt werden muß, keinen Sünder, der gerettet werden muß. Es gibt nur Lektionen zu meistern. Jede Person heute auf Erden ist ein individueller Ausdruck des universalen Geistes. Jeder ist wie ein Finger an der Hand. Wie kann ein Finger schlecht oder falsch sein? Wenn er abrutscht und die Hand sich schneidet, bestrafen die anderen Finger ihn? Diese Idee ist natürlich absurd. Aber wenn wir an individuelle Menschen denken, sind wir irgendwie zu dem merkwürdigen Schluß gekommen, dass einige von uns als Individuen das Recht haben, einige der anderen Individuen, die heute leben, zu verurteilen, zu kritisieren und zu verdammen.

Aber was ist mit dem Schutz anderer? Wenn ein Individuum sich selbst oder anderen Schaden zufügt, muß es doch sicherlich gestoppt werden?

Es ist eine Frage der Perspektive. Stellen Sie sich einen Moment lang vor, daß die typische Wahrnehmung eines menschlichen Wesens falscherweise eingeschränkt sei. Stellen Sie sich vor, wenn Sie mögen, daß diese eingeschränkte Wahrnehmung nur den allergeringsten Bruchteil der Realität erkennt, und daß diese begrenzte Wahrnehmung ein grundlegender Fehler sei. Strecken Sie Ihren Verstand mit mir, wenn ich nun sanft vorschlage, daß wir multidimensionale Wesen sind, daß die drei gemeinhin wahrgenommenen Dimensionen in keinem Fall die ganze Sache sind. Was ist dann mit unseren raum-zeit-ursachengebundenen Urteilen über die Realität?

Vielleicht hilft eine Analogie.

Stellen Sie sich vor, die Sinne eines Wesens seien auf nur zwei Dimensionen begrenzt. Wie schwierig würde es sein, den Zweck irgend eines dreidimensionalen Objekts zu kennen. Sogar der Stift in meiner Hand würde einer zweidimensionalen Person, die auf meinem Schreibtisch lebte, ganz wunderbar erscheinen. Die Spitze des Stifts verschwindet aus den vertrauten Grenzen der zweidimensionalen Realität, fliegt durch eine unbekannte Dimension, erscheint an einem anderen Ort, führt merkwürdige, unverständliche Handlungen durch und verschwindet dann wieder.

Zweidimensionale Scheiben des Stifts würden wenig mehr Informationen liefern; Querschnitte, von jeglichem Platz genommen, wären praktisch bedeutungslos. Sogar, wenn eine Karte von allen Querschnitten des Stifts gemacht werden könnte, wäre es immer noch so gut wie unmöglich zu verstehen, was er ist. Die zweidimensionalen Wesen könnten glauben, er sei Gott, denn der Stift wirkt fortwährend Wunder. Oder sie könnten denken, er sei Satan, besonders, wenn die Tinte vom Stift aus ihrer Perspektive deplaziert wäre. Aber sie verstünden den Stift niemals so, wie wir es tun.

Der Punkt ist, daß, falls wir als menschliche Wesen tatsächlich nicht auf die dreidimensionale Realität, die uns unsere Sinne enthüllen, begrenzt sind, die rationalen Gesetze, die wir anwenden, um Schuld und Unschuld zu beurteilen, notwendig falsch sein *müssen* – von der Perspektive einer höheren Dimension aus. Die schrecklichen Sorgen des Kindes werden vom reifen Erwachsenen als leicht zu lösen angesehen. Ein kleiner Junge weint vor Schmerz und Angst, wenn ein Rad von seinem Lieblingslastauto abfällt. Der Vater, der ja sieht, daß es nur ein Spielzeug ist, hat tiefes Mitgefühl, vielleicht lacht er ein bißchen darüber, daß ein so geringer und belangloser Anlaß so eine Aufregung hervorrufen konnte – aber was wird wohl derselbe Vater tun, wenn ein Rad von *seinem* Laster abfällt?

Der Kriminelle, von seinen Zeitgenossen verurteilt zu Gefängnisstrafe oder Tod, ist ein Energiestrom des ewigen Lebens, der alle Möglichkeiten in seiner/ihrer erforderlichen Sequenz ausagiert, um zurück nach Hause zu wachsen. Die Wurzeln eines Baumes wachsen in viele Richtungen und tief, um die Basis für eine mächtige und dynamische, lebendige Struktur zu schaffen.

Ein gegebenes Wesen mag ein Leben wählen, das von der Mehrheit der Menschheit als schlecht oder sündig angesehen wird, einfach, um Demut oder Mitgefühl zu lernen, oder um Selbstüberhebung zu zügeln, oder gelegentlich, um anderen zu helfen, die in den Glaubenssystemen unserer Kulturen gefangen sind.

Ich dulde sicherlich kein Verbrechen. Es gibt keinen bleibenden Wert in Verhalten, das dem eigenen Selbst oder anderen schadet. Ich sage nur, daß, wenn wir uns dabei erwischen, daß wir andere verurteilen oder verdammen – und das ist wahr, ob das Urteil in unseren Augen nun groß oder klein ist – dann sehen wir von einer begrenzten Perspektive aus, ohne das ganze Bild zu verstehen. Dies ist immer wahr. Entweder ist das Universum vollkommen, jeder Partikel erfüllt von Liebe und der allwissenden Weisheit des Ascendant-Geistes, oder es ist fehlerhaft, unvollkommen, angefüllt mit Schmerz, Kummer, Leiden, Irrtum, Tod.

Es mag überraschend klingen, diesen fundamentalen Zwiespalt so einfach auszudrücken. Die meisten neigen dazu zu glauben, daß, obwohl es viel Gutes im Leben gibt, es doch auch viel Böses gibt, vieles, das falsch ist in unserem individuellen Leben und in der Welt als Ganzes. Verbrechen, Krankheit, Krieg, Tod – dies sind unbestreitbare Tatsachen des Erdenlebens. Es mag andere Orte geben oder vielleicht andere Zeiten, da diese Realitäten nicht existier(t)en, aber sicherlich kann niemand bestreiten, daß diese intensiv schlechten oder wenigstens schmerzhaften und kummervollen Tatsachen ein Teil unserer heutigen Welt sind. Ob man es mag oder nicht, dies sind die unauslöschlichen Zeichen eines dunklen und mächtigen Geistes, der durch und durch in unserer Welt an der Arbeit ist. Oder wenn diese Überfülle an Beweisen nicht schlüssig einen bewußten Geist bösartigen Willens demonstriert, müssen sie sicherlich zumindest beweisen, daß wir in einem Universum leben, in dem das Naturgesetz manchmal unterstützt und nährt, aber auch oft zerstört – vielleicht, damit Leben als Ganzes weiterhin fortschreiten wird, oder vielleicht einfach, weil das Naturgesetz unbewußt funktioniert ohne Rücksicht auf die individuellen Wesen, die durch seine Handlungen betroffen sind.

Ich hoffe, daß Sie dieser Frage mit emotionaler Intensität nachgehen. Wenn Sie es nicht tun, können Sie vielleicht schauen, ob Sie etwas Widerwillen oder Zorn oder Schmerz aufbringen können. Vielleicht möchten Sie gern einen Moment lang auf das schreckliche Unrecht in der Vergangenheit und Gegenwart in unserer Welt zurückblicken. Oder nehmen Sie sich einen Augenblick, um sich an all die furchtbaren Kränkungen und Ungerechtigkeiten zu erinnern, die Ihnen oder jemandem in Ihrer nahen Umgebung zugefügt worden sind. Denken Sie an den frühen Tod eines geliebten Menschen, an die schreckliche Krankheit, die jemand, den Sie mochten, bekam und die ihm oder ihr schweres Leiden brachte. Überlegen Sie einen Moment lang, wie furchtbar ungerecht Gott sein muß, um all den Schmerz und Qual zu erlauben, die wir Menschen und sogar die Pflanzen und Tiere gezwungen sind, hier auf Erden zu erleben. Macht es Sie nicht tieftraurig? Bewirkt es nicht, daß Sie in Wut aufschreien wollen gegen so einen gleichgültigen Gott? Schluchzen Sie nicht manchmal Ihre Frustration in die achtlose Leere? Was ist eigentlich falsch am Universum? Wie konnten diese Dinge geschehen! Warum machte Gott so einen grauenhaften Ort!

Wenn Sie jetzt einen gewissen Grad an Frustration über Ihr Leben oder das Leben der Welt, wie es hier und jetzt ist, empfinden, können wir anfangen, in dieser Richtung einige Fortschritte zu machen. Was wir tun wollen, ist, die dunklen Gefühle zu identifizieren, so daß wir von ihnen frei sein können. Sie müssen in der Lage sein, den Feind zu sehen, bevor Sie ihn bekämpfen können!

Hier ist eine andere alte Geschichte, die in mehreren alten Kulturen gefunden wird, und die die Ishayas gerne erzählen.

Eines Tages entschied Gott sich, auf die Erde zu kommen, um zu sehen, wie es seinen Kindern nun ginge. Er versuchte nicht, Seine Gegenwart zu verbergen, sondern ging ganz offen als Gott in menschlicher Form umher. Einige erkannten Ihn sofort und grüßten Ihn mit Liebe, aber viele, die genau wußten, wer Er war, ignorierten Ihn, und einige wenige versuchten sogar, Ihn zu töten.

Später, als alle Beteiligten als Menschen gestorben waren, war einer derjenigen, die Gott geliebt hatten, als Er auf Erden gewandert war, überrascht, daß auch jene, die Gott in seiner menschlichen Form gehaßt hatten und versucht hatten, Ihn zu töten, auch im Himmel waren zusammen mit denen, die Ihn geliebt hatten.

„Wie kann das sein?" fragte er ungläubig. „Ist es nicht besser zu lieben als zu hassen?"

„Sicherlich", antwortete Gott lächelnd. „Aber mir ist es lieber, gehaßt zu werden, als ignoriert zu werden!"

Haß ist zumindest eine Bewegung von Energie. Es ist weit besser, seinen Zorn, seine Verzweiflung, seine Frustration zu fühlen als zu versuchen, sie irgendwo innen wegzuschließen. Der menschliche Geist ist ein extrem flexibles Medium. Wenn wir etwas hier hinunterschieben, wird es dort drüben wieder hochkommen, genau wie jene Spielsachen, die so viele kleine Kinder so sehr lieben. Sie hämmern auf den farbigen Stäbchen herum, und lachen dann voll Fröhlichkeit, wenn sie eines hier heruntergezwungen haben, und ein anderes da drüben wieder hochhopst. Wir zwingen ein unerwünschtes Gefühl oder eine Eigenschaft herunter und sofort brechen ein halbes Dutzend mehr in unser Leben ein, um das Vakuum zu füllen. Wir schaffen es endlich, unser Drogen- oder Alkoholproblem in den Griff zu bekommen und finden, daß wir drei Schachteln Zigaretten am Tag rauchen. Oder wir beenden endlich unsere dreißigjährige Tabaksucht und entdecken zu unserem Schrecken, daß wir vierzig Kilo zugenommen haben.

Unterdrückung verändert und verzerrt unsere Gedanken, Gefühle und unser Verhalten. Ehrliche Anerkennung und Loslassen befreit uns von zukünftigem Leid. Der menschliche Verstand mag es nicht, gezwungen zu werden.

Hier ist eine andere Geschichte von den Ishayas:

Einst wurde der König eines Stadtstaates von Affen belästigt. Sie waren so zahlreich und beunruhigend, daß niemand seinen Geschäften nachgehen konnte; die Ernten wurden regelmäßig gefressen; die Waren der Kaufleute wurden dauernd gestohlen; die Werke der Künstler wurden ständig verwüstet. Der König, der verzweifelt nach einer Lösung suchte, gab die gesamten Reichtümer seines Königreichs hin, um die Affen auszurotten. Aber für jeden getöteten schienen zwei neue aus dem Urwald zu kommen – ein Vakuum wurde geschaffen, das die

Affen immer wieder füllten. Es war hoffnungslos; sein Königreich bankrott, endete der König sein Leben in Armut und Verzweiflung.

Sein ältester Sohn hatte diesen ganzen Schrecken beobachtet. Als er den Thron bestieg, entschied er, statt zu versuchen, die Affen zu töten, zu sehen, ob es einen Weg gab, daß sie dem Königreich nützen könnten. Seine erste Handlung war zu versuchen, sich mit ihnen zu befreunden – er pflanzte Hain um Hain mit Bananen und Pisangs (Bananenart). Etwas Überraschendes geschah – die Affen waren so beschäftigt, die Früchte zu genießen, daß sie keine Zeit mehr hatten, die Bürger zu belästigen. Und als ein benachbartes Königreich eindrang, kämpften die Affen wild, um ihr Land zu verteidigen.

Zu versuchen, unsere Gedanken und Gefühle durch Unterdrückung zu unterminieren, ist wie zu versuchen, die Affen zu töten. Dem Geist zu erlauben, seine Gefühle und Gedanken auszudrücken, ist wie die Affen zu füttern. Ist es nicht offensichtlich, welche Technik vorzuziehen ist?

Wenn wir Gefühle der Frustration oder des Zorns in uns verbergen, wird es ganz natürlich und unvermeidbar, die Welt als einen erschreckenden Ort anzusehen. Wir fühlen uns als Opfer und handeln entsprechend. Überzeugt, daß die Welt eine feindliche, grausame Umgebung sei, mögen wir zu dem Schluß kommen, daß der einzige Weg, sicher zu sein, darin besteht, zuerst anzugreifen, um uns davor zu schützen, angegriffen zu werden. Oder wir mögen mürrisch und gewohnheitsmäßig wütend werden, oder wir mögen unsere Frustration, Wut und Verzweiflung zu so einem großen Maße verinnerlichen, daß wir unsere Gesundheit schädigen. Hoher Blutdruck kommt nicht daher, daß zuviel Salz gegessen oder zuviel geraucht wird, sondern von einem Geisteszustand. Herzleiden, Krebs und eine Menge anderer Krankheiten folgen auf dem Fuße unseres Glaubens an eine böse oder mindestens gedankenlos grausame Welt.

Es ist notwendig, den Feind zu erkennen. Der Feind ist nicht irgendwo „da draußen"; der Feind ist kein externer Wirkstoff, kein Bakterium, keine krebserregende Substanz, keine Erbkrankheit ; der Feind ist nicht die Zeit; der Feind ist nicht die Knappheit der

Mittel; der Feind ist nichts draußen. Der Feind ist immer bei uns: der Feind ist unser eigener Glaube und unsere eigenen Urteile über die Natur der Welt und unser persönliches Leben.

Diese eine Tatsache, wenn sie richtig verstanden werden kann, kann uns große Hoffnung geben. Wenn unsere Überzeugungen für unser Leben verantwortlich sind, dann können wir unsere Glaubensstruktur ändern. Wenn wir unseren Glauben ändern, werden sich unsere Wahrnehmungen und Handlungen notwendigerweise auch ändern.

Das Problem ist, daß unseren Glauben zu ändern üblicherweise nicht damit erreicht wird, einfach zu entscheiden, daß er uns nicht länger dient. Er ist viel intimer und anhänglicher und schwieriger zu wechseln als unser Auto oder Haus. Wenn wir erkennen, daß unser Auto nicht mehr gut fährt und zu teuer zu reparieren ist, ist es üblicherweise recht einfach, es gegen ein anderes einzutauschen. Und wenn unser Haus zu klein wird, gibt es nicht gerade einen Häusermangel auf diesem Planeten. Unser Glaube andererseits liegt tief innen, läuft leise und beeinflußt jeden unserer Gedanken und alle Handlungen, bevor wir uns bewußt werden, daß wir uns fortlaufend entscheiden, die Welt so zu sehen und zu erfahren, wie wir es tun. Wie also ändern wir den Glauben?

NEUE ERFAHRUNG

Typischerweise ändert sich der Glaube als das Ergebnis neuer Erfahrung. Wie kommt diese neue Erfahrung zu uns? Der erste Schritt ist, einen schwachen Zweifel in unsere starre Glaubensstruktur einzuführen. Ein kleiner Funke kann ein riesiges Feuer entfachen, wenn die Bedingungen richtig sind. Der kleine Funke, der gebraucht wird, um unser altes Glaubenssystem niederzubrennen und unser Leben zu verwandeln, ist das schwächste Gefühl, tief innen, daß vielleicht alles, was wir über das Leben und das Universum gedacht und geglaubt haben, falsch ist. Was wäre, wenn mehr am Leben dran wäre als wir bisher wahrgenommen oder verstanden haben? Was wäre, wenn – nur vielleicht – jene, auf die wir all die Jahre gehört haben, wirklich fast nichts wissen? Was wäre, wenn unsere potentielle Realität tatsächlich so viel reicher und wunderbarer wäre, als wir es uns jemals erträumt haben? Was wäre, wenn?

Selbst mit so einer unauffälligen und schwachen ersten Öffnung zu einer mehr erweiterten Verstehensebene, fängt Veränderung in unserem Leben an und beschleunigt. Bücher beginnen, uns aus den Regalen anzuspringen. Wie durch Zauberei erscheinen Menschen, wie wir sie nie zuvor getroffen haben, in unserem Leben, um sich mit uns zu befreunden und uns zu lehren. Die alte Welt beginnt, schneller und schneller wegzufallen, als das neue Leben sich innen entwickelt.

Tieferes Wissen und sich unaufhörlich ausdehnende Erfahrung treten vor, um uns jetzt zu helfen. Es gibt systematische, mechanische und vollkommen mühelose Techniken anzufangen, unser Bewußtsein zu heben, uns immer weiter und vollständiger dem universalen Geist zu öffnen.

Wir aus der Ishaya-Tradition unterrichten eine Reihe solcher Techniken. Sie sind nicht die einzigen Techniken, die effektiv sind, aber sie funktionieren extrem gut und schnell, um eine vollkommene Transformation persönlicher Erfahrung hervorzubringen. Diesen Prozeß nennen wir Ascension; es ist ein geleiteter, schrittweiser Vorgang zum Aufstieg in die volle Würdigung des universalen Geistes. Die Übung ist in keinster Weise schwierig; sie wird normalerweise ein paar Minuten lang zwei- bis dreimal am Tag ausgeführt.

Einführungskurse werden an Wochenenden oder nach Absprache an Wochentagen angeboten. Die Ergebnisse dieser Kurse sind unmittelbar, offensichtlich und grundlegend.

Weiterführende Kurse in Ascension werden auch angeboten; diese dauern typischerweise von einer Woche bis zu sechs Monaten. Diese Kurse erweitern und stabilisieren die Fähigkeit, den Ascendant zu erfahren und benutzen. Sechs Monate lange Kurse am Ort, um Lehrer für Ascension auzubilden, werden jedes Jahr durchgeführt. Die Welt braucht dringend das Wissen darüber, wie man mühelos über selbstzerstörerische Überzeugungen und Urteile hinauswachsen und das volle

Potential des individuellen Lebens erfahren werden kann; völlig erleuchtete Lehrer von Ascension werden überall jetzt gebraucht.

Es gibt keine Vorbedingungen, um Ascension auszuüben – es ist nicht nötig, irgend einen Glauben zu ändern, es ist nicht nötig, den Lebensstil zu ändern, es ist nicht nötig, Gewohnheiten zu ändern. Es mag sein, daß Sie einer derjenigen sind, die sich still an den Vorteilen tiefer Entspannung freuen, Ihre Gesundheit verbessern und Ihr Bewußtsein erweitern, ohne sich an weiteren als dem ersten Kurs zu beteiligen. Das ist gut – es wird von unserer Seite aus kein Druck ausgeübt, weitere Kurse zu besuchen oder auch nur Ascension regelmäßig weiterzumachen. Der Vorschlag ist für Sie, einfach zu kommen und einen Einführungskurs auszuprobieren; wenn Sie es dabei lassen wollen, so sei es. Aber wenn Sie es vertiefen wollen, steht diese Möglichkeit Ihnen auch offen.

Wir empfehlen allen vorbehaltlos diese Technik; in unserer Erfahrung kann jeder dadurch gewinnen. Ascension ist ein graduelles Entfalten von Wissen durch Erfahrung. Jeder der Kurse bietet Techniken an, die weiter entwickelt sind als die vorhergehenden. Die Fortschrittsrate beschleunigt sich durch jeden der Kurse, da der Streßlevel des Individuums abnimmt, und sich die Erfahrung des Bewußtseins erweitert.

Obwohl dies wahr ist, ist die erste Technik, die im ersten Kurs angeboten wird, ausreichend, um jeden zu erleuchten, egal, wie gestreßt, depressiv oder pessimistisch. Die fortgeschrittenen Techniken beschleunigen den Fortschritt, sind aber nicht notwendig. Der erste Kurs ist genug, um das Licht des Ascendant völlig in die wache Bewußtheit eines jeden zu bringen, der willig ist, die Techniken regelmäßig zu üben.

Der Grund dafür, daß das so ist, ist, daß der Ascendant universal *ist*; er ist sowohl innerhalb als auch außerhalb von allen und allem zu finden. Da dies so ist, sind zwei Dinge überraschend: erstens, warum ist das unendliche Licht des Ascendant nicht die allgemeine Erfahrung von allen? Zweitens, warum sollte irgendeine Technik notwendig sein, um ihn zu erleben?

Gewohnheit ist eine Antwort auf die erste Frage. Es ist unsere Gewohnheit, unsere Sinne in einer nach außen gerichteten Weise zu benutzen. Wann immer wir die Augen öffnen und sehen, wann immer wir berühren, hören oder fühlen, sind dies „vertikal" nach außen gerichtete Funktionen des Verstandes. Dies ist die erste Lektion, die das Kleinkind lernen muß, wenn es mit seiner Umgebung umgeht. Jene, die diese nach außen gerichtete Bewegung des Geistes nicht entwickeln (oder behalten) können, enden in Nervenheilanstalten. Es ist auch unsere Gewohnheit, in einer „horizontalen" Richtung zu denken – das heißt, wir denken *über* Dinge nach, wir überdenken die Natur der Dinge, wir tagträumen, wir fließen an der Oberfläche unseres Verstandes entlang und denken über das Leben nach. Ein Zweck der Schule ist, diesen horizontalen Ansatz des Verstandes zu entwickeln.

Diese Richtungen des Verstandes werden beide als normal, allgemein, selbstverständlich und völlig natürlich angesehen. Aber wir glauben oft, daß die einzige übrige Richtung, „vertikal" nach innen, schwierig oder unmöglich sei und eine gewaltige Fähigkeit, sich zu konzentrieren oder den Verstand zu kontrollieren, erfordern muß.

Selten erlauben wir unseren Wahrnehmungen oder Gedanken, sich vertikal nach innen zu bewegen, um abstraktere oder universellere Verstehensebenen zu suchen. Und doch, wie kann das schwierig sein? Die Häufigkeit von Gipfelerfahrungen ist ein gutes Anzeichen, daß es nicht schwer ist, den Verstand zu entwickeln. Menschen haben überall durch die ganze Geschichte hindurch höheres Bewußtsein geschmeckt; ihre Erfahrungen sind zu den merkwürdigsten Zeiten und Orten gekommen: an einem überfüllten Schreibtisch, beim Sternegucken im Januar, am Strand, bei der Geburt eines Kindes; der Katalog ist so endlos und umfassend wie die menschliche Rasse selbst.

Alles, was notwendig ist, um zu beginnen, zu höheren Bewußtseinsebenen aufzusteigen, ist anzufangen, den Verstand darin zu trainieren, vertikal nach innen zu gehen.

Warum ist eine Technik nötig, um zu lernen, dem Gehirn ein neues, nach innen gerichtetes, vertikales Gewohnheitsmuster einzuprägen? Dies ist wie die Kunst des Sprechens. Das Lernen, unseren Atem zu kontrollieren die Stimmbänder, Zunge und Mund auf eine Weise, daß bedeutungsvolle Symbole herauskommen, um mit anderen, ähnlichen Wesen zu kommunizieren, ist etwas, das wir ganz natürlich zu tun lernen. Dies ist etwas, das wir als gegeben hinnehmen. Dennoch mußten wir lernen, es zu tun. Es erstaunt die meisten von uns immer wieder, wie kleine Kinder aus anderen Ländern fließend eine Sprache sprechen, die wir als Erwachsene nur mit großer Mühe ärmlich nachahmen. Es ist nicht schwer zu sprechen, aber wir müssen lernen, wie es geht. Genau so ist es mit dem Laufen und jeder anderen erworbenen Fähigkeit. Sicherlich sind diese Aktivitäten für praktische Zwecke natürlich; genau so sicher mußten wir lernen, wie sie gehen.

Der Verstand ist eine wunderbare, komplexe Maschine, die trainiert werden kann, eine erstaunliche Vielfalt von Dingen zu tun. Gerade so kann sie trainiert werden, sich vertikal nach innen zu bewegen. Die Techniken von Ascension erreichen das.

Dem Verstand kann leicht gelehrt werden, den Ascendant zu erfahren. Daß irgendeine Technik erforderlich ist, das zu tun, ist nicht ganz wörtlich wahr. Es hat zahllose Beispiele der Verzückung oder spontaner Erfahrung von wenigstens zeitbegrenzter Bewegung in die Richtung des Ascendant in der ganzen Weltgeschichte gegeben. Sogar ein kurzes Erleben inneren Lichts, vollkommenen Friedens, grenzenloser Freude, inneren Wissens verändert den Erfahrenden oft dauerhaft. Massive Glaubenssysteme werden oft geschaffen oder angenommen wegen eines höchst vorübergehenden Aufblitzens veränderter Wahrnehmung.

Daß diese Art Erfahrung spontan auftreten kann und es tut, beweist, daß sie völlig natürlich ist. Die Universalität der Erfahrung wird durch die Tatsache demonstriert, daß praktisch jeder zu einem bestimmten Zeitpunkt im Leben eine Kostprobe höheren Bewußtseins hat. Fast alle von uns hatten zumindest einen flüchtigen Blick jenseits des Schleiers des relativen Lebens. Ich könnte so kühn sein zu sagen, daß wir alle so eine Erfahrung hatten, aber einige von uns haben gewählt, sie zu vergessen oder zu mißinterpretieren. Die Gründe für diese Unfähigkeit, sich zu erinnern, können von Individuum zu Individuum variieren, aber ist üblicherweise auf Angst gegründet.

Als ich jung, ein Teenager war, habe ich oft erfahren, wie höheres Bewußtsein an meine Tür klopfte, wenn ich spätabends in der Küche lernte – es war das wärmste Zimmer im Haus und vollkommen ruhig, nachdem alle anderen zu Bett gegangen waren. Meine Bücher über den ganzen Küchentisch ausgebreitet, mußte ich mich recht oft zwingen, sie zu lesen und meine Aufgaben zu schreiben, denn ich fühlte eine riesige Gegenwart gerade außerhalb des Raums, die herein wollte und anerkannt werden wollte – warum? Ich wußte es nicht, aber es erschreckte mich. Diese Kraft war riesig, erstaunlich, mächtig – und sie wollte, daß ich ihrer bewußt sein sollte. War es der Teufel? War es ein Gespenst? Mein Vater vielleicht, der aus dem Grab wiederkehrte? Oder war es ein Dämon.

Erst Jahre später lernte ich, daß ich Angst vor meinem eigenen höheren Selbst gehabt hatte, das versuchte, die verschlossenen Türen zu meinem Geist zu öffnen. Ich glaube, daß dies tatsächlich eine allgemeine Erfahrung ist; ich glaube, daß viele Leute von ähnlichen Erfahrungen so erschreckt worden sind, daß sie versucht haben, ihren Geist in extrem enge und starre Grenzen einzuschließen. Eine Tragödie des modernen Lebens ist, daß so viele so sehr erfolgreich in ihrem Versuch waren. Die Welt wäre ein viel gesünderer Ort, wenn diese Individuen (die tatsächlich ziemlich hoch entwickelt sind) die Angst vor ihrer eigenen Vollkommenheit aufgäben. Sie begännen dann, Teil der Lösung zu sein, statt Teil des Problems.

Die Gipfelerfahrung ist allen menschlichen Wesen gemein, eine natürliche Schwankung des Bewußtseins. Aber um sie regelmäßig und wiederholbar zu machen, um sie zu einer dauerhaften, allzeit gegenwärtigen Realität, die willkommen und anerkannt ist und genossen wird, sind bei den meisten Menschen zwei Dinge erforderlich. Erstens muß sie verstanden sein. Wenige von uns heißen einen Fremden in unserem Heim willkommen, ohne etwas über ihn oder sie zu wissen. Was ist die Erfahrung höheren Bewußtseins? Warum kommt es vor? Welchen Wert hat es? Wenn die Antworten auf diese Fragen gemeistert werden, dann gibt es keine Schwierigkeit, die Türen aufzureißen, die wir abgeschlossen haben; die Erfahrung des höheren Bewußtseins stürzt herein wie ein Fluß, wenn der Damm, der ihn einschloß, gebrochen ist.

Die zweite Bedingung für die Stabilisierung höheren Bewußtseins, erforderlich bei den meisten, ist eine praktische Methode, den Verstand systematisch zu trainieren, um das innere Licht zu erleben.

Wie muß so eine Technik aussehen? Zuerst und idealerweise wird es nicht unsere Glaubenssysteme einbeziehen. Wenn die Erfahrung höheren Bewußtseins in der Tat universal ist, sollte sie von allen erfahrbar sein, egal von welchem religiösen, politischen oder wirtschaftlichen Hintergrund. Und die Technik sollte nicht so komplex sein, daß nur solche mit einem riesigen Intellekt sie benutzen können. Noch sollte sie so viel transzendentale Hingabe verlangen, daß nur jene mit wunderbar begeisterten Herzen durch ihr Unwissen hindurchstoßen und das Herz Gottes berühren können. Die universale Bedingung in diesem Zeitalter ist, daß die Erfahrung offen für alle sein soll. Alle aus allen Lebensbereichen sollten fähig sein, die Technik zu üben und das erwünschte Ergebnis zu erreichen.

Ein anderer sehr wichtiger Grund dafür, nicht unsere Glaubenssysteme einzubeziehen, ist, daß es gerade unsere Glaubenssysteme sind – unsere Gewohnheiten und Urteile über die Natur des Lebens – die unsere Erfahrung des Lebens genau so halten, wie sie ist. Etwas Neues ist erforderlich, um aus der Form unserer Vergangenheit auszubrechen. Das „Aha"-Erlebnis kommt von einer unerwarteten, dramatischen und gründlichen Veränderung der Perspektive; ohne Vorwarnung werden die alten Gewohnheitsmuster entspannt, und eine andere Aussicht wird enthüllt. Die ist plötzlich, vollständig, wundervoll.

Die Ascensiontechniken erfüllen diese Bedingungen. Sie sind systematisch. Sie sind leicht zu verstehen und auszuüben. Sie schließen keine Veränderung des Glaubens oder Lebensstils ein. Sie beziehen keinen Glauben ein! Und sie sind wunderbar effektiv, Streß zu entfernen, der die Wahrnehmung der inneren Realität blockiert. Regelmäßiges Üben von Ascension erzeugt vielfältige Veränderungen im Leben, gegründet auf persönlicher, direkter Erfahrung.

Die Einladung ist, einen Einführungskurs auszuprobieren und selbst zu entscheiden. Üben Sie die erste Technik regelmäßig einen Monat lang und sehen Sie, was Ihnen geschieht. Viele andere haben von wundervollem Wachstum und Verbesserungen in jedem Lebensbereich durch Ascension berichtet. Was haben Sie zu verlieren, wenn Sie es versuchen?

XIV. Die Wissenschaft von Ascension

In dieser Praxis geht keine Bemühung verloren.

Dies ist ein Zeitalter der Angst. Wir haben Angst vor anderen Ländern, anderen Menschen und uns selbst. Es ist selten, sich jemals sicher zu fühlen – und keine Menge physischer Manipulation erhöht unser Sicherheitsgefühl. Ein oder mehrere Schlösser und Riegel für unsere Türen zu kaufen, schützt uns nicht viel vor unseren Nachbarn; noch ein anderes und weiter entwickeltes Waffensystem verteidigt unsere Grenzen nicht so viel besser, daß wir uns dauerhaft sicher fühlen. Da uns feste Überzeugung über unsere eigene Unbesiegbarkeit mangelt, wenden wir uns mit Zweifel und Hoffen an die äußere Welt – entgegen aller logischen und früheren Erfahrungen – daß wir sicher bleiben.

Was ist die Essenz der Sicherheit? Wie wird man wahrhaft furchtlos? Was sind die Mechanismen des Friedens?

Die Wissenschaft von Ascension bezieht einen Prozeß systematischen Umlernens ein. Von Geburt an haben wir alle bestimmte Überzeugungen strukturiert, gegründet auf unserer eigenen, direkten Erfahrung. Wenn wir uns an einem heißen Herd verbrannt haben, lernen wir schnell zu glauben, daß Hitze uns verletzen kann. Wir strukturieren Überzeugungen über den Temperaturbereich, den unser Körper sicher aushalten kann; wir kultivieren andere Überzeugungen über die Natur unserer Körper und wie ihnen Schaden zugefügt werden kann.

Einige dieser Überzeugungen sind offensichtlich nützlich für das Weitergehen unseres physischen Lebens. Es ist sinnvoll, sich zu erinnern, wie man ein Auto fährt, ohne jedesmal die Bedienungsanleitung lesen zu müssen, wenn wir am Steuer sitzen. Es ist nützlich, sich zu erinnern, welches Haus unseres ist, jedesmal, wenn wir nach Hause kommen wollen, ohne die Nachbarn fragen zu müssen. Es ist üblicherweise nützlich, unsere Kinder wieder zu erkennen, wenn wir sie sehen.

Aber es ist auch wahr, daß andere Überzeugungen selbstzerstörerisch und kontraproduktiv sind. Wenn wir glauben, daß wir Versager seien, ist dies die Art Erfahrung, die wir ständig anziehen. Wenn wir glauben, daß das Leben schwer sei, daß wir ungeliebt und vielleicht sogar nicht liebenswert seien, daß wir unglücklich seien, daß wir wertlos seien, werden wir dann ein leichtes, müheloses Leben voll Liebe und Freude erleben? Nur, wenn wir unser zugrundeliegendes Netzwerk des Glaubens ändern können, können wir hoffen, die Zukunft zu erleben, die wir – zumindest intellektuell! – vorziehen würden.

Alte Glaubensmuster aufzulösen oder umzulernen ist außergewöhnlich schwierig, wenn bewußt versucht wird, sie aufzulösen oder umzulernen. Jeder Psychoanalytiker wird bezeugen, welch große Schwierigkeiten es beinhaltet, auch nur ein Selbstkonzept durch den traditionellen Ansatz der Ursachenanalyse eines abnormalen Verhaltensmusters zu verändern. Es mag eine ungeheure, höchst frustrierende, sogar unmögliche Aufgabe sein, einfach durch den bewußten Entschluß, es zu tun, unsere Persönlichkeit umzuschreiben. Für die meisten von uns mag es sich sehr wohl als unmöglich erweisen.

In diesem Land (USA) ist der hohe Prozentsatz an geistig Kranken, sowohl eingeliefert als auch nicht eingesperrt, ein reicher Beweis dafür, daß unsere moderne Gesellschaft kein gesunder Ort zu leben ist. Und dies demonstriert auch, daß unsere praktizierenden Psychiater in ihrem gewählten Beruf nicht erfolgreich sind. Desgleichen die physischen Krankheiten, die die moderne Welt plagen. Im alten China war jeder Arzt vom Gesetz aufgefordert, auf einem Schild draußen die Zahl seiner Patienten aufzulisten, die in diesem Jahr gestorben waren. Der Zweck des Arztes war zu heilen. Nur jene, die erfolgreiche Heiler waren, wurde erlaubt, ihre medizinische Praxis weiter zu führen.

Im Versuch, die Ursache der Probleme, die physisches oder geistiges Ungleichgewicht hervorrufen, zu entwurzeln, wird eine Menge Mühe verschwendet, und das Ergebnis ist bestenfalls geringfügig. Ärzte, Berater und Patienten folgen weiterhin diesem Ansatz, einfach weil bisher nichts Besseres weithin verfügbar ist.

Aber es ist möglich, tiefsitzende Glaubensmuster leicht und mühelos zu ändern. Dies wird erreicht durch die Einführung von ein paar wenigen, neuen Samengedanken erreicht. Diese Samengedanken haben die einzigartige und unschätzbare Eigenschaft, systematisch und mühelos die bewußten Grenzen des Verstandes zu erweitern. Jeder dieser Samengedanken hat das Ergebnis, die vergangenen Glaubensmuster, die unser Leben von der Entfaltung in einer gesunden und harmonischen Weise abhalten, aufzulösen. Jeder dieser Samengedanken, richtig praktiziert, bewirkt die gesamte Ausdehnung der Persönlichkeit in Übereinstimmung mit der grundlegendsten Kraft im Universum zu bringen. Jedes Individuum, das über eine ausreichend lange Zeit korrekt übt, steigt mühelos und systematisch über seine früheren, einschränkenden Überzeugungen und Gewohnheitsmuster hinaus in einen neuen und wohltuenderen Funktionsstil seines/ihres Nervensystems auf.

Die Wissenschaft von Ascension ist eine systematische und gestaffelte Methodologie für die Entwicklung des Geistes. „Ascension" bedeutet über (etwas) hinaus aufzusteigen. Was während der Übung von Ascension geschieht, ist, daß das Individuum über seinen/ihren früheren Zustand des wachen Bewußtseins hinaus aufsteigt, und beginnt, die höheren Zustände der Würdigung der Realität, die innen verborgen liegt, zu erleben.

Dies schafft einen Zustand des problemlosen Lebens. „Problemlos" bedeutet *nicht* ohne Herausforderungen: das Leben wird nicht flach oder passiv; problemlos bedeutet, daß die innere Stabilität größer ist als jede Herausforderung des Lebens; die innere Kreativität, die uns zur Verfügung steht, ist größer als jedes Problem. Jede Herausforderung kann es geben und wird auf die einfachste, eleganteste und wohltuendste Weise angegangen und gelöst, wenn dieser Zustand sich erst einmal entwickelt hat.

Die Mechanismen von Ascension sind recht einfach. Was nötig ist zu lernen, ist zuzuhören: den Menschen in unserem Universum, unserer Welt, unserem Körper, unserem Verstand, unserem Herz. Jeden Moment jeden Tages wird uns alles gesagt, was wir wissen müssen, um in vollkommener Freiheit Harmonie und und Freude zu leben. Aus Furcht wählen wir üblicherweise, nicht zu hören. Unsere Urteile der Grenzen, von Gut und Böse, haben uns in kleine Leben voll Schmerz und Leiden gekettet. Um frei zu sein, ist es notwendig, anzuerkennen, was wir getan haben und weiterhin uns selbst antun, um uns vom Zuhören abzuhalten. Dies kann ein schmerzhafter Prozeß sein, muß es aber nicht.

VIER ASCENSION -TECHNIKEN

Es gibt vier Grundemotionen oder Haltungen, die zu Ascension (Aufsteigen) führen: Würdigung, Dankbarkeit, Liebe und direkte Kenntnis. Es gibt Tausende, sogar Millionen spezifischer Anwendungen dieser vier grundlegenden Ascension-Techniken. Zum Beispiel neigt jedes Gefühl der Liebe für jemanden oder etwas dazu, in einem kleineren oder größeren Ausmaß die Schwingungsrate des Individuums zu erhöhen, die bewußte Kapazität des Verstandes zu erweitern, die Gesundheit des Körpers zu verbessern und die Begrenzungen des Lebens zu vermindern. Wenn Sie an eine Zeit denken, in der Sie ernstlich verliebt waren, werden Sie sich wahrscheinlich daran erinnern, wie leicht es war, die kleinen, oberflächlichen Mängel unseres Geliebten zu übersehen und uns auf seine/ihre Vollkommenheit und Schönheit zu konzentrieren. Dies ist ein Beispiel sich erweiternder Bewußtheit, aber solche Vorkommnisse sind typischerweise nicht konsistent oder kraftvoll genug, um das Leben dauerhaft zu verändern.

Sogar wiederholte und regelmäßige Versuche, durch das Gebet, einer Form der direkten Erkenntnis-Technik von Ascension, aufzusteigen, sind typischerweise nicht endgültig lebensverändernd. Der Grund dafür stammt nicht notwendig von einem Mangel an Engagement oder Hingabe auf seiten der betenden Person. Es gibt üblicherweise drei Ursachen für dies allgemeine Versagen. Die erste ist die begrenzte Zeit, die im Gebet verbracht wird. Wenn zum Beispiel eine Stunde am Tag damit zugebracht wird, sich zu einer höheren Schwingungsfrequenz zu bewegen, und die anderen dreiundzwanzig damit verbracht werden, entweder auf derselben Ebene zu bleiben oder rückwärts zu gehen, wie kann es überraschend sein, daß die Versuche versagen? Sogar, wenn die gesamte Stunde konzentriert darauf verwendet wird, höher zu kommen, gibt es immer noch die anderen 23 Stunden mit einem ganz anderen Fokus. Wenn einer von 24 Gedanken nach oben gerichtet ist, und die anderen 23 sind horizontal oder nach unten gerichteet sind, kann es dann überraschen, daß das Leben sich nicht schnell verbessert?

Der zweite Grund für das Versagen kommt üblicherweise von entgegengesetzten Wünschen. Ein Teil der Persönlichkeit mag aufrichtig die Antwort auf ein Problem suchen, aber ein anderer Teil kann, vielleicht sogar im Geheimen, das Gegenteil wünschen. Zum Beispiel kann eine Wunderheilung Gegenstand des Gebets sein, aber sollte eine solche Heilung erfolgen, könnte der Rest der Persönlichkeit entsetzt sein. Oder sie könnte sich nicht einer solchen Lösung wert fühlen. („Warum sollte Gott an so jemand wie mir ein Wunder verschwenden?") In einem solchen Zustand widersprüchlicher Wünsche ist keine klare Antwort die wahrscheinlichste Antwort der Natur.

Der dritte Grund für Versagen ist, daß der Inhalt des Gebets oft einfach nicht wirksam ist. Dies kann eine große Formenvielfalt annehmen. Von den Tausenden der Anwendungen der vier ersten Ascension-Techniken ist nur eine überraschend kleine Zahl entweder extrem wirksam oder universell in der Anwendung. In der Erfahrung der Ishayas sind ungefähr einhundertacht von diesen die besten für jeden; von diesen hundertacht sind siebenundzwanzig alle, die wir gemeinhin unterrichten, denn diese siebenundzwanzig sind die mächtigsten, am leichtesten zu benutzen und führen am direktesten und schnellsten zum erstrebten Ziel. Diese siebenundzwanzig werden von den Ishaya-Lehrern von Ascension in einer systematischen und nachvollziehbarenWeise unterrichtet, mit individuellen Übungen und Fortschritt, abwechselnd mit weiteren Instruktionen in den Techniken. Diese Weise errichtet faßbare Ergebnisse als die stärksten verstärkenden Mittel für weitergehende Praxis ein.

Jede der siebenundzwanzig Ascension-Techniken besitzt die Qualität unmittelbaren Feedbacks – das heißt, die Wirkung der Übung ist unmittelbar fühlbar. Der Grund dafür ist, daß jede der siebenundzwanzig die außergewöhnliche und einzigartige Eigenschaft hat, dem Verstand automatisch zu gestatten, Ascenden zu immer höheren Ebenen der Erfahrung und des Verstehens weiterzuführen.

Als solches ist sogar die erste der siebenundzwanzig Ascension-Techniken ausreichend, jeden Menschen vollständig zu befreien. Der Vorteil, mehr als ein Werkzeug in der Werkzeugkiste zu haben, liegt darin, daß der Verstand sich manchmal selbst in die Aktivierung langsamer Schleifen hinein bugsiert. Das geschieht vornehmlich wegen vergangener Wünsche und Überzeugungen, daß das Leben schwierig oder schmerzhaft sei oder sein sollte. Wenn man mehr als eine Ascension Technik hat, ist das wie eine Versicherung. Wenn die Macht uralter Gewohnheiten zu tief eingeprägt ist (und für die meisten in dieser modernen Welt scheint es so zu sein), ist mehr als ein Ansatzpunkt in Ascension notwendig.

In unserer Erfahrung ist es ausgesprochen zweifelhaft, daß jegliches Individuum der Macht dieser kleinen Handvoll der siebenundzwanzig Ascension-Techniken lange widerstehen könnte. Dies ist wahr, weil jede der siebenundzwanzig die innewohnende Fähigkeit besitzt, den Verstand in immer höhere Ebenen des Erlebens und Verstehens zu führen; gleichzeitig hilft jede der siebenundzwanzig dem Verstand, *alle* seine falschen Überzeugungen, Ängste und Phantasien aufzulösen. Jede der siebenundzwanzig wischt die Tafel des Verstands aus, während sie einen neuen Text schreibt. Die alten, internen Programme können der Kraft und Klarheit der neuen nicht lange widerstehen.

Die Ascension-Techniken beinhalten keinen religiösen Glauben; tatsächlich schließen sie keinen Glauben irgendeiner Art ein. Sie sind universal. Sie verletzen kein Credo oder etablierten Glauben. Sie können gleichgut von Christen, Muslimen, Hinduisten, Buddhisten, Juden, Agnostikern und Atheisten geübt werden. Sie erschließen universale, menschliche Zustände und inspirieren Ascension (Aufstieg) von wo auch immer man sich gerade befindet.

DREI QUALITÄTEN VON ASCENSION

Jede der Ascension-Techniken hat drei Aspekte. Zuerst gibt es einen emotionalen Inhalt, um den Erlebenden nach innen zu führen -- Würdigung, Dankbarkeit, Liebe und direkte Erkenntnis. Der zweite Aspekt ist ein direktes Einstellen auf den Ascendant. Dies vereinigt den bewußten Vestand mit dem unendlichen Ursprung innen. Die dritte Charakteristik jeder der Ascension-Techniken ist eine mentale Konzentration auf eines der Wurzelgebiete der Individualität, das gestreßt ist und voller gelebt werden könnte.

Diese Beschreibung der Ascension-Techniken ist viel schwieriger als Ascension zu üben. In der Tat ist es wahrscheinlich unmöglich, die Mechanismen von Ascension vollständig zu verstehen, ohne es zu erfahren.

Die dreifache Struktur der Ascension-Techniken bewirkt, daß jeder der drei wesentlichsten Aspekte unserer Persönlichkeit – unser Herz, unser Verstand und unser Körper – sich in die Richtung des Wachstums bewegen. Dieser Prozeß löst oder lockert die zutiefst festgehaltenen Urteile und Überzeugungen, die uns an Furcht und Einschränkung gebunden halten. Aber dies ist nicht nur einfach ein Vorgang der Innenschau, um angesammelten mentalen, spirituellen und emotionalen Müll zu beseitigen; dieser Vorgang ist vor allem dazu da, mühelos immer mehr erweiterte Bewußtseinszustände freizulegen.

Ascension-Techniken werden auch Haltungen genannt, weil eine Haltung eine Weise ist, die Welt anzusehen. Sie werden nicht Ascension-Glauben genannt, weil es keine Notwendigkeit gibt, an die Ascension-Techniken zu glauben, damit sie funktionieren. Man braucht nicht zu glauben, daß ein Möhrensamen, der in die Erde gepflanzt und richtig versorgt wird, zu einer Möhre wachsen wird. Glaube ist nicht notwendig. Glaube ist eine mächtige Kraft, die sehr nützlich oder destruktiv sein kann, abhängig davon, wie sie angewendet wird, aber sie ist nicht erforderlich, um die Natur unseres Lebens zu ändern. Möhrensamen werden zu Möhren. Die Samengedanken der

Ascension-Techniken werden zu einer neuen Weise, das Leben anzusehen und zu leben.

Der Gebrauch der Ascension-Techniken erlaubt uns, mühelos über unsere frühere Erfahrung des Lebens hinaus in einen Zustand problemloser Existenz zu steigen. Dies wird dadurch erreicht, daß unsere begrenzte Individualität mit kosmischer Universalität in Übereinstimmung gebracht wird. Diese zugrundeliegende Wahrheit der Schöpfung kann jeglichen Namen bekommen. Manche nennen sie Liebe. Manche nennen sie Leben. Manche nennen sie das Gute. Manche nennen sie Natur. Manche nennen sie universaler Geist. Manche nennen sie die Mutter. Manche nennen sie Geist. Manche nennen sie Wahrheit. Manche nennen sie die Macht. Manche nennen sie Schönheit. Manche nennen sie das höhere Selbst. Manche nennen sie Gott. Manche nennen sie den Ursprung. Wir nennen sie der Ascendant. Der Name ist höchst unwichtig. Was wichtig ist, ist aufzuhören, unsere Wahrnehmung dieser Realitätsebene zu blockieren.

Wir brauchen nicht „einen Channel zu öffnen" zum Ursprung, zum Universalen Geist, zum Asendant; wir sind bereits alle verbunden. Wir waren es immer, wir werden es immer sein. Was notwendig ist, ist, daß wir anfangen, unsere selbstzerstörerischen Überzeugungen und Verhaltensmuster zu entfernen, die diese Erfahrung von unserer wachen Bewußtheit abblocken. Wenn die Blocks entfernt, geschmolzen, verwandelt sind, dann können wir Gebrauch von unserem Geburtsrecht machen – unserer Verbindung mit dem unendlichen Geist. Die Rohrleitung ist schon da. Was notwendig ist, ist, die selbsterschaffenen Hindernisse im Rohr zu beseitigen, die das Wasser vom Fließen abhalten. Es ist rostig vom Nichtgebrauch; es ist blockiert vom angesammelten Müll lebenslanger Gewohnheiten des Leugnens und der Angst. Aber das Metall ist noch gut; es kann relativ leicht gereinigt werden, und dann wird das kostbare Wasser des Lebens wiederum fließen und alles in unserem Leben verwandeln.

Die Ascension-Techniken sind gemacht, um vergangene Überzeugungen und Verhaltensmuster auszuräumen, die vollständiges mentales und physisches Funktionieren verhindern. Durch die mühelose Einführung dieser Samengedanken auf einer tiefen und subtilen Denkebene wird die gesamte Struktur des mentalen Rahmenwerks langsam und elegant verwandelt, um Wahrheit zu reflektieren.

Realität hier ist nicht die Realität des Lebens, die mit Leiden durchsetzt ist, die allgemeine Erfahrung der meisten in dieser Welt heute. Unsere Art von Realität bedeutet, daß das Leben in Freude gelebt, jeder Moment vollständig erfahren wird; jede Gelegenheit wird ausgenutzt für ihre reichen Möglichkeiten an Fortschritt, Kreativität und Liebe. Eine Aufwärtsspirale des Bewußtseins wird durch Ascenden geschaffen; eine neue Struktur der Bewußtheit wird auf der sicheren Grundlage der direkten Realitätserfahrung gebaut.

Die Ascension-Techniken sind kostbar für die moderne Welt. Das scharfe Tempo des Lebens ist einfach zu schnell, als daß ihm ohne die Kraft einer grundlegenden, neuen Lehre begegnet werden könnte. Diese Techniken revolutionieren jeden Aspekt des Lebens durch die Einführung der neuen Erfahrung inneren Friedens, tiefer Ruhe und Stabilität.

Ascension ist extrem leicht zu üben und befreit jeden schnell von Streß. Dies öffnet das Leben zu einem Maximum an Kreativität, Freude, Gesundheit und Erfolg.

Wir alle begannen unser Leben in Unschuld und Helligkeit. Es hat uns viele Jahre gekostet, unseren Verstand mit selbstzerstörerischen Überzeugungen und Gewohnheiten zu umwölken. Aber es ist leicht zu beginnen, dies rückgängig zu machen und zurück zur Freiheit und Kraft des Lebens im gegenwärtigen Moment zu gehen. Sorge und Angst sind nicht natürlich, sie sind künstlich erlernt und erhalten sich durch unsere Überzeugungen und Urteile über das Leben.

Es ist nicht schwer, uns von der Hypnose unserer Vergangenheit und kulturellen Konditionierung zu deprogrammieren. Als ein unmittelbares Ergebnis wird das Leben leichter und erfreulicher. Freiheit von Streß bedeutet, daß jeder Moment vollständig und erfüllt gelebt wird. Jeder Tag ist neu mit wunderbaren Möglichkeiten, wenn wir nicht länger von unserer Vergangenheit als Opfer gequält werden.

Die Lehrer von Ascension repräsentieren in diesem modernen Zeitalter eine uralte Lehre, gegründet vom Apostel Johannes im ersten Jahrhundert der christlichen Ära. Nichts in Ascension ist neu erfunden, jede Technik der Streßbewältigung und Meditation, die von den Lehrern der Gesellschaft für Ascension unterrichtet wird, wird seit Tausenden von Jahren geübt und ist als universal wahr für alle verifiziert worden.

Epilog: *Ein Lebensgedicht*

In manchen Leben habe ich daran gearbeitet, Religionen, Philosophien und Zivilisationen zu schaffen. Ich arbeitete gut, meine Produkte waren schön, komplex und vertrauenswürdig; meine Arbeit führte und beschützte das Leben von Millionen.

In anderen Leben erkannte ich, daß keine organisierte Struktur, unabhängig, wie komplex, wahr oder schön, jemals alles Leben umschließen könnte. Und so, weil ich die offensichtlichen Grenzen und das Versagen aller und jedes organisierten Ansatzes zum Wissen sah, bemühte ich mich, sie alle zu zerstören. Dies endete oft mit meinem eigenen Tod. Während der spanischen Inquisition wurde ich auf dem Scheiterhaufen verbrannt, weil ich mich der Kirche entgegengestellt hatte. Und in Peru wurden meine Hände und Füße abgeschnitten, weil ich den Conquistadores widerstand.

Der Horror von Verurteilungen und Unterdrückung ist meine eigene Schöpfung, nicht die von irgend jemand anders. Jemand anders in meinen Glauben zu zwingen, war oft mein Ziel. Aber ich habe gelernt, daß Individuen in den Frieden zu zwingen, keine Lösung ist.

Eine erleuchtete Freundin von mir hatte im Frühling 1972 in Italien eine Vision von mir. Wir fuhren an einem schönen Frühlingstag nach Rom, als sie sich plötzlich zu mir umdrehte, mich mit durchdringenden Augen ansah und sagte, sie habe mich gerade gesehen, wie ich hinter einer vollkommenen, aber sterilen und in Ruinen gefallenen Burg in der Mitte des westlichen Meeres hervorkam. Sie sagte, sie sah mich allein am Strand stehen und traurig auf das zerfallene Gebäude zurückblicken. Am Strand war der satte Geruch von Fruchtbarkeit zu spüren; sie sagte, daß die Muttergottes da war, mich führte, mich schützte; der Wohlgeruch war Ihr Duft.

Ich verstand sie zu der Zeit nicht, denn ich fühlte, daß es unbedingt erforderlich war, innerhalb der schützenden Burgmauern meines Glaubens zu bleiben. Ich fürchtete, daß außerhalb der Burg Chaos lag – daß, wenn ich die schützenden

Türme, Wehrgänge und Kolonnaden eines Glaubenssystems, das zum Ascendant führte, verlassen sollte, ich ohne das Absolute wäre, ohne Gott, und daher ein Opfer der dunklen und beängstigenden, realen Mächte des Bösen würde, eine Beute der Zwillingsdämonen Angst und Hass. Es war für mich offensichtlich, daß eine große Menge, wenn nicht sogar alle, die sich nicht an eine Lehre banden – einen organisierten Lehrkörper und Glaube, der zum Herzen Gottes führt – daß die meisten oder alle, die nicht in so mächtigen Burgen geschützt sind, hilflos den Fallstricken und Schlingen der Welt ausgesetzt sind. Jene ohne höheren Ehrgeiz jeglicher Art verschwenden oft ihr Leben in grotesken Lastern. (Was, wenn ich mich richtig an die Beobachtung Steinbecks in „East of Eden" erinnere, nichtsdestoweniger ihre besten Versuche sind, Liebe zu erfahren.)

Ich fühlte mich unzufrieden mit meiner Burg, und doch beschimpfte ich mich dafür. Ich fühlte mich jahrelang gefangen – unwillig oder unfähig, meine Verbindung mit der prächtigen Zitze der Burg aufzugeben, voller Angst vor dem Rest der Welt außerhalb ihrer ausgedehnten und gut geschützten Mauern.

Zu denken, daß es möglich sei, verletzt zu werden, ist ein allgemein menschlicher Glaube, aber das macht ihn nicht wahr. Körper können verletzt werden. Menschliche Körper, Körper des Wissens, Körper des Glaubens, Körper von Organisationen, Körper von Gebäuden – all diese können verletzt werden oder versagen. Doch was versagt? Was wird verletzt? Alles, was wahr und real ist, kann niemals in irgendeiner Weise verletzt oder vermindert werden. Ob der menschliche Verstand ständig der Wahrheit gewahr bleibt, ist eine andere Sache. Aber die Wahrheit wird immer bleiben und wie ein vollkommenes Juwel funkeln, jenseits der Grenzen von Raum und Zeit.

Nach einigen Jahren dieser Mühen, verschwor sich die Natur gegen mich, um meine Burg zu zerstören. Im Rahmen von drei Monaten wurden mir mein Zuhause, Familie, Status, Position und Besitz genommen. Verloren und allein wanderte ich hinaus in die Welt und stolperte durch ein großes Glück über einen Ishaya, der nur selten die Welt bereiste, und der, wie es sich herausstellte, mich suchte.

Meine nervenaufreibende Berührung mit dem Tod heilte mich. Mein schreckliches Unglück führte zu Herrlichkeit. Die wundervolle Lehre von Ascension wurde mit mir geteilt. Ein Geschenk, das ich niemals hätte verdienen können, wurde mir frei gegeben. Das Leben öffnete sich, wo ich nur den endgültigen Verfall von Degeneration und Verzweiflung erwartete.

Einmal, als ich mit den Ishayas im Himalaya ascendete, hatte ich eine Vision – all die großartigen und schönen Burgen der Welt standen wehrhaft und allein, auf allen Seiten von der dunklen und tosenden See des geistlosen Chaos umgeben. Nur eine Handvoll war in den Burgen, und arbeitete daran, das Wissen über den Ascendant zu erweitern, Wahrheit und Schönheit in der Welt zu vermehren; der Rest war in der Dunkelheit draußen und bemühte sich, die Schöpfungen innen zu zerstören, manche in böser Absicht, aber die meisten durch Apathie, Ignoranz, Gleichgültigkeit.

„Warum, Herr?" dachte ich. „Warum diesen schrecklichen Krieg erlauben?"

Sofort kam Boanerge in mein Zimmer, setzte sich vor mich hin und tippte mich sanft auf die Brust. Mein Verstand erweiterte sich; ich lernte, daß dieser uralte Glaube von mir mich vom größten Teil des Universums abschnitt. All die gegenwärtigen Bürgerkriege der Welt lagen zum Beispiel in diesem äußeren Chaos. Als auch Hunger und Krankheit in Afrika. Als auch all die wehrhaften und verfaulenden Städte unserer Zivilisation.

„Sind all diese Unglücklichen also in die Hölle verbannt?" fragte Boanerge mich freundlich. Ich verstand seinen Gesichtspunkt; viele fundamentalistische Lehren halten dies für wahr. Wenn du nicht ein fundamentaler Christ oder ein fundamentaler Moslem oder ein fundamentaler New-Age-Gläubiger oder ein fundamentaler Was-auch-immer bist, dann wirst du garantiert in alle Ewigkeit verdammt. Und was ist mit denen, die geboren wurden, bevor diese besondere Religion zur Welt kam? Nun, die müssen sicherlich bereits in der Hölle schmoren.

Viele beantworten ihre Ängste damit, daß sie versuchen, die Mauern ihrer Burg zu verstärken – sie folgen den Anweisungen ihrer Führer immer genauer, vertiefen sich immer mehr in die philosophischen Untermauerungen der bestimmten Burg, die sie gerade bewohnen – aber der Preis, den sie zahlen, ist furchtbar, denn auf allen Seiten umgibt die furchterregend realen und bösen Meere der Dunkelheit, des Chaos und der Verzweiflung ihre Burg und schlägt immer stärker an ihre Mauern.

Ich sah dann, daß meine Vision verzerrt war, denn die äußere Form des Chaos war ebenfalls meine Schöpfung. Ich schuf Schmerz. Ich schuf Leiden. Ich schuf Krieg. Ich schuf Hunger. Ich schuf Krankheit. Ich schuf Tod. In dem Moment, als ich die Vollkommenheit des Ascendant in den Dingen verborgen sah, die ich als Übel verurteilt hatte, stürzten all die Burgmauern auf Erden in sich zusammen und wurden zu Staub.

Aber statt dann von der kochenden See des Chaos verschlungen zu werden, dehnten sich die Lehren in den Burgen aus, um das ganze Universum zu umschließen.

Anders gesagt erinnerte ich mich dann daran, daß das ganze Universum meine frühere Schöpfung war. Und all die Burgen der Erde waren wie Juwelen in der Krone Gottes vollkommener Liebe für mich, welche dieselbe wie Gottes vollkommene Liebe für Dich und alle anderen ist.

Techniken, die Selbsterkenntnis bewirken, sind nicht dasselbe wie Selbsterkenntnis. Keine Burg ist den Preis wert, wenn es bedeutet, daß das Leben zwischen Gut und Böse oder zwischen Leben und Tod getrennt bleibt. Auch die herrliche Perfektion der makellosen Wissenschaft von Ascension ist Nichts ohne Kenntnis der Wahrheit, die ihr zugrunde liegt. Das Ansammeln von Techniken ist keine Antwort. Nur die direkte Erfahrung der Realität reicht aus, das Leben vom Tode zu befreien.

Nur ganze und vollständige Erleuchtung befriedigt die Lebenssuche einer Seele.

--MSI

"Kein Mensch ist eine Insel, ganz in sich selbst, jeder Mensch ist ein Stück des Kontinents, ein Teil des Ganzen; wenn eine Scholle ins Meer gewaschen wird, ist Europa geringer, als auch, wenn es ein Gebirge wäre, als auch, wenn es ein Haus deiner Freunde oder dein eigenes wäre. Jedes Menschen Tod verringert mich, denn ich bin an der Menschheit beteiligt. Und daher schicke niemanden, um zu hören, für wen die Glocke schlägt. Sie schlägt für dich."

--John Donne

Anhang
Die sieben Sphären:
Die siebenundzwanzig Ascension-Techniken

Die Fortschrittsrate in Ascension wird individuell bestimmt. Für jene, die sich schnell und glatt bewegen, ist es wertvoll, die sechzehn Techniken der ersten vier Sphären in schneller Folge zu lernen: alle zwei Wochen kann eine neue Technik erworben werden. Und sogar die fortgeschrittenen und subtilen Techniken der letzten drei Sphären können von denen schnell erlangt werden, denen Wachstum über alles geht. In der endgültigen Analyse hängt Evolution vollständig von dem Wunsch des Individuums ab, wie schnell es in die volle Entwicklung des Bewußtseins aufsteigen will.

I. WURZEL-STRESS

1. LOB. Die Lobestechnik von Ascension korrigiert den fundamentalen Streß der modernen Welt, daß *etwas* am individuellen Leben verkehrt sei. Diese Technik ist allein schon ausreichend, um volle Erleuchtung zu erzeugen, aber wegen der lebenslangen Gewohnheit von Anstrengung und geteilten Ansichten der meisten Individuen, sind normalerweise mehr Techniken erforderlich, um Wachstum zu vervollständigen. Nichtsdestoweniger ist die erste Technik in sich selbst ausreichend und wird üblicherweise sich als die nützlichste erweisen bei der Verwandlung der gröbsten Überzeugungen und Urteile über das Leben. Diese Technik kann vor allen anderen kann zu jeder Tages- und Nachtzeit benutzt werden, wenn es scheint, daß das individuelle Leben nicht so schnell fortschreitet, wie es könnte.

2. DANKBARKEIT. Ähnlich in Kraft, den Wurzelstreß des modernen Lebens zu verwandeln, ist die Dankbarkeitstechnik. Der Fokus liegt hier auf der objektiven Welt; diese Technik ist dazu bestimmt, alle irrtümlichen Überzeugungen und Konzepte über den Körper und das externe Universum zu heilen. Sie ist der Meisterschlüssel dafür, den Glauben an die Grenzen des Körpers, an Krankheit und an Tod aufzuschließen; sie ist auch das erste Stadium der Meisterschaft über die äußere Welt. Als solches ist sie unschätzbar zum Heilen von Krankheiten aller Art.

3. LIEBE. Für viele ist die Liebestechnik die süßeste der ersten drei; sie ist bestimmt, all die Mißverständnisse über unsere Beziehung mit dem Ascendant selbst zu heilen. Zusammen sind die ersten drei Techniken in der Lage, allen Glauben und alle Urteile über die begrenzte Natur der drei elementaren Divisionen des menschlichen Lebens zu entfernen: subjektiv, objektiv und spirituell. Diese drei Techniken zusammen sind für jeden genug, um zu Erleuchtung aufzusteigen. Weitere Techniken dienen der größeren Beschleunigung.

4. MITGEFÜHL. Die vierte Technik klärt die Beziehung des Individuums mit allen anderen Menschen und Tieren. Unbesiegbarkeit im menschlichen Leben ist das Ergebnis der Meisterschaft über das Bewußtsein; dies ist gegründet in Harmlosigkeit. (Harmlosigkeit heißt *ahimsa* in der alten Literatur. Das Meistern von Ahimsa bedeutet, daß kein Wesen jemals Dir gegenüber Feindschaft empfindet oder Dich wissentlich verletzen wird.) Harmlosigkeit wird durch die volle Entwicklung von Mitgefühl etabliert, das das automatische Nebenprodukt dieser Technik ist. Universales Mitgefühl ist *das* Erfordernis für Erleuchtung vom Standpunkt des Ascendant aus. Nur jene, die bewiesen haben, daß sie ihre Macht nicht mißbrauchen werden, wird der Schlüssel zum Tor von Allem gegeben.

Die ersten vier Techniken sind ausreichend, andauerndes Bewußtsein aufzubauen, aber die Wachstumsrate wird langsamer sein als nötig. Wenn der Körper an Streß abnimmt und der Verstand an Klarheit zunimmt als ein Ergebnis regelmäßigen Ascendens wird das Verlangen natürlich wachsen, immer mächtigere und subtilere Techniken zu erlernen. Jede Sphäre von Techniken ist mächtiger als die vorhergehende: jede Sphäre ist subtiler und kraftvoller als die davor. Sie bilden eine Spirale sich erweiternder Erfahrung, Wahrnehmung und Kenntnis.

Eine Funktion der höheren Sphären ist, die subtilen Energiezentren im Körper zu entwickeln, die in der alten Literatur als Chakren bekannt sind (wörtlich und im Westen „Feuerräder"). Die Chakren sind entlang der Wirbelsäule wie Juwelen verteilt, beginnend an der Basis und aufsteigend bis zum höchsten Punkt auf dem Kopf. Entwicklung in jedem dieser sieben Zentren ist erforderlich, um völlige Erleuchtung zu bewirken; Ascension liefert eine mühelose und höchst wirksame Methode, um dies zu erreichen.

Die Lage der Chakras im Körper korrespondiert mit der Lage der Hauptnervenstränge der Wirbelsäule. Unter anderem steuern die Chakren die Ausschüttung von Hormonen, Veränderungen im Kreislauf, Blutdruck, Atmung, Blutzuckerspiegel, neuro-muskuläre Stimulierung und die endokrinen Drüsen. Im Westen ist die Erinnerung an die Chakren im Bild des Merkurstabs erhalten, dem traditionellen Symbol der heilenden Künste:

Die offenen Adlerschwingen repräsentieren das voll entwickelte Bewußtsein, den höchsten Grad der Erleuchtung im Kronenchakra. Der Stab repräsentiert die Sushumna, den zentralen Kanal in der Wirbelsäule, durch den die Lebensenergie steigt, um Erleuchtung zu bringen. Die beiden Schlangen repräsentieren die beiden subtilen Kanäle, die entlang der Sushumna laufen, die Ida und die Pingala. Die Chakren sind dort lokalisiert, wo die Ida und die Pingala sich kreuzen. Die Ida und die Pingala entspringen an der Basis der Wirbelsäule und enden im sechsten Chakra im Schädelzentrum. Die Pingala ist weiß und trägt Sonnenenergie und die Kräfte des Tages. Diese Energie bewegt unser Bewußtsein aufwärts zum Rationalen. Die Ida ist schwarz und trägt Mondenergie und die Kräfte der Nacht. Ihre Abwärtsbewegung trägt uns ins Unbewußte, wo wir

Regeneration und Intuition erfahren. Beim Durchschnittsmenschen fließt Lebensenergie vor allem entlang der Ida und der Pingala und liefert Energie an die Sinnesorgane und Zweige der Bewußtheit, die die Illusion der Welt erhalten. Erst mit dem Erwachen der Erleuchtung fließt die Energie ganz und vollständig den zentralen Kanal hinauf, die Sushumna. Wenn das passiert, kehren die Chakren ihre Richtung von nach unten und nach außen in nach oben und nach innen um.

Die Chakras verbinden unser Bewußtsein mit unserem Körper. Im Wachzustand erlebt der Verstand Chaos: mindestens 50.000 unzusammenhängender Gedanken am Tag rasen durch den Verstand eines jeden, viele von ihnen sich widersprechend, viele von ihnen das Unmögliche oder Sinnlose wünschend. Der physische Körper bemüht sich, auf diese steten, chaotischen Gedankenmuster zu antworten; die Unmöglichkeit, das zu tun, führt zu Krankheit, Organversagen, Alter und letztendlich Tod. Die meiste unserer mentalen Energie wird jeden Tag in dieser selbstzerstörerischen Manier wortwörtlich weggeworfen. Wenn der Verstand erst einmal vom Ursprung dieser 50.000 Gedanken befreit ist – den Verteidigungen, Komplexen und süchtigen Abhängigkeiten unserer gewohnheitsmäßigen Überzeugungen und Verurteilungen – dann steigt die Energie des völligen Bewußtseins die Wirbelsäule hinauf, belebt jedes der sieben Chakras und führt zu innerer Stille, vollkommener Bewußtheit des Ascendant und vollständiger und dauerhafter Glückseligkeit.

II. DAS UNIVERSUM

5. SOLAR. Das Ergebnis der solaren Ascension-Technik ist, anzufangen, die höchste Funktion des menschlichen Bewußtseins zu erwecken: Sahasrara, den tausendblättrigen Lotos des Licht oben auf dem Kopf – das siebte Chakra. Maharishi Patanjali, der Autor der Yoga Sutras (ca. 3000 vor Chr.) beschrieb das Ergebnis der Meisterschaft über die Solartechnik als „Wissen um die kosmischen Regionen". Die kosmischen Regionen sind die sieben Ebenen der Existenz oder des Lichts, das unser Universum aus Name und Form umgibt und durchdringt. Beherrschung der solaren Technik gibt vollständiges Wissen um jede von diesen im einzelnen und individuell. Sie ist auch ein mächtiges Werkzeug für die Entwicklung des höchsten Grades der menschlichen Erleuchtung, dem Einheitsbewußtsein. Meisterung der solaren Verbindung öffnet einen den kausalen Welten; im Tode ist dies der Ort, wohin man geht. Dies wird der Pfad der Weisen genannt.

6. LUNAR. Die lunare Technik entwickelt die intuitive Kraft des sechsten Chakras, Ajna, das „dritte Auge". Patanjali beschreibt das Ergebnis der Meisterschaft über die lunare Technik als vollständige Kenntnis des Firmaments. Ein anderes Ergebnis dieser Technik ist die Entwicklung von Soma, dem Klebstoff des Universum, der verantwortlich für die himmlische Wahrnehmung des zweiten Stadiums der Erleuchtung ist, dem erhöhten Bewußtsein. Der Mond wird in der alten Literatur der „Vat des Somas" genannt, weil der Fokus auf dem Mond, dieses Molekül natürlicherweise im Körper produziert. Meisterung der lunaren Verbindung öffnet den Kandidaten der Welt des Rechtschaffenen, dem Himmel der Vorfahren, dem Pfad der Götter; im Tode den Körper auf diesem Weg zu verlassen, führt einen in die Astralregionen. Dies wird als niedrigerer Ausgang als der solare Ausgang angesehen, der Unterschied entspricht verschiedenen Stadien der Erleuchtung. Jene, die im andauernden oder erhöhten Bewußtsein sterben, folgen dem Pfad der Götter; jene, die in Einheit sterben, erlangen den Pfad der Weisen.

7. ERDE. Die siebte Technik ist bestimmt, die Bewegung der Bewußtheit zu ermöglichen, die so wichtig für die Entwicklung der Einheit ist. Sie ist auch bestimmt, die letzte Trennung zwischen dem Individuum und dem Universum zu entfernen; sie ist die Beachtung der Liebes-Ascension-Technik und vervollständigt diese. Sie ist ein Schutz vor allen Unfällen. Die Erdtechnik schafft eine verfeinerte Ebene des Bezeugens, das Kennzeichen des andauernden Bewußtseins, und hilft bei der Entwicklung der himmlischen Wahrnehmung oder des erhöhten Bewußtseins, dem zweiten Stadium der Erleuchtung.

8. FRIEDE. Die achte Technik etabliert Friede mit Allem in der relativen Schöpfung, und stabilisiert dadurch Harmlosigkeit. Sie hat auch den Effekt, die wichtigste Beziehung des Individuums mit dem Ursprung von Allem, was ist, zu bestätigen: das begrenzte Selbst ergibt sich dem Unendlichen. Diese Technik hat den Effekt, die einzig korrekte Beziehung zum Ascendant zu stabilisieren; dies ergibt ganz natürlich eine viel schnellere Wachstumsrate. Sie ist auch ein Schlüssel zur Fähigkeit, alle Wünsche zu erfüllen und entwickelt dramatisch die himmlische Wahrnehmung.

III. DER KÖRPER DES ASCENDANT

9. SCHÖNHEIT. Die neunte Technik stiftet die Realitätserfahrung des wichtigsten Aspekts des Ascendant. Sie entwickelt auch Soma und himmlische Wahrnehmung. Mit ihrer vollständigen Beherrschung ist das zweite Stadium der Erleuchtung dauerhaft.

10. LICHT. Die zehnte Technik konzentriert sich auf das innere Blütenblatt des sechsten Chakras, die Blüte, die perfekte Intuition entwickelt. Meisterschaft über diese Technik gibt völliges Wissen über Alles, was es zu wissen gibt und sichert andauerndes Bewußtsein.

11. STÄRKE. Die Anwendung dieser Technik strukturiert die Fähigkeit, jede Krankheit des Kandidaten oder von jemand anderen zu heilen. Sie entwickelt auch himmlische Wahrnehmung und erhöhtes Bewußtsein.

12. STILLE. Die zwölfte Technik stabilisiert die Unbeweglichkeit der unendlichen Bewußtheit und richtet die Beziehung zur höchsten Qualität des Ascendant. Sie hat auch den Effekt, das erste oder Wurzelchakra, Muladhara, zu öffnen, das sich an der Basis der Wirbelsäule befindet.

IV. DER KÖRPER DER LIEBE

13. MEISTERSCHAFT. Die dreizehnte Technik entwickelt perfekte Beherrschung des Körpers und der Welt. Sie ergänzt die elfte durch das Herausbringen der vollkommenen Fähigkeit, den Körper zu heilen. Patanjali sagte, das Ergebnis der Meisterschaft über diese Technik sei vollständige Kenntnis aller Körpersysteme. Diese Technik entwickelt das dritte Chakra, das Nabelchakra, Manipura.

14. MACHT. Die vierzehnte Technik beherrscht das Verlangen. In ihrer endgültigen Entwicklung stiftet sie die Fähigkeit, die Form aller Worte zu manifestieren: Alles, was ausgesprochen wird, geschieht. Diese Technik entwickelt das fünfte Chakra, Visuddha, das an der Basis des Kehlkopfs liegt.

15. ZENTRUM. Diese Technk entwickelt himmlische Wahrnehmung, erhöhtes Bewußtsein, das zweite, äußere Blütenblatt des sechsten Chakras, Ajna, und die kontinuierliche Bewußtheit des wichtigsten Aspekts des Ascendants. Sie entwickelt auch eine verfeinerte Fähigkeit, den Intellekt zu benutzen, und stabilisiert die Macht der Intuition.

16. UNBESIEGBARKEIT. Die sechszehnte Technik entwickelt die unveränderbare Realität vollkommener Liebe. Sie ist die erste direkte Anwendung der Bewußtheit auf das allwichtige vierte Chakra, Anahata, das Herz-Chakra. Diese Technik entwickelt die Beziehung mit der Macht des Ascendant und die volle Wahrnehmung der meisten verfeinerten Qualitäten des Ascendant. Als solche ist sie eine sehr kraftvolle Technik für die Entwicklung des zweiten Stadiums der Erleuchtung, erhöhtes Bewußtsein.

V. HERRLICHKEIT

17. HERRLICHKEIT. Die siebzehnte Technik verfeinert das sechste Chakra, Ajna, weiter. Sie entwickelt die *Sat* (absolute)-Qualität des Ascendant und verbindet die Individualität mit der vollkommenen Essenz der Wahrheit. Diese Technik verfeinert auch die Entwicklung der sechsten Technik durch die Befestigung der Beziehung mit dem Pfad der Götter, dem lunaren Pfad.

18. GLÜCKSELIGKEIT. Die achtzehnte Technik entwickelt vollen Gebrauch der Sushumna und verfeinert das siebte Chakra, Sahasrara, weiter. Sie entwickelt die Ananda (Wonne)-Qualität des Ascendant durch die Verbindung des Individuums mit grenzenloser Freude. Diese Technik verfeinert auch die Entwicklung der fünften Technik durch Befestigung der Beziehung mit dem Pfad der Weisen, dem solaren Pfad.

19. LEBEN. Diese Technik öffnet die Tür zu unvergänglichem, physischen Leben. Sie entwickelt auch Amrita, das Molekül der Unsterblichkeit, und das zweite Chakra, Svadhisthana, das mit den Sexualorganen assoziiert ist. Sie ist die Essenz der Beherrschung der Meisterschaft an sich, denn die vollständige Entwicklung dieser Technik stiftet die Fähigkeit, das Bewußtsein anderer durch die Bewegung Deines grenzenlosen Bewußtseins in ihres hinein zu transformieren.

20. WEISHEIT. Beherrschung dieser Technik führt zur Stabilisierung der Verfeinerung des Einheitsbewußtseins, bekannt als Allwissenheit.

VI. OFFENBARUNG

(Anmerkung: eine hoch verfeinerte Bewußtseinsebene muß erreicht sein, bevor diese letzten Techniken gelernt werden. Offenbarungstechniken enthüllen direkt die zugrundeliegende Natur der Realität.)

21. VERBINDUNG. Meisterschaft über die erste Offenbarungstechnik gibt volle Kenntnis der Verbindung der Seele mit dem Ascendant, der Qualitäten der Seele und der Qualitäten des Ascendant.

22. UNTERSCHEIDUNG. Die zweite Offenbarungstechnik ist dazu bestimmt, alles wegzubrennen, was auch immer von der begrenzten Individualität übrig sein mag, durch direktes Eintauchen in das Herz des Ascendant.

23. EIGENSCHAFTEN. Die dritte Offenbarungstechnik entwickelt Wahrnehmung des unendlichen Lichts des Ascendant in all seinen vielfältigen Formen.

24. GLAUBE. Beherrschung der vierten Offenbarungstechnik entwickelt vollständige Kenntnis des Glaubens und vollkommene Einpunktkonzentration der Aufmerksamkeit.

25. EWIGKEIT. Die fünfte Offenbarungstechnik stabilisiert den höchsten Grad der Bewußtheit des *Chit* (Bewußtsein) - Wertes des Ascendant.

26. DER SEELENFADEN. Die letzte Offenbarungstechnik entwickelt vollständige Bewußtheit des Sutra Atman: des Bindeglieds zwischen allen Seelen.

VII. BRAHMAN

27. ALLGEGENWÄRTIGE PRACHT. Die letzte Technik bindet all die getrennten Teile der Persönlichkeit im Ascendant zusammen, um Einheit dauerhaft aufzubauen.

Die siebte Sphäre enthält auch die fortgeschrittenen Techniken für die achtzehnte und neunzehnte Technik. Zusammen sind diese als Unsterblichkeitstechniken bekannt.

--MSI

erleuchtung

DIE YOGA Sūtren VON PATAÑJALI

EINE NEUE ÜBERSETZUNG MIT KOMMENTAR

Die Yoga Sūtren von Patanjali beschreiben den Mechanismus des Bewusnsteinswachstum auf die bisher prägnanteste Weise. Sie führen zu einem systematischen und vollständigem Verstehen der psychologischen, emotionalen und physischen Transformationen, die während des Erleuchtungsprozesses eines Individuums stattfinden. Sein Text über Yoga war dazu gedacht, es jedem zu ermöglichen, auf diese Stufe der Perfektion zu gelangen, und der Prozess dieser Entwicklung wird Ascension genannt, oder Erhebung über die Grenzen der Unwissenheit.

Der erste Donner
Ein Abenteuer voller Entdeckungen

Eine spannende Erzählung, geschrieben wie ein Abenteuerroman;
Berichtet von der Geschichte eines Menschen aus dem Westen, der, die Ishayas, einen geheimen Mönchsorden besucht hat. Den Orden hatte Johannes gegründet nachdem er die Apokalypse auf Patmos geschrieben hatte. Die Ishayas bewahrten eine Serie von einfachen Techniken auf, die die tiefsten Energien des Seins berühren. Diese Techniken werden genannt Ascension-Techniken. „Der erste Donner" – enthüllt den Zweck und die Funktion der Techniken die die Ishayas unterrichten. Dies ist ein ideales Buch um dem Menschen die Erfahrungen und Erlebnisse aufzuzeigen, die die Ishayas machten mit dem Unterrichten dieser einfachen aber wirkungsvollen Techniken.

Der zweite Donner
Auf der Suche nach den schwarzen Ishayas

Ein visionäres Werk, erweitert den Horizont von Zeit und Raum bis in den Bereichen von mehrdimensionalem Bewusstsein. Die Konflikte und Herausforderungen denen entgegengesehen wird durch Begegnungen mit Wesenheiten die wie Götter sind. In dieser Geschichte sind Warnungsaspekte dargestellt, aus unseren eignen zersplitterten Persönlichkeiten. Die Notwendigkeit der Heilung unseres Selbst wird hier dargestellt mit der Aufgabe von Lord Gana.

Der dritte Donner
Orah der unsterbliche Tänzer
Buch 1

Dieses Buch setzt die aus der Vision entstandene Geschichte fort, die in „Der zweite Donner" ihren Anfang mit den Aufgaben von Gana begann. In Orah, reist Gana in die Vergangenheit, um Almira in der Welt Martanda zu treffen. Hier kämpft er darum, seine sechste Aufgabe zu bewältigen und seine Geliebte zu finden. Die Geschichte ist fesselnd und mit heftigen Auseinandersetzungen gefüllt, die im andauerenden Kampf zwischen den Kräften des Einen und denen des Egos stattfinden. Diese werden durch Valin und seine Asur-Armeen repräsentiert.

Der dritte Donner
Shamara die Überbringerin der Opfergabe
Buch 2

In diesem Begleiteten Band vom "Der Dritte Donner" Buch 1, führen wir sie in den Weg, zurückführend in die Einheit, ein. Hier ist Shamara in Begleitung von zwei Brüdern von Orah um eine

Aufgabe zum Abschluss zu bringen die vor Äonen ihren Anfang nahm. Wenn die Wahl entschleiert ist, bedeutet das, dass das Ende der Trennung vom Ganzen ist und rückt das Ego wieder zu seinem rechtmässigen Platz als Diener des inneren Meisters.

"In der Zeit der visionären Erfahrungen, durch den Prozess des Erkennens der inneren unterschiedlichen Eigenschaften und dem Aussortieren von für das Wachstum nicht förderlichen Eigenschaften ergibt sich eine Rückzentrierung. Durch die Konzentration auf die dem Wachstum förderlichen Eigenschaften wird der gesamte Wachstumsprozess sowie die Zentrierung unvergleichlich gestärkt."

--MSI

Einleitung vom Autor zum „Zweiten Donner"

"In einem Augenblick einer Eingefrorenen Zeit, nicht länger als eine Lücke zwischen zwei Herzensschlägen, ein Wesen das voll und dauernd in Verbindung mit dem Ursprungs - Universum ist, teilt seine Vision mit meiner. Dieses war ein freies Geschenk, ein wortloses verbunden sein mit dem undendlichen Geist und meinem Geist."

"Die Jahre die vergangen sind, seit dem magischen und schwebenden Augenblick, habe ich angefangen dies sehr zu schätzen was das in meinem Leben für eine Bedeutung hat, mich daran zu Erinnern was ich lange Zeit zurück schon vollends wusste aber dann vergaß: Ich bin ein Grenzenloses Wesen! Lebe in einem Menschenkörper und erfahre den Ascendant andauernd, vierundzwanzig Stunden am Tag. Die „Donner" Bücher sind ein Versuch diesen Bewusstseinszustand zu erklären, sie beschreiben die Realität, dieses Wunders, dieser Erfahrungen."

-MSI-

Über den Autor
Maharishi Sadasiva Isham –MSI
1949-1997

Glücklich verheiratet, drei Kinder, transformierte MSI plötzlich sein Leben im Jahre 1988; als er seinen Beruf, Haus, Geld und Familie verloren hatte. Er nahm diese Änderung als ein Zeichen, dass es da noch einen anderen Grund geben mußte für sein Leben. Er setzte sich intensiv dafür ein, die Wahrheit zu finden.

In den Himalayas hat er einen alten Orden von Mönchen, die Ishayas genannt werden, gefunden (die er in seinem ersten Buch *"Der Erste Donner"* in Romanform dargestellt hat). Von diesen Mönchen hat er die Techniken gelernt , allgemein bekannt als "Die Ishayas' Ascension". Diese beauftragten ihn diese Techniken in die Welt zu bringen, denn es ist an der Zeit und die Welt habe es sehr nötig.

Durch seine Hingabe und Widmung zu der Ishaya-Lehre, existiert jetzt eine Gruppe von qualifizierten Lehrern, feststehend in der Tradition der Ishaya-Abstammung.

Heute werden die Ishaya Ascension weltweit unterrichtet.

Diese Unterweisungen werden nur persönlich
von qualifizierten Lehrern gegeben.

Mehr Informationen über Kurse der sieben Sphären, oder die Ausbildung zum Ascension-Lehrer, zu erfragen schriftlich oder telefonisch:

Ein Weltweitesnetzwerk von den Ishayas und den Lehrern von Ascension, das einschließlich im Internet gefunden wurde; Lehrer von dem Netzwerk der Ishaya Foundation; Lehrer von dem, Bright Path' und viele andere

In English

Tel.: 001-888-474-2921
contact@theishayafoundation.org
www.theishayafoundation.org

Für weitere Informationen über die Bücher: msibooks.org

Alle erschienen Bücher von MSI sind zu bekommen entweder direkt über die THE Ishaya FOUNDATION *Publishing Company* oder über Ihre Buchhandlung sowie in Online-Buchhandlungen